新 道徳教育全集 ● 第 1 巻

道徳教育の変遷・展開・展望

日本道徳教育学会全集編集委員会

押谷　由夫
貝塚　茂樹
高島　元洋
毛内　嘉威

● 編著

学文社

執　筆　者（執筆順，＊は編著者，（院）は大学院生）

＊押谷　由夫　武庫川女子大学大学院教授（刊行のことば，はじめに，第Ⅱ部概要，第7章）
＊貝塚　茂樹　武蔵野大学教育学部教授（第Ⅰ部概要，第8章，おわりに）
　高橋　文博　岡山大学名誉教授（第1.1章）
　江島　顕一　麗澤大学大学院学校教育研究科准教授（第1.2章）
　行安　茂　岡山大学名誉教授（第2章）
　水野　雄司　一般社団法人倫理研究所　倫理文化研究センター　専門研究員（第3章）
　山田　恵吾　埼玉大学教育学部准教授（第4章）
　山田真由美　北海道教育大学教育学部札幌校准教授（第5章）
　足立　佳菜　佐賀大学教育学部准教授（第6章）
　髙宮　正貴　大阪体育大学教育学部准教授（第9章）
　加藤　宣行　筑波大学附属小学校教諭（第10章）
＊毛内　嘉威　秋田公立美術大学大学院教授（第11章，第Ⅲ部概要）
　古川　雄嗣　北海道教育大学教育学部旭川校准教授（第12章）
　走井　洋一　東京家政大学家政学部教授（第13章）
　藤井　基貴　静岡大学教育学部准教授（第14章）
　川久保　剛　麗澤大学大学院学校教育研究科教授（第15章）
　小谷　由美　立教大学非常勤講師（第16章）
　秋山　博正　くらしき作陽大学　子ども教育学部　教授（第17章）
　小池　孝範　秋田大学教育文化学部准教授（第18章）
　大杉　住子　文部科学省初等中等教育局幼児教育課長（第19章）
＊髙島　元洋　お茶の水女子大学名誉教授（第Ⅳ部概要）
　大久保紀子　元お茶の水女子大学非常勤講師（第20章）
　頼住　光子　東京大学大学院人文社会系研究科教授（第21.1.1章）
　斎藤　真希　静岡大学人文社会科学部社会学科准教授（第21.1.2，第22.1.1章）
　大持ほのか　お茶の水女子大学大学院人間文化創成科学研究科(院)（第21.2章）
　德重　公美　姫路文学館学芸員（第22.1.2章）
　清水　真裕　元お茶の水女子大学大学院人間文化創成科学研究科(院)（第22.1.3章）
　小濱　聖子　お茶の水女子大学グローバルリーダーシップ研究所研究協力員（第22.2章）
　森上　優子　文部科学省教科書調査官（第22.3,4章）
　鈴木　朋子　お茶の水女子大学グローバルリーダーシップ研究所研究協力員（第22.4章）
　荒木　夏乃　お茶の水女子大学グローバルリーダーシップ研究所研究協力員（附1.1）
　衛藤　吉則　広島大学大学院人間社会科学研究科教授（附1.2）
　水野　友晴　関西大学文学部准教授（附1.3）
　廣川　正昭　新潟医療福祉大学非常勤講師（附2）
　緒賀　正浩　明星大学非常勤講師（附3）

刊行のことば

日本道徳教育学会全集編集委員会（代表　押谷由夫）

　コロナ禍で，日々の生活がすっかり変わってしまいました。コロナ禍の世界的影響によって，今まで行われてきた社会改革や教育改革が何であったのかが，あらためて問われています。コロナ禍は，まさに全人類に，一人ひとりの生き方を直接問いかけています。これからの教育は大きく変わっていくことが予想されますが，その根幹には，人間としてどう生きるかを追い求める道徳教育が位置づくことは間違いありません。

道徳教育を国民的課題と捉え，総合的・実践的に考察し提言する

　文部科学省では，道徳教育の抜本的改善・充実について検討され，その核として 2015（平成 27）年に「特別の教科　道徳」が設置され，具体的な取組がなされています。日本道徳教育学会では，このような道徳教育改革を今後の道徳教育に大きな影響を与えるエポックメイキングな改革と捉え，4 年前より，学会の総力を結集して「新道徳教育全集」の構想を練り，検討を重ねてきました。道徳教育を国民的課題として，教育に関心をもつ多くの人々に読んでいただけるように，学会員以外の研究者や実践者にもご執筆をお願いし，総合的な視点から検討・分析しながらこれからの道徳教育を提言したいと考えました。そしてまとまったのが，『第 1 巻　道徳教育の変遷・展開・展望』『第 2 巻　諸外国の道徳教育の動向と展望』『第 3 巻　幼稚園，小学校における新しい道徳教育』『第 4 巻　中学校，高等学校，特別支援教育における新しい道徳教育』『第 5 巻　道徳教育を充実させる多様な支援—大学，教育委員会，家庭，社会における取組—』の 5 巻です。ちょうど原稿が揃いはじめたところに，コロナ禍が発生しました。

コロナ禍における道徳教育の影響

　そこで，確認したのが，このような時代においてこそ，真の道徳教育が求められるということです。2017 ～ 2019 年度に連続して実施された全国規模の道

徳教育調査では,「道徳教育を重視している」学校が9割以上,「道徳の授業を全校体制で取り組んでいる」学校が95％以上,「先生方が道徳教育に熱心である」と答えた学校が7割以上でした。また,「道徳の授業を積み重ねると道徳性が高まる」に肯定的に答えた先生が9割以上でした。コロナ禍の中で,学校現場は大変だったと思います。いろいろな実態が報告され,さまざまな課題が指摘されています。しかし,私は,各学校が道徳教育の充実に取り組んでいただいていたために,混乱しつつもしっかりとした対応ができたのではないかと思うのです。

　道徳教育は,子どもたち一人ひとりが,人間としての自分らしい生き方をしっかり考え,日常生活やさまざまな学習活動の中で主体的に追い求め,自分を成長させていけるようになることを目的とします。その要としての「特別の教科　道徳」は,人間らしさの根幹にある道徳的価値意識を育み,その価値に照らして自分を見つめ直し,さまざまな状況下において多面的・多角的に考え,判断し,具体的な行動へと繋げていける力を育てることを目標としています。このような道徳教育が充実していれば,子どもたちは,コロナ禍という未曾有の状況においてのみならず,科学技術の驚異的発達による急激な社会の変化によるさまざまな課題も,むしろ自分が試されていると捉え,共に幸せに生きる生き方を,現実を直視しながら考え,新しい社会を創っていってくれるであろうと確信する次第です。

　それには,子どもたちにかかわる大人自身が,道徳教育について広い視野から学び,実態を把握し,確たる生き方をもち,具体的に実践していく必要があります。「新道徳教育全集」（全5巻）が,そのための道案内ができればと願います。

　執筆者の皆様には,このような思いを共有してご執筆いただきました。また,学文社の田中千津子社長と編集部の皆様には,厳しい出版状況にある中,本全集の意義をご理解くださり,全面的にご支援いただきました。上廣倫理財団からは助成をいただきました。お世話になりました皆様に心より感謝申し上げます。

はじめに

押谷　由夫

　教育とは，理想の追究であり，日々のさまざまな状況にある具体的な生活を通して，追い求めるものである。その理想は，個人の生き方と同時に，自分たちが生活している集団や社会のあり方と深くかかわっている。道徳教育は，その教育の先導役を果たす。だからこそ，常に論争にさらされる。新しい道徳教育が提案されたとしても，その本質的な部分が理解されないと，提案に振り回されることになりかねない。『新道徳教育全集』（全5巻）の第1巻では，本質的な部分の基本的な押さえを行うことを大きな目的としている。

第Ⅰ部　近代日本の道徳教育の変遷

　戦後日本は，「世界の平和と人類の福祉」に貢献する国づくりを掲げた日本国憲法を制定した。その「崇高な理想」の実現を目指す国民を育成すべく，教育基本法が制定され，教育の目的は，人格の完成を目指すとされた。そのことを学校で具体化すべく，新しい道徳教育が始まる。この実現のためには，大きな課題がある。ひとつは，このような道徳教育の理念をどのように捉えるかである。西洋・東洋を問わず，道徳教育は，先哲の究極の課題であった。2つは，国家的課題として政策的にどう取り組むかである。政治と教育は分離して考えなければいけないが，教育は明らかに政治マターでもある。3つは具体的な方法である。総論賛成・各論反対はよくあるが，それは，方法において顕著になる。第Ⅰ部では，このようなことが，複雑に絡み合った戦後の道徳教育の変遷を明らかにしている。

第Ⅱ部　新たな道徳教育像の探究

　戦後の道徳教育の変遷を踏まえて，新たな道徳教育が，2015（平成27）年に設置された「特別の教科　道徳」を中心に取り組まれている。第Ⅱ部では，その「特別の教科　道徳」が，どのような過程を経て設置されたのか。その過程を追うことから，終戦後に明確にされた道徳教育の理念が，具体的にどのよう

に取り組まれ，新たな道徳教育へとつながっていったのかが明らかにされる。そして，「特別の教科　道徳」を要とした道徳教育を，どのように探究していけばよいのか。その可能性を，子どもたち自身による道徳授業の発展的展開と，「チーム学校」の協力体制による計画的・発展的指導について具体的事例をもとに提案している。

第Ⅲ部　現代の教育課題と道徳教育

　道徳教育は，学校教育の中核であり，現代の学校が抱えるさまざまな教育課題に中心的にかかわるものでなければならない。実は，そのような教育課題のほとんどは，これからの社会をどう生きていくかにかかわる課題である。道徳教育を中核に対応することによって，それぞれの課題が一人ひとりの生き方とかかわって捉えられるようになり，より効果的な指導が可能になる。これからの社会の変化に合わせた教育課題を具体として，グローバル化，AI，環境，公共性，人権，平和，宗教，SDGs を取り上げ，道徳教育を中核にしてどう考え，どう取り組むかを探究している。

第Ⅳ部　日本の伝統的な思想と道徳

　このような，戦後の日本の道徳教育を，日本の歴史をさかのぼって考えてみようとするのが第Ⅳ部である。日本の道徳教育の歴史をみると，日本の風土を踏まえた独特の庶民道徳が展開されていることが理解できる。また，近代学校教育の導入において，道徳教育がいかに重視されていったかの変遷をみることから，国家の形成と道徳教育の関係について理解できる。それらを歴史の教訓としながら，今日の道徳教育改革，およびこれからの道徳教育改革を考え，一人ひとりの道徳教育観を確立してほしいという願いを込めている。

　附章においては，今日の日本の道徳教育に大きな影響を与えた人物を取り上げている。自らの生き方とかかわらせて，捉えていただくことができる。

目　　次

第Ⅲ部　現代の教育課題と道徳教育

第 **I** 部

近代日本の
道徳教育の変遷

概要 近代日本の道徳教育の変遷

貝塚　茂樹

　第Ⅰ部が対象とするのは，1872（明治5）年の「学制」頒布による近代教育の出発から1989（平成元）年改訂の学習指導要領までの時期であり，明治，大正，昭和を通じた約120年間となる。

　「学制」によって修身科が設置されたが，その基盤となる教育理念としての「教育ニ関スル勅語」（以下，教育勅語と略）の渙発までには，活発な「徳育論争」を経る必要があった。教育勅語と修身科を中心とした近代の道徳教育は，1904（明治37）年の国定修身教科書の成立によって，制度的な整備が進められた。しかし，教育勅語に基づく修身科の授業は十分に機能していたとはいえず，さまざまな改革が繰り返された。その象徴的なものが，大正新教育運動のなかで展開した修身教授法の改革であった。修身教授改革論は，昭和戦前期にも継続されたが，教育が総力戦体制に組み込まれるなかでは後退を余儀なくされた。

　1945（昭和20）年8月の敗戦を起点とした戦後教育改革の焦点となったのは，修身科と教育勅語の問題である。修身科については，同年12月31日に「修身，日本歴史及ビ地理停止ニ関スル件」（「三教科停止指令」）が占領軍によって指令された。また，日本側でも修身科を廃止し，新たに「公民科」を設置しようとする構想（公民教育構想）が進んでいた。占領軍と日本側の交渉のなかで修身科は廃止され，社会科創設へと至ることになる。しかし，この間の歴史的過程では道徳教育を目的とする教科が必要か否か，という課題には結論を出すことができず議論はその後も継続した。

　また，教育勅語については，1946（昭和21）年10月8日の文部次官通牒「勅語及詔書等の取扱について」によって方針が一度は決着したが，1948（昭和23）年6月19日の衆参両議院が，「教育勅語排除・失効確認決議」を可決したことで議論は不安定となる。

　戦後の道徳教育史は，道徳の教科設置の是非と共に，道徳教育の理念をどこに置くかという課題を内在化させながら展開していった。なかでも，1950（昭和25）年から1951（昭和26）年にかけて，天野貞祐文部大臣の発言をきっかけとして議論となった「修身科」復活問題と「国民実践要領」問題は，戦後教育改革で積み残された2つの課題が具体化されたものであった。特に前者は，道徳の教科化問題の端緒となるものであった。

　戦後の道徳教育の課題は，1958（昭和33）年の「道徳の時間」設置論争へと引き継がれた。文部省は当初，「道徳の時間」を教科として設置することを目指していたが，結果的には見送られた。その背景には，1950年代以降の「文部省対日教組」といった政治的なイデオロギー対立があった。「道徳の時間」設置論争以降，道徳教育は政治的な対立の争点として議論される状況が助長され固定化するが，同時にそれは，「道徳の時間」の授業の実施率の低さと「形骸化」を招く要因となった。また，道徳教育の理念については，1966（昭和41）年の中央教育審議会答申（別記）「期待される人間像」が注目される。「期待される人間像」は，その後の学習指導要領の内容にも影響を及ぼした。

　1970年代後半から深刻になっていた校内暴力などの「教育荒廃」の状況のなかで，1984（昭和59）年に内閣直属の諮問機関として臨時教育審議会が設置された。臨時教育審議会の答申は，① 自己探求と人間としての「生き方」の教育を重視すること，② 児童・生徒の発達段階に応じ，自然の中での体験学習，集団生活，ボランティア活動・社会奉仕活動への参加を促進すること，などを道徳教育の充実策として提言した。

　臨時教育審議会の答申をうけて，1989年に改訂された平成元年版学習指導要領では，自ら学ぶ意欲と社会の変化に対応できる人間の育成を強調し，「自ら考え主体的に判断し行動する力を育てる教育の質的転換」を目指した。具体的には，学習指導要領の「道徳」の目標に「生命に対する畏敬の念」が加えられると共に，「主体性のある日本人」の育成が強調された。特に，「生命に対する畏敬の念」については，「期待される人間像」における「宗教的情操」に関する定義が一定の役割を果たしたと理解される。

明治期における道徳教育

第1節 明治維新から「教育勅語」発布に至るまで

―――― 高橋 文博

■1 「学制」発布以前

　明治維新に始まる近代日本は，「王政復古」と「御一新」という，伝統と革新の葛藤のなかで，国民国家の形成を進めた。道徳教育は，こうした政治社会の動向に照応して，伝統と革新との思想的対立・交錯のなかで展開していく。維新政府は，徳川幕府の設立した諸学校を改編して大学校とし，さらに大学と改称して，これを教育機関とすると共に，全国の教育機関を監督する教育行政機関としても位置づけた。

　1870（明治3）年3月，大学に「大学規則」と「中小学規則」が制定された。「大学規則」は，「教科」において，皇学，漢学など伝統的な「神教学」「修身学」をあげるが，全体としては，西洋の学問に大きく傾斜している。また，「中小学規則」に教育内容の規定はない。

　中央政府は，中学校，小学校の設置を督励したが，直接に施設をつくらず，地方の教育は，「藩」が担当していた。諸藩でも教育改革は活発化し，士分だけでなく，庶民教育の充実の動きがあったことは注目してよい。

■2 「学制」の発令

　1871（明治4）年7月の廃藩置県は，地域的割拠体制から中央集権的国家形成に向かう大きな転機であった。同月，中央政府は，大学を廃して文部省を設置し，国民の教育に責任を負い全国の学校を管理する中央官庁とした。つい

で，1872（明治5）年8月2日に「学制」を発令し，翌日，文部省がこれを頒布した。

「学制」前文の所謂「被仰出書」は，教育理念を，次のように述べる。

人が身を立てその産を治めその業を昌にして生を遂げるためには，身を修め，智を開き，才芸を長ずる学を授ける学校が必要である。そして，学は，士人以上がすることとか，国家のためにするとかの旧習に泥んで，学費などを官に依存するべきではない，と（山住，1990）。

「学制」は，すべての国民が自立的な生活を営み得るための学校教育の理念を，個人主義的功利主義に求めており，国家のための学問でも，また，伝統的な教学でもなく，西洋近代の学問の立場を基調としている。

道徳教育については，下等小学の16教科の6番目に「修身　解意」をあげるが，上等小学には規定せず，中学の教科では下等中学，上等中学共に「修身学」とし，大学には，道徳教育に相当する教科はない（文部省，1972：資料編）。

1872（明治5）年9月，文部省は「中学教則略」「小学教則」を制定し，小学校の「修身」を「修身口授」として，下等小学の全4学年の前半2学年に配当したが，配当時数は少ない。教科書は，西洋書の翻訳が主であったが，1873（明治6）年4月，文部省は教科書を追加し，伝統思想に基づくものを取り入れた。なお，「修身」は，口授を主とするもので，教科書は生徒自らもつものではなかった。

学制期の道徳教育は，学校教育のなかで軽視されていた。それは，道徳教育を宗教ないし家庭に委ねる欧米的な教育観に基づくと考えられる。

3 「教育令」から「改正教育令」へ

「学制」は，身分制を克服して国民すべてを就学させようとする理念の半面，画一的強制という性格をもち，地域の実情にそぐわないところがあった。また，学校設立なども含めて，学費は，原則として地域負担であり，国民の経済的負担はかなり重いものだった。「学制」の実施は，多くの困難を抱えていたのである。

　こうした状況に対応して，政府は，1879（明治12）年9月，「教育令」を公布し，同時に「学制」を廃止した。「教育令」は，文部大輔田中不二麿が策定した「日本教育令案」に含まれていた道徳教育を重視する教育理念などを，参議伊藤博文が大幅に削除して修正を加えた47条からなる短いものである。小学校の修学年限を短縮可能とすることも含め，学校の設置や管理，教育内容などを弾力化して，地域の自主性に委ねるねらいがあった。この「教育令」は，当時の自由民権運動とは直接の関係はなかったが，「自由教育令」と通称される。

　「自由教育令」は，道徳教育について，小学校では，「修身」を学科の末尾に位置づけているが，大学，中学における教育内容を規定していない。「自由教育令」による中央政府からの非干渉的方針は，結果として，教育の衰退を招いた。

　このため，文部卿河野敏鎌の主導で，1880（明治13）年12月，「教育令」を改正した。この所謂「改正教育令」は，全国の学校の設置や管理，教育内容などを，文部省を中心とする統一的指導下に置こうとするものであった。

　河野の後をついだ文部卿福岡孝悌は，「改正教育令」をうけて諸規則を定めた。1881（明治14）年5月制定の「小学校教則綱領」，同年7月制定の「中学校教則大綱」は，道徳教育の位置づけを大きく変更し，「修身」を学科の筆頭とした。

　こうした変更と関連して注目されるのが，同年6月制定の「小学校教員心得」（山住，1990）である。その前文は，次のように述べる。

　小学校教員の良否は普通教育の弛張に関わり，普通教育の弛張は国家の隆盛に関わるので，その任務は重大である。小学校教員によい人材を得て普通教育の目的を達し，人びとが身を修め業に就くことによって，尊王愛国の志気を振起し風俗を淳美にし，民生を富厚として，国家の安寧福祉を増進できるのである，と。

　そして，「小学校教員心得」第1条は，次のように述べるのである。

　人を導いて善良とすることは多識にすることよりも緊要である。教員は，特に道徳教育に力を用い，生徒を皇室に忠に国家を愛し，父母に孝，長上に敬，朋友に信，卑幼に慈にして，自己を重んずる等，すべて人倫の大道に通暁させ，かつ，常に自ら生徒の模範となり，生徒を徳性に薫染し善行に感化させる

8

ように努めるべきである，と。

　小学校の道徳教育は，尊王愛国を核として，国民の福祉に向かう生徒の育成を目指すものとなった。これと関連して，道徳教育の教科書も大きく変化した。特に注目されるのは，教科書を生徒自らがもつものとし，文部省が編集発行するものとしたことである。この方針で作成された最初のものが，西村茂樹選録『小学脩身訓』（1880 年）であり，『小学作法書』『小学修身書　初等科之部』『小学修身書　中等科之部』がつづいている。

　なお，侍講元田永孚を中心に編集され，勅諭を巻頭に掲げた『幼学綱要』が，1882（明治 15）年，宮内省から出版され，頒賜された。これは，「孝行」と「忠節」を重視しつつ，「万世一系」の天皇統治の独自の国柄における尊王愛国へと，道徳教育を方向づけようとするものであった。

4　徳育論争

　明治 10 年代，道徳教育の重視に転じる上で大きな役割を果たしたのは明治天皇であった。天皇は，地方巡幸で各地の学校を視察した後，元田に教学の方針をまとめさせた「教学聖旨」を，1879 年 9 月までに，内務卿伊藤，文部卿寺島宗則に示した。「教学聖旨」は，「仁義忠孝」を本とし「智識才芸」を末とすることで「本末全備」し，「我邦独立ノ精神」を高揚し得るとする。これは，儒教道徳を唱道して，欧米化に向かう当時の風潮を批判するものであった。

　回答を求められた伊藤は，同年 9 月，「教育議」（井上毅 起草）を提示し，現今の混乱は維新後の変革に伴う一時的なもので教育に起因するものではなく，政府が「国教」を定める必要はないと反論した。元田は，「教育議附議」で「祭政教学一致」を主張して再反論した（以上，山住，1990）。

　この論争は非公開であったが，公開の場で問題を提起したのは，福沢諭吉である。彼は，「徳育如何」（1882 年 11 月，山住，1991），「徳育余論」（1882 年 12 月，慶應義塾，1970）で，学校における道徳教育の推進を批判した。

　福沢によると，道徳は「公議輿論」によって定まり，「公議輿論」は，「風儀」「世態」といった，社会に行き渡っている精神のことである。道徳は，基

本的に，社会的精神の感化によって人びとに育成される「私徳」である。それは，「公」的機関である学校においては有効ではなく，その任務でもない。また，明治維新の「革命」と「開国」がもたらした「自主独立の精神」は，もはや，儒教や復古による道徳教育とは相容れることはないのである。

このように説く福沢にとっても，「自主独立の精神」を人びとに涵養することは困難な課題であった。「自主独立の精神」は，社会的精神である「宗教」によって育成し得るのだが，このことは，日本では，圧倒的多数の「下流の人民」の信ずる「仏法」の感化によるほかない。それゆえ，「自主独立の精神」が「公議輿論」となるのは，はるか遠い将来にしか期待しえないことなのである。

他方，西村茂樹は，『日本道徳論』(1887) で，次のように主張した。現今の日本に求められる道徳は，善悪の応報を死後の霊魂に認める「世外教」の仏教やキリスト教ではなく，現世に根ざす「世教」である「儒道」と「哲学」である。この両者の欠点を除き，両者の一致する「真理」に基づいて「日本道徳の標準」を定めるべきである，と。

また，加藤弘之は，道徳教育における宗教の積極的な役割を認め，「徳育方法案」(加藤, 1887) で，神道，儒教，仏教，キリスト教に基づく修身科を学校に設け，生徒の信ずる宗教を学ばせ，相互に競争させることを提案した。

こうした道徳教育をめぐる論争は，明治20年代はじめまでつづくが，加藤の提案は，道徳教育の方針を統一しえない混乱を体現するものであった。

5　森有礼の文教政策

政府は，1885（明治18）年12月，従来の太政官制から内閣制へと機構改革し，初代内閣総理大臣伊藤博文は，森有礼を文部大臣に起用した。

従来，高等教育から初等教育まで，ひとつの教育令に包括されていた。1886 (明治19) 年，森文政のもとで，「帝国大学令」「師範学校令」「中学校令」「小学校令」というように，学校種ごとの学校令が制定された。また，「中学校令」「小学校令」で，教科書は文部大臣の検定を経ることとし，ここに教科書検定制度が始まった。

　道徳教育については，小学校の「修身」を筆頭科目としたが，「談話」によって「日常ノ作法」を教える学科とした。さらに，1887（明治10）年5月，森は，「修身」では教科書を使用しない方針を地方長官に指示した（教育史編纂会，1964：720）。また，尋常中学校，師範学校では，「倫理」の名称のもとに「人倫道徳の要旨」を学ぶこととしている。

　森の指示により，1888（明治21）年，文部書記官能勢栄らが，中学校師範学校用書として「倫理書」（文部省編輯局，1888）を作成した。これは，倫理学の立場で，「普通ノ感覚」に基づき，「自他並立」を内容とする「倫理ノ標準」を提示しようとしたものである。だが，1889（明治23）年2月，森が不慮の死を遂げたこともあり，この教科書が普及するには至らなかった。

　森文政の道徳教育方針は，欧化主義と個人主義に傾く点で学制期と類似するが，功利主義を排して，国家のための国民教育を目指す点で異なる。だが，森文政期にも，道徳教育の混迷は継続していた。

　1889年2月の地方長官会議は，徳育問題に議論が集中し，そこで，徳育の主義を定めるべきであり，それはわが国固有の倫理に拠るべきこと，また，徳育の教科書を全国的に統一すると共に徳育の授業時間を増加すべきことを建議した。この建議は，文部大臣榎本武揚に地方長官全員が面会する場で提示された。この地方長官会議の建議は，「教育に関する勅語」策定の発端となる。

・参考文献・・・

江島顕一（2016）『日本道徳教育の歴史　近代から現代まで』ミネルヴァ書房
加藤弘之（1887）「徳育方法案」（国民精神文化研究所（1940）『教育勅語渙発関係資料集　第二巻』所収）
教育史編纂会（1964）『明治以降教育制度発達史　第3巻』竜吟社
慶應義塾編（1970）『福澤諭吉全集　第八巻』岩波書店
高橋文博（2012）『近代日本の倫理思想　主従道徳と国家』思文閣出版
文部省編（1972）『学制百年史』帝国地方行政学会
文部省編輯局編（1888）『中学校師範学校教科用書　倫理書』
山住正己校注（1990）『日本近代思想大系　教育の体系』岩波書店
山住正己編（1991）『福沢諭吉教育論集』岩波文庫

第2節　「教育勅語」発布以降の修身とその教科書

──────江島　顕一

■1 「教育勅語」の発布

　1890（明治23）年5月，内閣改造が行われ，新たな文部大臣として芳川顕正（よしかわあきまさ）が任命された。任命の際には，明治天皇より教育の基礎となる箴言の編纂を命じられた。まもなく箴言の草案の起草が，総理大臣の山縣有朋，文部大臣の芳川，法制局長官の井上毅，枢密顧問官の元田永孚を中心に着手された。まず，はじめに文部省から依頼された帝国大学教授であった中村正直（まさなお）の草案が提出され，その他に井上，元田の草案がそれぞれ作成された。最終的には井上の草案をもとに，元田との幾度の修正を経て，勅語として成文化された。

　そして1890年10月，「教育ニ関スル勅語」（以下「教育勅語」）が発布された。全文は次の通りである。

　　朕惟フニ我カ皇祖皇宗国ヲ肇ムルコト広遠ニ徳ヲ樹ツルコト深厚ナリ我カ臣民克ク忠ニ克ク孝ニ億兆心ヲ一ニシテ世々厥ノ美ヲ済セルハ此レ我カ国体ノ精華ニシテ教育ノ淵源亦実ニ此ニ存ス爾臣民父母ニ孝ニ兄弟ニ友ニ夫婦相和シ朋友相信シ恭倹己レヲ持シ博愛衆ニ及ホシ学ヲ修メ業ヲ習ヒ以テ智能ヲ啓発シ徳器ヲ成就シ進テ公益ヲ広メ世務ヲ開キ常ニ国憲ヲ重シ国法ニ遵ヒ一旦緩急アレハ義勇公ニ奉シ以テ天壌無窮ノ皇運ヲ扶翼スヘシ是ノ如キハ独リ朕カ忠良ノ臣民タルノミナラス又以テ爾祖先ノ遺風ヲ顕彰スルニ足ラン

　　斯ノ道ハ実ニ我カ皇祖皇宗ノ遺訓ニシテ子孫臣民ノ倶ニ遵守スヘキ所之ヲ古今ニ通シテ謬ラス之ヲ中外ニ施シテ悖ラス朕爾臣民ト倶ニ拳々服膺シテ咸其徳ヲ一ニセンコトヲ庶幾フ

　　　明治二十三年十月三十日

　　　御名　御璽　　　　　　　　　　　（教育史編纂会編，第3巻，1964：17）

　この本文315字は，第1段では，忠孝道徳を中心とした「教育ノ淵源」とし

てのわが国の「国体」が説かれ，第２段では，「臣民」が守り行う徳目が列挙され，第３段ではその普遍妥当性が強調された。

「教育勅語」発布の翌日，文部大臣の芳川は，全国へ謄本を頒布することとし，祝祭日の儀式や学校行事の際には，「教育勅語」を「奉読」し「誨告」するよう訓示を発した。そして，1891（明治24）年６月，「小学校祝日大祭日儀式規程」が定められ，これによって小学校の式典の際には，いわゆる御真影への最敬礼と共に，「教育勅語」の奉読が行われるようになった。

また，「教育勅語」の意義を敷衍させる目的のもと，1891年９月，文科大学教授の井上哲次郎著，文学博士の中村正直閲として敬業社，哲眼社などから上下２冊本として『勅語衍義』が刊行された。

明治10年代より教育界をはじめとする各界で長らく議論されてきた道徳教育をめぐる問題は，この「教育勅語」発布をもって一応の収束をみせた。そして，こうした「教育勅語」体制を構築していくことで，「教育勅語」はわが国の教育の根幹として，以降の教育に大きな影響を及ぼしていった。

2 小学校令の改正と修身

「教育勅語」発布前後の教育政策については，1887（明治20）年の「市制」「町村制」，1890年の「府県制」「郡制」の公布など，地方自治制度の確立により，文部省は初等教育制度の再編成に着手した。そして，1890年10月，いわゆる第二次小学校令が公布された。第二次小学校令の第１章第１条では，小学校の「本旨」が，道徳教育及び国民教育の基礎ならびにその生活に必要な普通の知識技能を教授することと規定された。なお「修身」は，教科の筆頭にあげられた。

1891年11月，「小学校教則大綱」が定められ，小学校の各教科とその内容が明らかにされた。「修身」は，「教育ニ関スル　勅語ノ旨趣ニ基キ児童ノ良心ヲ啓培シテ其徳性ヲ涵養シ人道実践ノ方法ヲ授クルヲ以テ要旨トス」と規定された。尋常小学校では具体的には，「孝悌」「友愛」「仁慈」「信実」「礼敬」「義勇」「恭倹」などの実践の方法を教え，「尊皇愛国ノ志気」などを養うこととさ

れ，教授方法については「近易ノ俚諺及嘉言善行等ヲ例証シテ勧戒ヲ示シ教員身自ラ児童ノ模範トナリ児童ヲシテ浸潤薫染セシメンコト」とされた（教育史編纂会編，第3巻，1964：95-96）。

　第二次小学校令の公布以降，初等教育制度はその浸透と充実をみせていくが，日清戦争，近代産業の勃興を経ての国民生活の向上により，諸学校制度の改革が相次いでなされていった。そして，1900（明治33）年8月，いわゆる第三次小学校令が公布された（なお，小学校の目的は第二次と同様）。これによって4年制の義務教育制度が確立し，義務教育における授業料の非徴収の原則が成立した。

　第三次小学校令に基づき，「小学校令施行規則」が定められ，小学校の各教科とその内容が明らかにされた。「修身」は，「教育ニ関スル勅語ノ旨趣ニ基キテ児童ノ徳性ヲ涵養シ道徳ノ実践ヲ指導スルヲ以テ要旨トス」と規定された。尋常小学校では具体的には，「孝悌」「親愛」「勤倹」「恭敬」「信実」「義勇」の実践などの身近な事柄から国家，社会の責務へ順次拡大して「忠君愛国ノ志気」を養うこととされ，教授方法については「嘉言善行及諺辞等ニ基キテ勧戒シ常ニ之ヲ服膺セシメンコトヲ務ムヘシ」とされた（教育史編纂会編，第4巻，1964：61）。

　これら第三次小学校令の公布と「小学校令施行規則」の制定によって，1872（明治5）年に発足したわが国の初等教育制度は，ここに至って確立され，1941（昭和16）年3月の「国民学校令」公布まで実質上初等教育の基本方針としての効力を有するのであった。

3　国定教科書制度の成立

　第二次小学校令，第三次小学校令においては，小学校令で明記された教科書の検定制は堅持されていた。しかし，「教育勅語」発布以後の帝国議会では，検定修身教科書が必ずしも「教育勅語」の精神や旨趣に沿ったものばかりではないとの文部省の検定方針を批判する意見があらわれていた。そうした修身教科書をめぐる問題を克服し，「教育勅語」に基づく国民思想の統一を図るため，

修身教科書を国家において編纂し，全国一律の教科書を採用すべきという気運が，帝国議会のなかで高まりつつあった。

　そして，1896（明治29）年2月，第9帝国議会において貴族院から「国費ヲ以テ小学校修身教科用図書ヲ編纂スルノ建議案」が提出されたのを皮切りに，明治30年代に入ると度々帝国議会において小学校教科書の国費編纂，国定化を求める建議が提出された。これらの建議は，一方で実際に出版された検定教科書の粗悪な質や価格の不廉などの問題，教科書の採択方式から生ずる弊害などを指摘するものであり，他方で教科書による教育内容の統一を要請するものであった。特に後者の実現に重要とされたのが修身教科書であり，まずはそれを政府で編纂することで「徳育ノ帰一」を図ろうとしていた。また，こうした教科書の国費編纂，国定化に関連する要求は，中央や地方の教育会議でもあらわれていった。

　こうした建議や議論が積み重ねられていくなかで，国定制の成立を決定的にしたのは，いわゆる教科書疑獄事件であった。1902（明治35）年12月，大手教科書肆であった金港堂，普及舎，集英堂，文学社をはじめ20数カ所が，小学校教科書の審査，採定をめぐる贈収賄の容疑で一斉に家宅捜索され，検挙される者が出た。事件の範囲は全国1道3府36県に及び，召喚・検挙者は教科書検定に関わる教育関係者や教科書肆関係者を含めて総計200人前後に達した。新聞，雑誌はこの事件を連日取り上げ，教科書の検定制は徹底的な批判を浴び，国定化への世論が急激に高まった。

　この教科書疑獄事件の最初の摘発があってから間もない，1903年1月，文部省は小学校の教科書をすべて国定制とする第三次小学校令の一部改正案を閣議に提出した。そして同年4月，第三次小学校令は一部改正され，国定教科書制度が成立した。そしてまず，「修身」と「日本歴史」「地理」「国語読本」が国定に指定されることとなった。これにより，教科書肆の不正行為は鎮圧され，教科書そのものの品質も管理され，価格も低廉となり，教科書問題は一掃された。さらに，国定制の主眼ともいうべき教育内容の一元化も，国定教科書の編纂とその普及によって進行することとなるのであった。

4 　明治後期の検定・国定修身教科書

　「教育勅語」発布後の検定修身教科書は，そこで示された諸徳目に基づく徳目主義的なものが多かったが，第三次小学校令公布後のそれは，歴史上の人物の伝記に基づく人物主義的なものとなった。この一因には，明治20年代にわが国に紹介され，明治30年代にかけて普及をみせたヘルバルト学派の教育思想の影響があったといわれている。

　たとえば，『尋常小学修身教本』（育英社，1901年）の巻四は，全28課のうち18課に人物が取り上げられた検定修身教科書であった。もっとも，人物主義的な体裁をとった教科書とはいえ，その多くはあくまで児童の興味，関心を人物の伝記を通じて喚起し，その上で徳目を教授するような内容であった。

　国定修身教科書の編纂は，教科書の国費編纂，国定化への建議や要求が度々提出されるなか，1900年4月，文部省の対応として，「修身教科書調査委員会」が設置されたことによって着手された。そして1904年4月，第一期国定修身教科書が刊行された。

　『尋常小学修身書』（全4冊，文部省，1903年。第1学年用は掛図）は，「教育勅語」の趣旨に基づいて，各学年いずれも27の目録からなり，個人，対人，国家，そして天皇，皇室に関する道徳などで構成されていた。たとえば，第2学年用は，家庭，学校，地域といった児童の日常における起居振舞や対人関係に関する内容となっており，「セイケツ」「コトバヅカヒ」「モノヲソマツニアツカフナ」「ヒトニメイワクヲカケルナ」などがある。第3学年用には，人物の例話が多く挿入されており，徳川吉宗，二宮金次郎，ネルソン（イギリス），後光明天皇，日本武尊，貝原益軒，徳川光圀，鈴木今右衛門，田辺晋齋，川鯉佐太郎，高杉晋作，久坂玄瑞など，歴史上の人物から市井の人物までが取り上げられている。

　この第一期は，児童の日常生活における個人的な道徳や人間関係における道徳を中心として構成されていた。それゆえ，天皇や国体に関する道徳が全体の1割に満たないのは，国定教科書全五期のなかで，この第一期だけであった。

16

　1907（明治40）年３月，第三次小学校令が一部改正され，尋常小学校の修業年限が６年となった。そして1908（明治41）年９月，「教科用図書調査委員会」が設置され，第一期への批判を踏まえた新たな教科書の編纂が行われた（修身教科書編纂は第１部会が担当）。第二期国定修身教科書は，1910（明治43）年４月，逐次使用された。

　『尋常小学修身用書』（全６巻，文部省，1910-1911）は，第１学年から第６学年まで児童用が作成され，「教育勅語」の趣旨に基づいて，個人，対人，国家，天皇，皇室に関する道徳などで構成されていた。第二期にも多くの人物が取り上げられているが，特に複数の課にわたって登場するのが，二宮金次郎，上杉鷹山，ベンジャミン・フランクリン，伊能忠敬などである。たとえば，第２学年用では，二宮金次郎が「オヤノオン」「カウカウ」「キヤウダイナカヨクセヨ」「シゴトニハゲメ」「シンルイ」「ガクモン」「キンケン」と７課にわたり，それぞれが二宮の事績に割り当てられた形で取り上げられている。

　また，第二期で新たに課として加えられた「忠君愛国」は，「忠」や「孝」がさまざまな形で強調されながら，それを一致させるような内容のものが少なくなかった。一方で，第一期で多かった個人的な道徳については減少した。

　こうして明治末期には，初等教育は教育制度上（教育課程，教科書など）の達成を果たした。

●参考文献●……………………………………………………………………………
　江島顕一（2016）『日本道徳教育の歴史　近代から現代まで』ミネルヴァ書房
　海後宗臣編（1961-1962）『日本教科書大系　近代編』第1・2・3巻，修身，㈠㈡
　　㈢，講談社
　海後宗臣（1965）『教育勅語成立史の研究』厚徳社
　唐澤富太郎（2011）『図説　近代百年の教育』日本図書センター
　教育史編纂会編（1964）『明治以降教育制度発達史』第3・4巻，教育資料調査会
　国立教育研究所編（1974）『日本近代教育百年史』第4巻，国立教育研究所
　文部省編（1972）『学制百年史』帝国地方行政学会
　山本正身（2014）『日本教育史　教育の「今」を歴史から考える』慶應義塾大学出版会

大正・昭和前期における道徳教育

――――行安　茂

第1節　大正期の修身教育と自由主義

1 明治後期から大正初期にかけての修身教育

文部省は 1900（明治33）年，小学校令改正によって小学校教育4年制を確立した。1907（明治40）年，文部省は義務教育の期限を6年に延長した。これと共に第二期国定修身教科書（1910-1917）が編纂された。その委員の一人であった吉田熊次はその特色を2点あげている。

① 徳目の選択について忠孝の観念を涵養することに一層意を用い，適切な課の数を増やした。

② 今回の修身教科書には童話，寓話を採用することにした。[1]

2 デューイの来日とその影響

大正時代は「大正デモクラシー」とよばれる自由主義あるいは自然主義が叫ばれた時代であった。デューイ（Dewey,J.）は 1919（大正8）年2月9日に来日し，同 25 日から2週間東京帝国大学法科において8回にわたって講義した。[2]

デューイの来日以前，その教育思想はすでに日本の学校教育に大きな影響を与えていた。その第1は澤柳政太郎が 1917（大正6）年4月，小西重直，長田新の「賛成助力」によって成城小学校を創立した。その創立精神は「個性尊重の精神」「能率の高き教育」「自然と親しむ教育」「剛健不撓の意志」「心情の教育」「鑑賞の教育」「科学的研究を基とする教育」であった。第2は木下竹次がデューイの問題解決学習を生かすことによって討論による合科学習を展開した

ことである。これはデューイの「全人」の教育思想を受容し，実践した成果として当時注目された。

3 大正期の自由主義と「八大教育主張」

「八大教育主張」は1921（大正10）年8月1日から8日間にわたって東京高等師範学校附属小学校の講堂において開催された講演会に端を発する。連日2,000名以上の参加者があったといわれる。講師と題目とは次のとおりであった。

樋口 長市（ちょういち）（東京高等師範学校教授）「自学教育論」

河野清丸（きよまる）（日本女子大学校附属小学校主事）「自動教育論」

手塚岸衛（きしえ）（千葉師範学校附属小学校主事）「自由教育論」

千葉命吉（めいきち）（廣島師範学校附属小学校主事）「一切衝動皆満足論」

稲毛金七（きんしち）（教育評論家）「創造教育論」

及川平治（へいじ）（明石女子師範附属小学校主事）「動的教育論」

小原國芳（くによし）（成城小学校主事）「全人教育論」

片上 伸（のぶる）（文藝評論家）「文藝教育論」

以上8人の主張は以下の点で共通しているとみることができる。① 子どもの自主性，自発性が重要視されている，② 全人，全我が主張されている，③ 自然の理性化，自由，創造性が評価されている。

大正期においてこうした自由主義が主張されたのはなぜであろうか。樋口長市はその理由を以下のように述べる。「明治の教育は主智主義である。模倣主義の教育である。注入主義の教育である。教師の教育である。[3]」これが反省され始めたのは明治40年前後であったといわれる。千葉の「一切衝動皆満足論」はラディカルに見えるが，千葉はそれは日本の伝統思想と決して矛盾するものではないという。千葉は衝動の満足のなかに「創造教育」を発見することができるという。小原國芳はこの点を評価し，「個性尊重の教育」を主張する。大正期の自由主義は修身教育のあり方に影響を与えてゆく。

4 大正期の修身教育と川井訓導事件

　この事件は 1924（大正 13）年９月５日，長野県松本女子師範附属小学校の公開授業中に突如として起こった。その経緯は以下のとおりである。公開授業（修身）は４年生を対象として実施された。修身担当の川井清一郎訓導は補助教材として森鴎外の歴史小説『護持院原の敵討』（1913）を用いた。公開授業は長野県の教育事業の一環として行われ，当日は県内の小学校の教員が多数参加し，県側からも畑山学務課長が参加していた。当時文部省は「國定教科書を尊重すべき事」の通牒を全国の道府県に送っていた。長野県の学務課から見れば，川井訓導が修身教科書を使用しないで『護持院原の敵討』を補助資料として用いることは，教科書を無視した指導であり，「言語道断」であった。それは「徹底的に糾弾する必要があろう」と長野県側は考えた。[4]

　川井が『護持院原の敵討』を修身の補助教材として用いたのはなぜであったのであろうか。それは川井一人の判断によったのではなくて，松本女子師範附属小学校の教員の研究グループの合意によるものであった。その代表者であった伝田訓導は修身教科書について次のように批判する。

　「その内容は漸次改正が加えられたとはいっても，根本は極端に形式主義化したものであり，なかんずく『修身書』は話にもならないほどにできが悪かった。教育刷新の熱意をいだき，積極的に教育と取り組もうと思うほどのものは，児童にも教師に対しても魅力を失っている『修身書』を生かすために，必ず何らかの補助教材を扱うのが常識のようになっていた。[5]」

　川井も伝田の意見とまったく同じであった。かれは修身授業に臨む基本的戦略を２点あげる。第１点は教材が児童の道徳意識の発達に応じたものでなければならないことである。このことは教材内容が児童の関心を呼び起こし，彼らに感動を与えるものでなければならない。第２点はこのようにして選択された教材に対して教師も感動し，心から躍動し，燃えるものでなければならないことである。川井はこの観点から次のようにいう。

　「先日，私が修身科授業に当りてなした修身書以外の教材『護持院ヶ原の敵

討』について云ふならば，私は彼の作中の人物『り与』の孝心とその毅然たる覺悟，九郎右衛門の兄に対する親愛の情，文吉の義侠心並びに夫等の人々がよく難苦に堪へて尚素志を貫く気高い心根を感じたのである。而して先の見地よりして教授により児童の道徳意識にも十分觸れ得ることを信じまたこの感動を養ひ置けば後に修身書取扱の際，『孝行』，『克己』，『志を堅くせよ』等は優にこの例話の回想によつて理解し自得し得べきであると考へてゐたのである。」[6]

5 川井訓導の修身授業と休職処分

　以上の経緯から川井は長野県知事から「始末書」の提出を求められた。彼は池原主事や同僚の伝田訓導らに相談の上始末書を書き，校長に渡した。その後，県から校長を通して休職が命じられた。その反響は長野県内外に拡大した。それは長野県内の教員に対してのみならず，三宅雄二郎，澤柳政太郎，古島一雄，阿部次郎，石原謙，岩波茂雄，和辻哲郎，土居光知，篠原助市，長田新らの著名な学者などにも及んだ。特に注目すべき意見は西尾實の「松本女師附属事件考察」と題した論文であった。[7]西尾はこのなかで事件の問題点を次のように指摘する。

　第1点は川井訓導は，文部省の1910（明治43）年8月18日付の訓令第20号に注意を喚起し，この訓令に違反していないと西尾が解釈していることである。第2点は西尾が「法規に於て修身書は必ず使用すべき教科書とは規定されてあるが，必ず毎時間取扱えとか一月も一学期も取扱はないではいけないとかいう取扱方法を時間的に規定されてない」と主張し，川井訓導を弁護する。川井は第4学年の児童の道徳的関心は童話や空想から現実の事実に移行する時期であるので，この変化に対応する教材研究が必要であるという。西尾は当局がこの真相を十分理解しないで「一時間の授業と2，3の問答からのみ教科無視と推定するはどうも立憲治下に於ける行政的監督の態度ではない」と長野県当局を批判する。

　以上のような反響のなかにあって川井訓導は休職を命じられた。川井清一郎は1924（大正13）年10月1日付の「退職願」を知事あてに提出，10月22日

付退職辞令（長野県）。川井は同年 12 月中旬，広島高等師範学校研究生となり，教育思想関係論文編集に携わる。その後，広島県竹原高等女学校（現竹原高等学校の前身）の設立（昭和 3 年）に参画し，教頭として生徒募集の仕事の過労のため死亡（36 歳）した。

第2節　昭和前期の修身教育と国家主義の台頭

1 昭和前期の時代と国家主義の教育

　昭和前期とは昭和初期から 1945（昭和 20）年 8 月 15 日の終戦までの約 20 年間である。この時期は昭和初期から 1941（昭和 16）年 3 月末までと同年 4 月 1 日から同 20 年 8 月 15 日までの 2 つの時期に大別される。特に，1931（昭和 6）年 9 月 18 日の満州事変，同 12 年 7 月 7 日の日中事変の始まりは次第に国家主義の教育を強化し始めた。この第一期のなかで教育上重要な出来事は 1940（昭和 15）年 11 月 10 日，紀元 2600 年記念式典が皇居前で挙行されたことである。全国の小学校でもこの記念式典が講堂で行われ，全児童は校長の教育勅語の奉読の後，紀元 2600 年記念の祝典歌を力強く歌った。この歌は筆者の頭のなかに残っているほど子どもたちを鼓舞させる歌であった。第二期は 1941（昭和 16）年 4 月から始まる。この年から小学校は国民学校と改称された。修身，国語，歴史，地理が国民科という枠組みに入れられ，それぞれ「優」「良」「可」によって評価された。男子児童は戦闘帽という黄色の帽子を全員着用して登校した。戦時色の影響をそこにみることができる。

2 1931（昭和6）年度の修身教科書とその内容

　修身の授業は「教育勅語」に基づく忠孝の道徳を基本原理として指導された。1931（昭和 6）年度の「尋常小學修身書第 6　児童用」（文部省）の第六課「忠孝」の一部分を紹介すれば下記のとおりである。

　北條氏が滅びて，後醍醐天皇は京都におかへりになりましたが，間もなく足

利尊氏が反きました。楠木正成は諸将と共に尊氏を討つて九州に追拂ひましたが，その後，尊氏が九州から大軍を引きつれて京都に攻上つて来るとの知らせがあったので，勅を奉じて，尊氏を防ぐために兵庫に赴きました。正成はこれを最後の戦と覺悟して，途中櫻井の驛でその子正行に向ひ，「父が討死した後は，お前は父の志をついで，きっと君に忠義を盡し奉れ。それが第1の孝行であるとねんごうに言聞かせて，河内へ返しました。」

　第六課には母が正行に説得している場面のカットが入っており，児童の関心を引くように編集されている。「櫻井の驛」は京都と高槻との中間にあり，当時，西国街道の要所であった。「櫻井の驛の別れ」は児童の学芸会（学習発表会）において6年生の劇によって発表されていた。保護者がそれを見学するために多数講堂に集まり，涙を流してほめていたといわれる。劇の最後には児童が先生のオルガンに合わせて「青葉茂れる櫻井の，里の別れの夕まぐれ，父は兵庫に赴かん……」と歌えば，保護者も児童も感動のクライマックスに達したと伝えられている。

　教師は修身の授業をどのように評価していたかについて筆者は現在100歳の女性教師を訪問し，尋ねたところ，「よく憶えていない」とのことであった。昭和初期の修身教科書のなかに宿題の題目（6問）のメモが入っているのを見たことがある。題目は国際連盟脱退を念頭に置いた教師の憶え書きであったと考えられる。

３ 1942（昭和17）年度の修身教科書とその内容

　1941（昭和16）年12月8日，日本は米英に対し宣戦を布告し，ハワイ真珠湾に集結していたアメリカ太平洋艦隊へ奇襲攻撃し，太平洋戦争に突入した。「大本営発表……」で始まるラジオ放送は小学生の心身を震わせる瞬間であった。4月からは全国の小学校の校門の入口にはアメリカの大統領ルーズベルトとイギリスの首相チャーチルの人形（縦約160cm，胴体約30cmの木材にわらが巻きつけられ，頭部は2人の似顔絵が描かれた板から成っている人形）が設置された。

児童は校門を入るとき，まず，人形のそばに立てられている竹槍を手に取って2つの人形の胴体を突き刺し，槍先が胴体を突き抜けておれば，教師の「よし」という合図で校門を入ることはできた。こうして児童に敵愾心を高めたのであった。当時，国民学校では「鬼畜米英」の教育が徹底していた。

　1942（昭和 17）年度の『尋常小學修身書』巻五（文部省）は以下のように構成されている。目次の次に「教育ニ関スル勅語」と「青少年ニ賜ハリタル勅語」があげられている。内容は第一から第二十七の徳目である。徳目は毎時間一項目となっているが，なかには同じ登場人物が2回ないし3回扱われ，徳目は違って配列されている。たとえば，第九「儉約」（上杉鷹山），第十「産業を興せ」（同），第十三「勉學」（勝安芳），第十四「勇氣」（同），第十七「信義」（加藤清正），第十八「誠實」（同），第二十二「忠君愛國」（吉田松陰），第二十三「兄弟」（同），第二十四「父母」（同）となっている。外国人の登場人物は第二「國法を重んぜよ」（ソクラテス），第十二「自信」（コロンブス），第二十「博愛」（ナイチンゲール）である。

　この修身教科書のなかでもうひとつ注目される特色がある。それは第二「擧國一致」の末尾に明治天皇の御製が一首あげられていることである。また，第二十一「皇太后陛下」の末尾に陛下の御歌が一首あげられている。もうひとつ注目されることは人物の末尾に格言があげられていることである。たとえば，第十の上杉鷹山の末尾には「なせばなるなさねばならぬ何事もならぬは人のなさぬなりけり」の言葉があげられている。第十七の加藤清正の末尾には「格言　義ヲ見テ為ザルハ勇ナキナリ。」があげられている。

　1942 年度筆者の思い出として忘れられないことは修学旅行に伊勢神宮へ参拝したことである。戦時中のためこの年度を以って修学旅行は最後とする通達が各県に届いていたようであった。しかし，クラスの全児童が修学旅行をすることはできなかった。筆者が通学した岡山県御津郡津賀東国民学校は県の中央部分にあり，貧しい農村地域にあったため修学旅行の費用を出すことができる家庭は4〜5人の児童の家庭であったからであった。農村の家庭の多くは収入が少なかった。そこで修学旅行は，5年生，6年生，高等科1年生，2年生か

ら募集し，4クラスで20人程度の希望者を編成し，夕方，校庭からトラックに乗り，頭上にシートをかけ，人目につかぬように，物資を運搬しているような出発であった。岡山駅からは鉄道列車に乗って2泊3日分の米約6合を持参する必要があった。

•注•···
1）吉田熊次（1911）『教育的倫理學』弘道館，増補第三版：372。
2）その内容は *Reconstruction in Philosophy*（1920）として出版された。
3）樋口長市（1922）「自學教育論」『八大教育主張』大日本學術協曾：1。
4）川井清一郎「経過と感想」『信濃教育』第4630，信濃教育曾，大正14年5月：25。
5）伝田精爾「川井訓導事件楽屋話」『信濃教育』七十周年記念号，信濃教育曾，昭和31年12月：100。
6）川井清一郎「修身書の取扱ひについて」『信濃教育』第4560，大正13年10月：10-11。
7）西尾實「松本女師附属事件考察」『信濃教育』第4610，大正14年3月：1-4参照。

•参考文献•···
間瀬正次（1989）『今後の道徳教育を考える』教育開発研究所
行安茂（2015）『道徳「特別教科化」の歴史的課題―近代日本の修身教育の展開と戦後の道徳教育』北樹出版

第**3**章 戦後教育改革期における道徳教育改革の展開

——— 水野　雄司

第1節　占領下の道徳と教育政策

1 道徳的意力と道義国家

　1945（昭和20）年8月15日，日本の国民は自分たちが戦争に敗れたことを知った。そしてポツダム宣言に調印がなされ，アメリカを中心とする連合国による占領をうける。こうしたなか，幣原喜重郎内閣の文部大臣を務めていた安倍能成が「剛毅と真実と智慧とを」という文章を，雑誌『世界』（1946年1月号）に発表する。これは，次の文から始まっている。

　　今日の日本に於ける道徳の位置は最も危殆（引用者注：非常に危ういこと）
　　である。而も今の日本に於いて最も切要なるものは道徳である（安倍，
　　1946：15）。

　戦時中多くのモラルが頽廃し，さらにそれは敗戦という結果をうけてますます加速した。家族離散，飢餓困窮，凍寒，インフレーションといった，礼節も道義も顧みることができないような日々が続き，日本人を酷く蝕んでいる。しかし，このようにあらゆるものを失った国や国民だからこそ，文化を育み道義に起たなければならないとし，世界に誇れる文化国家を建設し，その一員として立ち上がっていくことを，安部は主張した。そしてその文化の中心に据えられたのが道徳であり，国民の「道徳的意力」こそが日本を救うとした（安倍，1945：17，23）。敗戦によって政治的にも経済的にもすべてを失った国にとって，希望の縁は国民の内面，つまり道徳心にあったのである。

　また1946（昭和21）年2月11日，終戦後初めて迎える紀元節において，当

時，東京大学総長であった南原繁は，「新日本文化の創造」と題する講演を行っている。南原によると，日本が戦争という過ちを犯したのは，一人ひとりの日本人が自律しているという意識をもてなかったことにより，ひたすら上からの指示に盲従してしまったことが原因である。

　したがってこれからの日本人は，おのおのの人格や個性を自覚することから始めるべきであるが，これは単に個人主義を徹底するという意味ではない。単なる個人の集合のなかには信じるべき価値観は生まれず，共同体的観念こそが倫理的基盤をなすというのが南原の考えであった。外国では通常，それを宗教における神が担っているが，日本では天皇自らが神格を否定したばかりであった（1946年1月1日「天皇人間宣言」）。そこで南原が設定したのは国である。これから悠久に続く新たな祖国を創り，その国民としての意識をもつことが，価値ある存在になろうという健全な個人意識を生み出す。こうして共同体的価値観を個人に与える「道義国家日本」を創設することこそが，早急に行うべきことであると南原は説いたのである（南原，1946：23，30）。

　このように戦後日本において，個人の道徳心，さらには国家としての道義をいかに再生し，育てていくかということは，最重要の課題であった。

2　新日本建設の教育方針と四大教育指令

　この最重要課題を達成するために，戦後の教育政策，ならびにそのなかでの道徳教育はどのように立ち上がっていくのだろうか。

　昭和天皇が終戦を宣言してからすぐに，政府は教育再開に向けて動き出す。2週間も経たないうちに，翌月半ばまでには学校を再開するようにとの指令が，地方長官と学校長宛てに発令される。さらに9月15日には，文部省が戦後教育の基本となる「新日本建設の教育方針」を発表する。全11項目からなるこの方針は，「新教育の指針」から始まっており，「国体の護持」を基本としつつ，軍国的思想および施策の払拭，平和国家の建設，国民の教養の向上，科学的思考力の涵養などを目標としてあげる。それから軍事教育の全廃，教科書の根本的改訂，教職員の再教育の方針などが続き，「社会教育」の項目にて，

国民教育の向上と共に「国民道義の高揚」が，新日本建設の根底として重視していくこととされた（近代日本教育制度史料編纂会，1956：489）。

　こうした日本側の矢継ぎ早の教育政策は，「国体の護持」を第1に掲げていることなどからも，連合国軍総司令部（GHQ）に危機感を抱かせることになる。よってその後の教育改革は，GHQ内に設置された民間情報教育局（CIE，1946年10月2日発足）の主導のもとで進められることになっていく。彼らの基本方針は，日本の教育制度から，軍国主義と超国家主義を除去することであり，教育の自由化・民主化を進めることであった。そしてその方針に沿って，1945年末までに4つの指令が出される（「四大教育指令」）。それは，「日本教育制度に対する管理政策」「教員及教育関係官の調査，除外，認可に関する件」「国家神道，神社神道に対する政府の保証，支援，保全，監督並に弘布の廃止に関する件」，そして「修身，日本歴史及び地理の停止に関する件」であった。道徳教育については，この最後の指令が重要となる。明治以降，学校現場で道徳教育を担ってきた修身という教科が，歴史，地理と共にただちに停止され，教科書も回収されることになったからである。

3 修身の停止と公民教育構想

　CIEは，すでに戦時中から日本の教科書研究をスタートさせており，日本の降伏直前には教科書ならびに教師指導書の英訳版を準備していた。占領開始間もなく本格的な検討に入り，1942（昭和17）年から1944（昭和19）年版の歴史，地理，修身の教科書については，特に綿密な調査が行われた。その結果として出されたのが「修身，日本歴史及び地理の停止」という指令であった。

　ただしこの指令は，これらの教科を日本の教育課程から完全に排除することを目的としていたわけではなく，戦意高揚を図るような軍国主義と超国家主義の記述について修正を求めたものである。つまり，あくまで暫定的措置であり，教科書の書き直しならびに授業内容の改訂を行ったうえで再開することが予定されていた。実際に，1946（昭和21）年6月に地理が，同年10月には日本歴史が，それぞれGHQの許可を得た教科書によって授業が再開される。し

かし，修身だけが教育課程に戻ることはなかった。

　これは一見不思議なことである。なぜなら CIE は，一部の軍国主義や超国家主義的表現を除けば，修身の教科書は問題がないという評価をしていたからである。修身の中核をなしているのは，親に孝行，目上の者への敬意，篤い友情，他者への親切といった，いわゆる儒教道徳を根底としたものであり，これらは近代西欧社会の倫理的基準に当てはめても十分な妥当性があったからである。

　では，なぜ修身は復活することがなかったのだろうか。その理由としては，実は日本側の意図によるところが大きかった。GHQ による指令が出される以前から，文部省では，既存の教科の修正よりも，より抜本的な改革が必要だという考えをもつようになっていた。それは，民主主義社会における国民育成の観点から，公民教育をもって戦後教育再建の指針としようというものである。終戦翌月からすでにその動きは見られ，1945 年 10 月 1 日には公民教育刷新委員会が設置されている。この委員会は，11 月と 12 月に集中して審議を重ね，その結果として 12 月に 2 回にわたって答申を提出する。その内容は公民教育の目標，学校教育における公民教育，社会教育における公民教育の 3 項からなっていた。

　ここで重要なのは，修身と公民の統合が提言されていることである。道徳はもともと社会における個人のものであり，公民的知識と結びつくことで，はじめて社会において実践することができる。したがって，修身と公民とを結びつけた，新しい公民科を確立すべきというのが文部省の考えであった。

　このあり方は，1946 年 5 月の文部省通達「公民教育実施に関する件」でも継承されたが，結局，公民科は実現することはなかった。なぜなら CIE が「修身，日本歴史及び地理の停止」で示した指令は，あくまで既存の教科書の改訂であり，新しい教科の設置はその趣旨を逸脱する改革案だったからである。したがって CIE は再考を迫り，文部省との議論を重ね，最終的に 1946 年 8 月，社会科の設置という新たな方針を決定することで，公民科を退けたのである。

　日本の公民教育構想は，新たな民主主義社会における修身のあり方を模索することから始まっていた。つまりその核は道徳教育である。一方で社会科は，歴史，地理を含めた広域総合教科であり，その性格は似て非なるものであった。つまり社会科の設置によって，道徳教育を担う教科が，日本の教育課程からなくなったのである。

第2節　教育勅語と教育基本法の制定

1 教育勅語の意義

　CIE が公民科を問題としたのは，指令違反という以上に，やはりその内容であった。公民教育振興策を強く推し進めたのは，当時文部大臣であった前田多門であるが，彼が考える公民科とは，教育勅語の精神に還ることが大きな目的となっていたからである。

　明治から日本人の精神的，道徳的支柱として存在していた教育勅語を，戦後の教育制度のなかでどのように扱っていくかということは，占領軍側と日本側双方にとって大きな議題であった。日本側では，教育勅語の理念は，新しい民主主義社会においても矛盾なく存在できると考えていた。たとえば前田は，教員養成学校の校長を集めた講習会（1945 年 10 月開催）にて，教育勅語には「よき人間となるべきこと，よき父母であり，よき子供であり，よき夫婦であるべき事」（『歴代文部大臣式辞集』：447）が示されていると述べている。また前田から文相を引き継いだ安部能成も，「依然として国民の日常道徳の規範と仰ぐに変わりないもの」（文部省，1969：73）とし，その後任の田中耕太郎もまた，熱心なカトリック教徒という観点から世界の道徳的核心に沿っているものと，それぞれ教育勅語を評価していた（山住・堀尾，1976：123）。

　ただし，一般の国民の捉え方はさまざまであった。GHQ による占領も終了し，学校の教育課程に「道徳の時間」が設置された 1958（昭和 33）年，「教育勅語をめぐって」と題された共同討議が行われている。参加者は，評論家の臼井吉見を司会者として，石田雄（政治学者），井上清（歴史学者），勝田守一（教

育学者），高坂正顕（哲学者），和辻哲郎（倫理学者）という５名であった。ここで勝田が，教育勅語は大きな存在であったと述べたことに対して，高坂は「さあ，それはどうかな」と疑義を呈し，和辻もまた「われわれの若い時分を考えると，教育勅語をまじめに取るということはなかった」と回答している。教育勅語が発布された年に生まれた和辻は，「教育勅語は念頭になかった。つまり眼中になかったのですね」「教育勅語がバックボーンになっていたなどということは全然ありませんね」とも発言し，この討議中一貫して，いい意味でも悪い意味でも，教育勅語が日本人に強く影響を与えたことはなかったという姿勢をとっている（臼井他，1958：255，256）。それに対して石田は，教育勅語の影響はやはり大きかったとし，次のように発言している。

> （リベラルな人たちにとって）戦後教育勅語がなくなったのは当然だという形で受取られているかしれないが，少なくとも，私たちの世代の受取り方からすると，本来，権力と道徳とがまつわりついた形で出来ていた教育勅語を外から権力者にこわされた。自分たちで内面のオーソリティを確立するということで克服したのでなく外から取り払われた（臼井他，1958：255）。

ここで石田が述べているように，教育勅語は存続することはなかった。以下，この失効の過程をみてみたい。

2 教育基本法の制定

　1946年11月3日，日本国憲法が公布され，翌年5月3日から施行された。この第26条には，「すべて国民は，法律の定めるところにより，その能力に応じて，ひとしく教育を受ける権利を有する。2）すべて国民は，法律の定めるところにより，その保護する子女に普通教育を受けさせる義務を負ふ。」とある。つまり教育が国民の権利および義務として，はじめて憲法に定められたのである。

　こうして教育の基礎として憲法が位置づけられ，1947年3月，この憲法の理念をふまえる教育基本法が制定される。この教育基本法を発意し推進したのは，1946年5月に文部大臣に就任した田中耕太郎である。この文相の意をう

け，同年8月に設置された教育刷新委員会の第1特別委員会が中心となり審議し，11月の第1回建議「教育の理念及び教育基本法に関すること」において制定の基本方針が決定する。その後，CIEの承認，第92回帝国議会の審議を経て制定される。

　教育基本法の前文では，今後制定する各種の教育法の理念と原則を規定するとある。実際に1947（昭和22）年から1949（昭和24）年にかけて教育基本法と共に成立した学校教育法をはじめ，教育委員会法，国民の祝日に関する法律，教育公務員特例法，文部省設置法，教育職員免許法，社会教育法，私立学校法など一連の教育改革立法が，教育基本法を原則として制定され，ここに戦後の新しい教育体制が確立した。

3 教育勅語の失効

　教育基本法の成立と共に問題となったのが，教育勅語の存在であった。ただし日本側はもちろんのこと，占領軍，特にCIEも最初から排除を前提としていたわけではなかった。むしろその内容は，民主主義との親和性も高いとして，天皇から与えられた言葉という国民の認識と，それに付随する学校での奉読（ほうどく）という儀式のみを，軍国主義的，国家主義的なものであると問題視した。よってCIEは，神格化につながるこうした形式を禁止し，一部内容を修正することで，教育勅語自体は存続させていく方向で，最初は動き出す。

　1946年8月，内閣に設置された教育刷新委員会（安倍能成委員長）の第一特別委員会にて，この教育勅語については集中的に論議され，ここでの議論をもとに同年10月，文部省から「勅語及詔書等の取扱について」が通告される。ここでは，教育勅語を「我が国教育の唯一の淵源」とする考えをあらためること，祝日などにおいての奉読の慣習を禁止すること，教育勅語の神格化を止めることが要請されていた（近代日本教育制度史料編纂委員会，1957：146）。ただし学校などによる謄本の保管を認めることも記され，CIEの方針通り，あくまで儀式や捉え方についてのみ禁止するというものであった。つまり教育勅語を廃止するという意図ではなく，教育基本法と教育勅語は併存し得るというものであ

った。

　しかしこの内容は，1948（昭和33）年6月19日，衆参両議院で可決された決議において覆されることになる。衆議院での「教育勅語等排除に関する決議」では，過去の文章である教育勅語が，「今日もなお国民道徳の指導原理としての性格」をもっているのは，これまでの政治的措置が不十分であった結果と指摘される（貝塚監修，2003：233）。また参議院の「教育勅語等の失効確認に関する決議」でも，「軍人に賜りたる勅諭」や「戊辰詔書」といった他の詔勅と同様に，教育勅語も「既に廃止せられその効力を失っている」ものであり，あらためてその事実を明確にするためにも，各学校などが所持している教育勅語の謄本を回収する旨が示された（同上：234）。

　こうした変更は，やはりGHQの強い働きかけによってなされたものである。そこで問題になったのは「勅語」という点にあった。「勅語」とは天皇の言葉ということであり，GHQにとっては日本の天皇制をどのようにすべきかという対日占領政策の根幹ともいえる問題と直結していたのである。教育の基本に天皇（の言葉）が存在するということは，やはり目指すべき国民主権の民主主義国家とは反するものではないか。教育基本法でも，個人の自主的精神を育むことを教育の目的としているが，教育勅語は天皇の言葉に国民が共に取り組むという形式になっている。したがってこの両者はやはり相いれないものではないか。またいかに儀式や形式を排したとしても，「勅語」が存在している限り，その神格化された国体観をぬぐうことはできない。そして新たに制定した日本国憲法第98条でも「この憲法は，国の最高法規であって，その条規に反する法律，命令，詔勅及び国務に関するその他の行為の全部又は一部は，その効力を有しない」とある。つまり最高法規である憲法を超えるかのような「勅語」の存在は，やはり認められないのである。

　この決議をうけて文部省もまた「教育勅語等の取扱いについて」を通達し，同様の趣旨と共に，教育勅語謄本の回収を求めた。これによって，教育基本法と教育勅語は両立するものではなく，軍国主義的，国家主義的教育勅語から民主主義をになう教育基本法に代わったという解釈が一般化していくのである。

第3節　天野貞祐と「逆コース」

　1950（昭和25）年5月，天野貞祐が第三次吉田茂内閣の文部大臣となる。カントなどのドイツ哲学を専門とした天野は，長く京都帝国大学で教鞭をとり，その後，甲南高等学校校長，第一高等学校校長を歴任する。つまり学者，教育者として，民間から起用された人物であった。

　その天野は，同年11月，全国都道府県教育長協議会において，最近の学校や学生の様子から，やはり修身のような教科が必要なのではないかと述べ，合わせて心の指針になるような教育要綱もつくりたいと発言した。

　もともと天野は修身は不要だと考えていたこともあり，その意図は，かつての教育勅語や修身科をそのまま復活させるというものではなかった。新しい民主主義国家に生きる国民として，新たな道徳教育や方針が必要ではないかという思いであり，実際に1951（昭和26）年には，「国民実践要領」という名において提案をしている。

　しかし，1949（昭和24）年の中華人民共和国の誕生や，翌年の朝鮮戦争勃発という世界的事象のなか，第三次吉田内閣は，アメリカの再軍備要求をうけながら政権運営を行うことになった。こうした動きは，ここまで推し進めてきた民主化ならびに非軍事化に抗する「逆コース」と非難されるようになる。そしてこの天野の道徳教育における提案も，その一つとして受け取られ，大きな議論を巻き起こしながら，その考えが実現されることはなかった。

　日本の新たな教育制度が成立していく過程で，修身，ならびに教育勅語は姿を消した。それ以降，道徳，ならびに道徳教育は，つねに政治問題として扱われるようになり，その内実を正面から議論されることはなくなる。そして1952（昭和27）年4月，サンフランシスコ講和条約が発効され，日本は再び独立国として歩み始める。天野が文相を辞任したのは，それから約半年後のことであった。

• **参考文献** • ···

安倍能成（1945）「剛毅と真実と智慧とを」『世界』主要論文選』岩波書店

臼井吉見ほか（1958）「「教育勅語」をめぐって」『講座現代倫理　第六巻』筑摩書房

江島顕一（2016）『日本道徳教育の歴史—近代から現代まで—』ミネルヴァ書房

貝塚茂樹（2001）『戦後教育改革と道徳教育問題』日本図書センター

貝塚茂樹監修（2003）『戦後道徳教育文献資料集　第Ⅰ期 4』日本図書センター

近代日本教育制度史料編纂会編纂（1956）『近代日本教育制度史料　第 18 巻』大日本雄弁会講談社

近代日本教育制度史料編纂会編纂（1957）『近代日本教育制度史料　第 19 巻』大日本雄弁会講談社

鈴木英一（1983）『日本の占領と教育改革』勁草書房

南原繁（1973）「新日本文化の創造—紀元節における演術」『南原繁著作集　第七巻』岩波書店

文部省（1969）『歴代文部大臣式辞集』文部省大臣官房総務課

山住正己・堀尾輝久（1976）『教育理念』東京大学出版会

ワンダーリック,H.J. 著，土持ゲーリー法一監訳（1998）『占領下日本の教科書改革』玉川大学出版部

第4章 「道徳の時間」特設の過程と
その意義

――――山田　恵吾

第1節　「道徳の時間」特設の概要

　「道徳の時間」の導入は「特設」とよばれる。何故に「時間」なのか，「特設」なのか。「特別の教科」である現行の「道徳」の性格を理解するためにも，他の教科・領域とは異なる固有の性格と特殊な導入過程をおさえたい。

　戦後，それまで筆頭教科であった修身科が停止され，学校の教育活動全体で行うという原則（全面主義）で行われてきた道徳教育が，「道徳の時間」として教育課程の一領域を占めることとなったのは，1958（昭和33）年である。

　全面主義道徳教育に対して，道徳教育のために特定の教科を設置しようとする動きは，1950年代初頭に始まる。1950（昭和25）年11月天野貞祐文部大臣は教育課程審議会に対して「道徳教育の振興について」を諮問した。教科設置の方針は，後任の文部大臣にも一貫して示され，教育課程審議会で審議された。その答申に基づき，1951（昭和26）年に「道徳教育振興方策」（文部省），学習指導要領の改訂，1953（昭和28）年に社会科改善の方策，1955（昭和30）年に社会科の学習指導要領の改訂がなされた。結果からみれば，文部大臣の強い意思にもかかわらず，また道徳教育の問題認識がそれなりに共有されたものの，道徳は教科とはなってはいない。

　文部大臣の強い意向であった教科設置が，教育課程審議会の審議を経て，教科ではない「道徳の時間」になったことから，教育課程審議会が大臣の意向に拘束されない，自律性を有していたとの認識もありうる。教育課程審議会の答申の影響力が大きいことは確かであろう。ただし，「道徳の時間」に関していえば，教育課程審議会の事務局でもある文部省がその方針を決定し，教育課程

審議会はそれに水路づけされたというのが実態であった。

　「道徳の時間」の特設が決定される過程は，おおよそ次の通りである。

　1957（昭和32）年9月14日，松永東文部大臣の道徳教科の設置の意向と共に開会した教育課程審議会は，文部省が予め示した「道徳的指導のための時間の特設」という方向性とその具体化のための論点に基づいて審議が進められた。その後，10月12日の第4回教育課程審議会において，「教科」としてではなく「一定の時間」として「道徳」特設する方針を固め，11月9日の第7回の教育課程審議会において，「道徳の時間に関する骨子は，ほぼ出来上がっている」と評される文書「小・中学校における道徳教育の特設時間について」が公表された。翌年3月15日に「道徳の時間」特設を提案する教育課程審議会答申が発表された。以上が諮問から答申に至る審議過程の概要である。

　経過をみれば，審議を重ねて「道徳の時間」の中身が形づくられていったようにみえる。しかし，答申の大枠は，1957年9月24日，すなわち教育課程審議会の開会直後に，文部省の「道徳教育強化方策案」に示されていた。

第2節　文部省における「道徳の時間」特設案
―「道徳教育強化方策案」の策定―

　文部省内において，道徳教育改善案の検討を進めたのは，初等・特殊教育課の専門職であった。そこに幹部官僚が用意した道徳教科案が持ち込まれて議論がなされていった。文部省では，まず前提として現行法制の改変や教員増や教育現場の混乱などをできるだけ回避する方針を立てた。1957年1月には，「教科以外の活動，学校行事等の性格，内容，領域等を明確にする」ことを小学校教育課程改訂の基本方針案とし，特に道徳教育に関しては，「生活指導の時間を全学年に特設し，道徳教育，健康教育，安全教育等の充実強化をはかる」ため，「生活指導」を充実強化の手段として位置づけた。1957年2月には，幹部官僚が作成した「道徳教育の強化のための『生活科』設置」が検討された。「生活科」は知識を重視し，これに実践を加え合わせた教科であった。その目標は「道徳，勤労愛好，基礎的技能」，内容は「生活技術，生活倫理，読書指

導等」とされた。専門職による検討の結果，「生活科」案が家庭科や低学年の社会科の解体・廃止を伴うものであったため，学校現場を混乱させるとの理由から，教科設置はしないこととなった。

以後，「生活科」案は，「生活課程」案，「生活実践課程」案となって議論が重ねられた。その後，他教科の再編や廃止を伴わずに，従来の学級会活動を生活指導の観点から再編成し，計画性・指導性を強めた「学級生活指導」が立案された。教科とはせずに毎学年週１時間を必修とするものである。この「学級生活指導」案を基礎にして「道徳の時間」特設案は練られていった。

以上のような経過を経て，同年９月に示されたのが，「道徳教育強化方策案」であった。これは「１．趣旨，２．指導目標および内容，３．指導方法，４．教育課程における特設時間の位置づけ，５．教科用図書について，６．名称，７．他教科との関係」からなる，㊙印が押された省内文書である。このうち，１〜４までの内容が，この後の教育課程審議会での大島文義視学官の説明（10月５日）と「小・中学校における道徳教育の特設時間について」(11月９日)と重なる。「１．趣旨」には「新たに道徳教育のための時間を特設する」ことが明記された。「２．指導目標および内容」には，「① 日常生活の基本的な行動様式を理解させ，これを身につけさせるように導く。② 個性の伸長を助け，生活態度を確立するように導く。③ 道徳的心情を高め，正邪善悪を判断する能力を養う。④ 国家・社会の成員として，必要な道徳的態度と実践的意欲を高める」の４つが設定された。「３．指導方法」においては，「① 日常生活上の問題の利用，② 読物の利用，③ 教師の説話，④ 社会的なできごとの利用，⑤ 視聴覚教材の利用，⑥ 実践活動，⑦ 研究・作業」の７つに分け，それぞれについて説明を付している。詳細に検討されていたことがわかる。「４．教育課程における特設時間の位置づけ」では，「道徳の時間」と「他の教科，教科外の活動（特別教育活動）」との関係に触れ，前者が後者の道徳指導を「補充，深化または統合する」ものとした。このように「道徳教育強化方策案」は，教育課程審議会の審議・答申を経て 1958 年 8 月 28 日に告示された「小学校学習指導要領」「道徳」の原型となるものであった。

　さらに文部省は，実際に道徳が「教科」として特設された場合に生じる法制上の問題についても検討していた。「道徳教育強化方策案」とおそらく同時期に文部省が作成したであろう「㊙道徳教育に関する問題点」において，学校教育法関係，検定関係，教育職員免許法関係について「教科としない場合」と「教科とする場合」に分け，必要となる作業を明らかにしている。

　以上のように，省内における「道徳の時間」特設案は，教科設置を主張する文部大臣と，その具体化となる教科設置案を提示する幹部官僚，これに対して他教科・領域との関係や教育現場への影響を踏まえ，教科とはしない充実策を追求する専門職の３者によって策定された。次の課題は，「道徳の時間」特設へと教育課程審議会の審議を水路づけることであった。

第３節　教育課程審議会における審議経過

　1957年９月14日，松永東文部大臣の諮問「小学校中学校教育課程ならびに高等学校通信教育の改善について」により，教育課程審議会は開催された。同日の第１回総会において松永文相は，義務教育の刷新改善に関して，①「国際社会において信頼と尊敬を受けるに足る日本人の育成」，②「新しい科学技術をじゅうぶんに身につけた国民の育成」，③「人間としての品位ある国民の育成」の３つの方針を掲げた。特に③は「青少年の非行や基本的なしつけの欠如も看過することのできないところ」として「道徳教育の充実」を重要課題にあげた。

　また，文部省初等中等教育局長の内藤誉三郎は，諮問事項の補足説明において「学校教育全体で道徳教育を行うという立場をとりながら，なおかつ道徳教育の徹底を図るために，小・中学校とも道徳的指導のための時間を特設して，毎学年指導する必要があるのではないかと存じます。もしそのようにした場合は，とくに社会科や特別教育活動との関係をどのようにするか等の問題があるのであります」と述べ，「道徳的指導のための時間の特設」という審議の方向性と，具体化のための論点を示した。

　同月28日の第２回教育課程審議会では，文部省主導の審議のあり方に対して，委員から不満が示された。日高第四郎会長は「権限のある大臣が結論を国

会等でいわれるとこの会はロボットになる。［中略］大臣の結論を先に出して
それに結びつけるならこの会はやめたらよい」と不快感を露わにした。また委
員からは「時間の独立と教科の独立とはアイデアが非常に違うと思う。教科に
するという線がきまっているならはつきり出してほしい」との要望が出され
た。これに対し文部省側は「前回の局長の答弁の通り」とし，「時間」の特設
であることを明示した。

　10月5日の第3回教育課程審議会においても，大島視学官が「道徳教育強
化方策案」に沿った説明を行うなど，文部省側の積極姿勢が続いた。日高会長
は，「道徳教育を徹底させる必要があるというと，多くの人々は戦前の修身の
復活を考えているむきがあるが，私は政治的な観点ではなく日本を本当に民主
的なよい国にするため，おのずから筋金が入っていなければならないと思う。
［中略］それは人間を尊重するというヒューマニズム，デモクラシーでなけれ
ばならない」と「時間」特設への賛成を表明した。

　10月12日の第4回教育課程審議会では，多くの委員が，教育現場では反対
が多いことを指摘した。たとえば，「現場は大部分が反対している。まして教
科の特設は反対している。現場の意見を分類すると，第1は道徳の本質，教育
の本質から，第2は反動だとする反対，第3は仮に時間が特設され，教科とな
つても教師に教える自信がない。第4は［中略］原因を他にもとめ，社会的環
境が悪いこと，教員の不足，学級児童定数が多いこと」「賛成，反対とも一致
した点は全教科をとおしてやるということである。［中略］独立教科は全く反
対しており，ホームルームと学級会を活用してやればよいとしている」などの
意見が出た。しかし，委員の間では「道徳教育の現状が満足すべきでない」こ
と，「時間の特設」が改善のための糸口となるとの認識は共有されていた。消
極的ではあったが，「賛成」であった。

　こうして，文部省が用意した論点に沿って審議がなされた結果，「全員賛成」
で「道徳の時間」特設の方針は定まった。このあと初等・中等に分かれて審議
され，11月9日に「小・中学校における道徳教育の特設時間について」，12月
14日に「道徳教育の基本的方針」を発表した。さらに具体的な内容に関して

は，教材等調査研究会で審議されることとなったが，それも当初の文部省案に
収斂していった。1958（昭和33）年3月8日をもって教育課程審議会の審議は
終了し，15日に文部大臣に答申した。「道徳の時間」を位置づけた学習指導要
領の発表は8月28日まで待つことになるが，実際には前倒しで1958年4月1
日に実施されることとなった。

第4節　「道徳の時間」の内容と方法

　文部省は，答申から3日後の3月18日，各都道府県教育委員会，都道府県
知事，附属学校を置く国立大学長あてに「小学校・中学校における『道徳』の
実施要領について」（事務次官通達）を発した。実質的に学習指導要領に代わる
ものであり，4月1日から「道徳の時間」を実施するためのものであった。

　そこには，①「道徳」の趣旨，目標，指導の内容，指導方法，指導の計画・
実施については，別紙「小学校『道徳』実施要綱」「中学校『道徳』実施要綱」
に基づくこと，② 各学年，毎週1時間の実施，③ 学級担任が担当すること，
④ 教材の使用は慎重に行うことなどが明記された。

　「小学校『道徳』実施要綱」「中学校『道徳』実施要綱」の趣旨には，「『道
徳』の時間は，児童生徒が道徳教育の目標である道徳性を自覚できるように，
計画性のある指導の機会を与えようとするものである。すなわち，他の教育活
動における道徳指導と密接な関連を保ちながら，これを補充し，深化し，また
は統合して，児童生徒に望ましい道徳的習慣・心情・判断力を養い，社会にお
ける個人のあり方についての自覚を主体的に深め，道徳的実践力の向上をはか
る」とある。そのために設定された「指導目標」「指導内容」は，表4-1のと
おりである。

　小学校では，4つの「指導目標」に「最も関係の深いと思われる」36の
「指導内容」が配列された（中学校は4つの「指導目標」に21の「指導内容」）。「指
導内容」は「おのおの，他の指導目標や指導内容とも関連」し，「配列は，指
導の順序を意味するものではない」とされていることからもわかるように，そ
れほど体系的なものではない。図表にはないが，「指導内容」は，低学年，中

図表4-1　「小学校『道徳』実施要綱」（1958年3月18日）の「指導目標」と「指導内容」

	指導目標	指導内容
1	日常生活の基本的な行動様式を理解し，これを身につけるように導く。	1．生命を尊び，健康を増進し，安全の保持に努める。 2．自分のことは自分でし，他人にたよらない。 3．服装・言語・動作など時と場に応じて適切にし，礼儀作法を正しくする。 4．身のまわりを整理・整とんし，環境の美化に努める。 5．ものや金銭を大事にし，じょうずに使う。 6．時間をたいせつにし，きまりのある生活をする。
2	道徳的心情を高め，正邪善悪を判断する能力を養うように導く。	7．自他の人格を尊重し，お互の幸福を図る。 8．自分の正しいと信ずるところに従つて意見を述べ，行動し，みだりに他人の意見や行動に動かされない。 9．自分の考えや希望に従つてのびのびと行動し，それについて責任をもつ。 10．正直でかげひなたなく，真心をもつた一貫性のある行動をする。 11．正を愛し不正を憎み，誘惑に負けないで行動する。 12．正しい目標の実現のためには，困難に耐えて最後までしんぼう強くやり通す。 13．自分を反省するとともに，人の教えをよく聞き，深く考えて行動する。 14．わがままな行動をしないで，節度ある生活をする。 15．いつも明るく，なごやかな気持で，はきはきと行動する。 16．やさしい心を持つて，動物や植物を愛護する。 17．美しいものや崇高なものを尊び，清らかな心を持つ。
3	個性の伸長を助け，創造的な生活態度を確立するように導く。	18．自分の特徴を知り，長所を伸ばす。 19．常により高い目標に向かつて全力を尽し，大きな希望をもつ。 20．ものごとを合理的に考えて行動する。 21．創意くふうをこらして生活をよりよくしようとする。 22．常に研究的態度をもつて，真理の探究に努める。 23．よいと思つたことは進んで行い，新しい分野も開いていく。
4	民主的な国家・社会の成員として必要な道徳的態度と実践的意欲を高めるように導く。	24．だれにも親切にし，弱い人や不幸な人をいたわる。 25．自分や世の中のために尽してくれる人々に対し尊敬し，感謝する。 26．互に信頼しあい，仲よく助けあう。 27．自分の好ききらいや利害にとらわれずに，公正にふるまうとともに，だれに対しても公平な態度をとる。 28．人の立場を理解して，広い心で人のあやまちをも許す。 29．規則や，自分たちで作るきまりの意義を理解し，進んでこれを守る。 30．権利を正しく主張するとともに，自分の果すべき義務を確実に果す。 31．勤労の尊さを知るとともに，進んで力を合わせて人のためになる仕事をする。 32．公共物をたいせつにし，公徳を守り，人に迷惑をかけない。 33．家族の人々を敬愛し，よい家庭を作りあげようとする。 34．学校の人々を敬愛し，りつぱな校風を作りあげようとする。 35．日本人としての自覚をもつて国を愛し，国際社会の一環としての国家の発展に尽す。 36．広く世界の人々に対して正しい理解をもち，仲よくしていこうとする。

出所）貝塚茂樹監修（2015）『文献資料集成 日本道徳教育論争史』第12巻「特設道徳」論争，日本図書センター：584-598

学年，高学年に応じた，発達段階に応じた内容も示されている。具体的な指導方法や指導計画に紙幅が割かれている点も特徴的である。「話合い」「教師の説話」「読物の利用」「視聴覚教材の利用」「劇化」「実践活動」などが例示されると共に，指導計画は各学年2点ずつ指導案に近い事例が示されている（中学校では，各学年・各学期ごとに）。主題の参考例と使用しうる文学的作品も低・中・高学年ごとに例示されている。

第5節 「道徳の時間」の実施

　新しい教育課程は通常，学習指導要領の改訂後に実施される。「道徳の時間」は通常の手続きによらずに早期実施するため，先述の「小学校・中学校における『道徳』の実施要領について」（事務次官通達。3月18日）を発して拘束力をもたせると共に，その他，必要な対策をとることとなった。

　第1に国会対策である。文部省は，答申が出される前に，「道徳の時間」の実施のための想定問答集「道徳教育関係答弁資料」を作成している。㊙印のある同資料の問答は，「道徳の時間」特設の理由，内容と方法に関すること，審議会「修身の復活」への懸念への対応が中心である。早期実施に関しては，問答「昭和三十三年度から，指導（通達）によつて実施するとのことだが，もつとじゅうぶんな準備をして，法令および学習指導要領の整備をまつて実施すべきではないか」が注目できる。用意された「答」は，これまで道徳教育を適切に実施し，効果をあげている学校もある，という「実績」を根拠にしたものであった。また，問答「教科であるのか，ないのか」は，教科設置推進派に対してのものであろう。これには「道徳の時間」は「一種特別の教科と考えている」との説明が用意されていた。

　第2に日本教職員組合対策である。「日教組では通達が法的拘束力がないということをたてにとつて，『道徳』を返上する空気がある」ことへの対応であった。これには，「道徳の時間」実施前日の3月31日に開催された，道徳教育連絡協議会における内藤局長の説明がある。まず，内藤は「道徳の時間」が「教育勅語にもとづき忠君愛国や親孝行等を中心とした修身科となることを極

力排除した」ものであり，「新憲法や教育基本法」の「人間尊重の精神を基幹として人格の完成を目指す新しい意味の人間形成」の精神を受け継ぐものであることを強調した。また，「事務次官通達（3月18日）」を以て実施した点は「巷間に伝えられる如く，党の圧力や外部の圧力によつて早急に実施に移した」ということは「全くの誤解であ」ることも付している。その上で，この「通達」が「文部大臣の教育委員会に対する指導助言の権能を行使したもの」であり，教育委員会は「従わねばならない」とした。なお，改訂された学習指導要領は，従来の「試案」ではなく，法的拘束力をもつ「大臣告示」として発せられ，「道徳の時間」の実施がより強く促されることとなった。

第6節 「道徳の時間」特設をめぐる論争

「道徳の時間」特設の決定と実施は，教育現場の「修身の復活」への懸念，「道徳の時間」特設への批判のなかで進められた。とりわけ，日本教職員組合，民間教育団体，教育学界からは，厳しい批判と激しい反対運動が起こった。1957年10月，教育課程審議会で「道徳の時間」特設の方針が定まると，教育科学研究会全国連絡協議会，日本生活教育連盟など民間29団体が道徳教育研究大会を開催し「正しい道徳教育の確立」を唱えて，道徳教育の施策に対してより慎重に進めるように要望した。11月には日本教育学会が「道徳教育に関する問題点（草案）」を発表した。日本教職員組合は，1958年8月に「時間特設・独立教科による『道徳』について」を発表し，反対の立場を明確にすると共に，9月から文部省が全国5会場で開催した道徳教育指導者講習会に対しては，組合員の実力行使による反対を行った。

政治的な立場を色濃くした批判が多いなかで，日本教育学会「道徳教育に関する問題点（草案）」は，教育内容の根拠と基準の問題や教育方法の有効性など，幅広く教育的観点を含んだ批判と論点を提示したものとして注目できる。たとえば，「愛国心」の問題については，「愛国心や親孝行と言っても政府の意図するそれ［「再軍備，憲法改正等と連るものであり，政党の党利党略のためにする不当な教育支配」］とは質を異にし，『基本的人権の尊重を中心とする民

44

主的道徳』と矛盾せず，むしろその主要な内容をなすものとしての愛国心や親孝行がありうるし，また重要である」と，「愛国心」の中身に関する議論を促したり，「近代民主主義政治のもとで，個人の自由と良心の問題である道徳とその教育について，公権力が一定の方向づけやわくづけをすることが，はたして妥当であるかどうか」と「教育の中立性」の問題を提起した。また，教育方法の問題として，生活指導と道徳教育との関係への着目もある。生活指導では「習慣形成ないし生活習慣，生活規範のしつけと解する立場」ではなく，「個々の児童生徒の生活の中でのものの見かた考えかた感じかた，行動のしかたの指導と解する立場」を支持した。児童生徒の生活実践や経験をもとに「考え，議論する」という現在の道徳科の理念につながるものとして注目できる。

　「道徳の時間」特設の意義は，道徳教育の目標・内容・指導方法が具体的に示されて，授業時数と共に教育課程上の位置づけが明確になったことである。「教師に教える自信がない」といわれた教育現場にとって，授業の実施を通じて道徳教育の領域と水準を一定化すると共に議論の活性化の契機になったことは確かだろう。道徳教育の重要な転換点となった「道徳の時間」は，2015年のいわゆる「教科化」に至るまで，約60年間にわたって実施されることになる。

• 参考文献 •

「大島文義旧蔵資料（道徳教育関係）」（国立教育政策研究所所蔵）

押谷由夫（2001）『「道徳の時間」成立過程に関する研究―道徳教育の新たな展開―』東洋館出版社

貝塚茂樹（2015）「解説『特設道徳』論争」貝塚茂樹監修『文献資料集成　日本道徳教育論争史』第12巻，日本図書センター

澤田俊也（2018）「1950年代後半の文部省初等・特殊教育課における『道徳』案の形成過程についての一考察」日本教育学会『教育学研究』第85巻第3号

佟占新（2019）『戦後日本の道徳教育の成立―修身科の廃止から「道徳」の特設まで―』六花出版

藤田昌士（1980）「特設『道徳』論争」久木幸男・鈴木英一・今野喜清編『日本教育論争史録』第4巻　現代編（下），第一法規

第5章 「期待される人間像」と臨時教育審議会

——————山田　真由美

第1節　「期待される人間像」の諮問と審議

　本章では，特設「道徳の時間」導入後の政策動向を論述するために，道徳教育の充実にかかわる提言がなされた2つの答申——1966（昭和41）年に中央教育審議会が発表した「期待される人間像」と，1984（昭和59）年に設置された臨時教育審議会が発表した四次にわたる答申を取り上げる。以下，まずは「期待される人間像」が諮問された背景とその内容についてみていこう。

　中央教育審議会に「期待される人間像」の検討が要請されたのは，荒木万寿夫文部大臣による諮問「後期中等教育の拡充整備について」が出された1963年6月24日のことである。同諮問の本文は，「青少年の能力をあまねく開発して国家社会の人材需要にこたえ，国民の資質と力の向上を図るための適切な教育を行なうこと」が「当面の切実な課題」であるとしたうえで，「すべての青少年を対象として後期中等教育の拡充整備を図るにあたっては，その理念を明らかにする必要があり，そのためには今後の国家社会における人間像はいかにあるべきかという課題を検討する必要がある」として，審議会に「期待される人間像について」の検討を要請する（文部省，1966：229）。

　諮問の背景として重要なのは，高度経済成長下の1960（昭和35）年7月に成立した池田勇人内閣が掲げた「人づくり」政策である。その年の12月に，10年間で国民所得の倍増を目指す「国民所得倍増計画」を閣議決定した同内閣は，その一環としての教育政策を重要な課題とし，経済成長に寄与する人的能力の開発と，青少年の徳性を涵養する道徳教育の充実を，「人づくり」と称して推進する。

　上記諮問のあった1963年には，1月に経済審議会の人的能力部会による答申「経済発展における人的能力開発の課題と対策」が，7月に教育課程審議会による答申「学校における道徳教育の充実方策について」がそれぞれ発表され，前者では「最もすぐれた労働力」の養成および活用に寄与する教育のあり方が（経済審議会，1963），後者では「人間としての豊かな情操」の育成や，日本の伝統文化を生かし，愛国心を育てる道徳教育のあり方が主な課題としてあげられた（教育課程審議会，1963）。後者にかかわる諮問の際，荒木文部大臣が「道徳の時間」について，「必ずしも所期の目的を達しているとは考えられません」と発言したことは特に注目に値する（荒木，1962）。経済発展に寄与する人的能力の開発と，道徳教育のさらなる充実という2つの課題を背景に，「期待される人間像」の審議は要請されたのである。

　こうして諮問された「期待される人間像」は，その後およそ3年半の長期にわたって審議され，1966年10月31日に，答申「後期中等教育の拡充整備について」の「別記」として公表される。諮問の後，中央教育審議会には「第19特別委員会」と「第20特別委員会」の2つの委員会が設置され，前者が「期待される人間像について」を，後者が「後期中等教育のあり方について」をそれぞれ審議した。第19特別委員会の主査には，東京学芸大学の学長で京都学派の哲学者と呼ばれる高坂正顕が就任し，審議にあたってはのべ20名にわたる委員に加えて，複数の専門家を招いた意見の聴取が繰り返し行われた（文部省，1966）。審議の途中，1965年1月には「中間草案」が公表され，広く国民の意見を取り入れるための異例の機会も設定された。

第2節　「期待される人間像」に示された人間像

■1 「期待される人間像」の全体像

　それでは，別記「期待される人間像」に示された具体的な人間像をみていこう。別記の本文は，まずは現代の日本人が克服するべき課題を示した「第一部　当面する日本人の課題」と，そのために身につけなければならない具体的な諸

徳性を示した「第二部　日本人にとくに期待されるもの」の2部により構成される。具体的人間像を示した第二部の内容は，第一部で検討された課題に基づいて列挙されたものであり，両者は補完的に受け止められる必要がある。

　第一部にあげられた課題というのは，第1に，科学技術の発達と経済的繁栄を特色とする現代文明に対して人間が主体性を取り戻すべきこと（現代文明の特色と第1の要請）であり，第2に，世界政治と世界経済の内におかれた日本人が，「世界に開かれた日本人」および「日本の使命を自覚した世界人」になるべきこと（今日の国際情勢と第2の要請），そして第3に，日本を民主主義国家として確立するために，個人の自覚と日本民族としての自覚を同時に樹立する必要があること（日本のあり方と第3の要請）の3点であった。人間性の疎外をめぐる第1の記述については難解な表現もみられるが，現代を生きる人びとに個人としての主体性を要請しつつ，一方で単に個人ではない，集団や日本人としての自覚を要請したことが，第一部の大意であると受け取れる。

　これらの課題を踏まえて，「第二部　日本人にとくに期待されるもの」の内容は，「個人として」「家庭人として」「社会人として」「国民として」の全4章で構成される。各章に並べられる具体的な徳目は，次の通りである。

　　第一章　個人として　　自由であること／個性を伸ばすこと／自己をたいせつにすること／強い意志をもつこと／畏敬の念をもつこと

　　第二章　家庭人として　　家庭を愛の場とすること／家庭をいこいの場とすること／家庭を教育の場とすること／開かれた家庭とすること

　　第三章　社会人として　　仕事に打ち込むこと／社会福祉に寄与すること／創造的であること／社会規範を重んずること

　　第四章　国民として　　正しい愛国心をもつこと／象徴に敬愛の念をもつこと／すぐれた国民性を伸ばすこと

2　日本人に期待される諸徳性

　第二部に関しては，第四章の「正しい愛国心をもつこと」および「象徴に敬愛の念をもつこと」の項目に議論が集中し，こうした徳目の提示は国家の道徳

48

を押しつけるものであると強く批判された（船山，1986 など）。しかし全体を通してその内容をみてみると，第一部に示された〈個人としての自覚〉と〈共同体の一員としての自覚〉の両面がいずれもこまやかに記述されており，特に第一章「個人として」では，人間が「自由の主体であり，自由であることがさまざまな徳性の基礎である」ことや，人間が「個人の独自性」としての「個性」をもつこと，「自己をたいせつにすること」や「自己を愛する心」を尊重することなど，主体としての個人を尊重する内容が示される。

　第二章以下についてもまた，家庭，社会，国家のいずれもが創造的な共同体として捉えられており，よりよい集団を創造するために一人ひとりが努力していく必要が述べられる。特に第四章「国民として」の項目には，愛国心が「自国の価値をいっそう高めようとする心がけであり，その努力」であることや，日本人の伝統である「自然と人間に対するこまやかな愛情や寛容の精神」を発展させることで，日本が「平和と繁栄の道」を歩むべきことなどが示された。物議をかもした「象徴に敬愛の念をもつこと」に関しても，日本国憲法に示された「日本国および日本国民統合の象徴」を敬愛するという以上の意味は示されず，天皇への敬愛がすなわち日本国への敬愛であり，愛国心がより広く人類愛に通じることなどが示された。

3 「期待される人間像」の評価と今後の検討課題

　しかしながらこうして発表された「期待される人間像」は，多くの教育者たちにとって歓迎するべき文書とはならなかった。その主な理由としては，たとえば「象徴に敬愛の念をもつこと」に示された「日本国を愛するものが，日本国の象徴を愛するということは，理論上当然である」といった表現が「価値の押し付け」であるように受け取られたことや，またそもそも行政の諮問機関が「期待される人間像」という名の文書を発表したこと自体が，大きな反発を招いたためである。当時の教育学界では教育権をめぐる争いが生じていたこともあり，審議会が「教育目標としての理想的人間像」をあらためて検討したことは，「教育基本法の人間像と教育理念に対する挑戦」であると受け取られたの

だ（大田，1978：297）。学生運動の激化とあいまって，主査を務めた高坂が大学構内で学生と直接に衝突するという事件もあった（高坂，2000：236）。

　このように同答申は激しい論争を巻き起こしたが，しかしその内容をめぐる検証はこれからの課題であると指摘されている（貝塚，2006：143）。なかでも哲学の知見を土台にした第一部の内容は今日まで十分に理解されておらず，人間観についての早急な検証が求められる。論点となりうるのは，たとえば自由な主体としての個人がいかにして国家社会の一員であるかという人間観の問題や，また「個人として」に示された「宗教的情操」および「生命の根源に対する畏敬の念」の意味などがあげられる。近年の「特別の教科」化をめぐっては再び愛国心についても議論になっており（大森，2018など），道徳教育が愛国や天皇の問題をどのように扱っていくかという点も十分な検証が必要である。

第3節　臨時教育審議会の設置と基本方針

1　臨時教育審議会の設置

　次に，臨時教育審議会について見ていきたい。臨時教育審議会が発足したのは，1984年8月21日のことである。設置の立役者となったのは，「戦後政治の総決算」を掲げて大幅な行財政改革に取り組んだ中曽根康弘内閣総理大臣であった。「内閣レベル」の教育改革を要請した中曽根は，「臨時教育審議会設置法」に基づく諮問機関として同審議会を立ち上げ，その会長には京都大学総長で解剖学者の岡本道雄が任命された。文部省の諮問機関とは別に，内閣直属の諮問機関として教育審議会が設置されたのは，1952（昭和27）年に廃止された教育刷新委員会（1949年より教育刷新審議会に名称を変更）に次いで戦後2例目であった。

　設置の背景となったのは，ひとつには，いじめや非行，校内暴力，受験競争の過熱化など教育現場を取り巻く「教育荒廃現象」に対する切実な課題があり，またひとつには，産業構造の変化や情報化社会の進展，生涯学習への期待や国際化など社会の変化に伴う課題があった。委員の任命後，1984年9月5

日に内閣総理大臣からの諮問「我が国における社会の変化及び文化の発展に対応する教育の実現を期して各般にわたる施策に関し必要な改革を図るための基本的方策について」が出されると，1985（昭和60）年6月26日の第一次答申から1987（昭和62）年8月7日の第四次答申まで，設置期間の3年で四次にわたる答申が提出された。諮問にあたって中曽根は，「21世紀に向けて，創造的で活力ある社会を築いていくために」「教育改革は，我が国固有の伝統的文化を維持発展させるとともに，日本人としての自覚に立って国際社会に貢献する国民の育成を期し，普遍的人間社会の生活規範を身に付けながら，高い理想と強健な体力，豊かな個性と創造力を育むことを目標として行われるものと考えます」と，その私見を述べている（臨時教育審議会，1988：323）。

2 審議の基本理念

審議会は4つの部会（①21世紀を展望した教育の在り方，②社会の教育諸機能の活性化，③初等中等教育の改革，④高等教育の改革）で構成されたが，審議の全体を通して基本理念に掲げられたのは，画一的な教育・指導からの脱却であり，個性や創造力を伸長するための「教育の自由化」であった。第一次答申の冒頭には，同審議会が「個人の尊厳を重んじ，個性豊かな文化の創造を目指す教育を現実の教育の営みのなかで実現することを願い，また，伝統文化を継承し，日本人としての自覚に立って国際社会に貢献し得る国民の育成を図ることを目標とした」旨が示されると共に，審議の全体を貫く基本的な考え方として，①個性重視の原則，②基礎・基本の重視，③創造性・考える力・表現力の育成，④選択の機会の拡大，⑤教育環境の人間化，⑥生涯学習体系への移行，⑦国際化への対応，⑧情報化への対応の8点があげられた。

なかでも①の「個性重視の原則」がもっとも重要な方針に位置づけられた点は，本審議会の大きな特徴であるといってよい。個性や自由を重視した審議会の立場は，自己責任ありきの個性主義やエリート養成を志すものであると批判されたが（季刊教育法編集部，1985），しかし，個性が単に「個人の個性のみならず，家庭，学校，地域，企業，国家，文化，時代の個性をも意味してい

る」と定義されたことなどは，政策の立場として注目に値する。答申は，各個人が「それぞれ独自の個性的な存在である」と同時に「個性的な個人が集まって集団の活力を形成しているということ」を強調し，そのうえで「自他の個性を知り，自他の個性を尊重し，自他の個性を生かすこと」を「他のすべてを通ずる基本的な原則」として掲げたのである（臨時教育審議会，1988：12-13）。

　以上の理念のもと，3年間にわたる審議では，① 21世紀に向けての教育の基本的な在り方，② 生涯学習の組織化・体系化と学歴社会の弊害の是正，③ 高等教育の高度化・個性化，④ 初等中等教育の充実・多様化，⑤ 教員の資質向上，⑥ 国際化への対応，⑦ 情報化への対応，⑧ 教育行財政の見直し，の8つの主要課題に関して検討が行われた。以下では，上記のうち特に「④ 初等中等教育の充実・多様化」のひとつに掲げられた「徳育の充実」の項に着目し，その背景と具体的な方針について重点的にみていくこととする。

第4節　徳育の充実とその方向性

1 「ひろい心」の育成

　初等中等教育改革の項目に「徳育の充実」があげられた背景として注目したいのは，審議会が掲げた「21世紀のための教育の目標」に，「ひろい心，すこやかな体，ゆたかな創造力」の育成が要請された点である。第二次答申の文言によれば，陰湿ないじめや校内暴力をはじめとする教育荒廃の諸症状は「子どもの心の荒廃」を象徴するものであり，こうした課題に対応するために，教育はあらためて「個性ゆたかな人間の復権の方向」を目指すと共に，徳育・知育・体育の調和のなかで「ひろい心」と「すこやかな体」を育むことを目指さなくてはならないとする（臨時教育審議会，1988：63）。文書が示す「ひろい心」とは，「理性的なものと感性的なもの，論理的なものと倫理的なもの，人間や自然に対する優しさと思いやりの心，感謝の心，さらにはゆたかな情操，人間の力を越えるものを畏敬する心等を含むもの」であるという。つまり答申は，教育荒廃とよばれるさまざまな現象を「子どもの心の荒廃」として問題化する

ことで，道徳教育の課題を子どもたちの「心」の育成に見出したのである。

2 道徳教育の方針

　それでは，道徳教育に関して具体的にどのような方針が掲げられたのかをみていこう。第二次答申の第三章「初等中等教育の改革」に示される「徳育の充実」の項目は，「学校においては，家庭・地域との連携のもとに，その教育活動の全体を通じて，徳育の充実を図る必要がある」として，具体的な改革の方針を次の5点において記述する（臨時教育審議会，1988：85-87）。

　第1にあげられたのは，徳育を通して「自己を他との好ましい人間関係の中でとらえ，自己実現を図る」ことができるように，初等教育段階においては「基本的な生活習慣のしつけ，自己抑制力や基本的な行動様式の形成・定着，公衆道徳等日常の社会規範を守る態度，郷土や国を愛する心，人間愛や自然愛の芽を育てる豊かな情操等の育成」を，中等教育段階においては，「自己探求」や「人間としての『生き方』の教育」をそれぞれ重視することである。特に後者に関しては，勤労体験などの拡充に加え，社会科とのかかわりで「価値・倫理，人間の生き方等についての指導を改善する」ことが示された。

　第2にあげられたのは，「集団における自己の役割，社会や他人に対する責任と協同等についての自覚や認識を深めさせるため」に，体験学習や集団生活の機会を拡充する必要についてである。同項では特に，日常の学校生活では得られない「自然教室」を拡充することなどが提示され，「自然の変化や自然における人間の営み等を通じ，自然のもつ役割，人間と自然とのかかわり，人間のもつ可能性についての理解を深めさせるとともに，人間の力を越えるものを畏敬する心をもたせるように努める」ことが示された。

　そのうえで第3から第5にかけては，道徳教育の方法的な側面が示される。第3には，特設「道徳の時間」について，その「位置付けは現行どおり」としながらも，上に述べた観点からあらためて見直す必要があること，第4には道徳教育用の教材について，「道徳的な判断力やひろい心を養い，実践的な意欲を培うのに資するため」の適切な副読本を使用すること，そして第5には教員

養成と教員の研修について，大学での教職科目や研修を通じて道徳教育の指導力を高める必要がそれぞれあげられた。特に最後の教員研修に関しては，道徳教育を適切に行うために，児童・生徒の行動についての理解やカウンセリングに関する知識・技術の向上を図る必要が示された。

3 臨時教育審議会の評価と今後の検討課題

　以上のように，教育の画一化を否定し，個性の重視という新たな方針を打ち出した臨時教育審議会であったが，当事者たちの評価は意外にも消極的なものであった。たとえば中曽根の回想によると，審議会は内閣直属の諮問機関として，さまざまな専門家を動員し多様な論点を検討することに成功したが，一方で柱となる教育哲学が「ひ弱」であったために技術論が中心となり，結果として教育の「高い理想」を深化することができなかった（中曽根，1998：137）。

　しかし，答申の後に改訂された1989（平成元）年の学習指導要領には，「個性を生かす教育の充実に努めなければならない」ことが新たに明記され，道徳教育に関しても「豊かな体験を通して道徳性の育成が図られるよう配慮しなければならない」といった記述が加えられるなど，同審議会の答申はその後の道徳教育政策を大きく方向づけたといってよい。道徳の内容項目に，「人間の力を超えたものに対する畏敬の念を深める」との文言が加えられたことは，特に注目に値する。先にみた「心」への着目に関しても，1996（平成8）年7月に出された中央教育審議会の答申「21世紀を展望した我が国の教育のあり方について」では，「理性的な判断力や合理的な精神」だけではない，「他人を思いやる心」や「人権を尊重する心」，「美しいものや自然に感動する心」などの「柔らかな感性」を意味する「生きる力」の概念が提起され，また翌年の1997（平成9）年8月には，同じく中央教育審議会に対し「幼児期からの心の教育のあり方について」が諮問されている。2002年より全国の小中学校に『心のノート』が配布されたこともまた，「心」を重視するこうした文脈に位置づけることが可能であろう。

　以上，本章では，哲学的人間観を土台に具体的な徳目を審議した「期待され

54

る人間像」と，子どもの「個性」や「心」に着目した臨時教育審議会の答申について論述してきた。臨教審に提起されて以来，道徳教育は「心の教育」を課題としてきたが，しかし今回の「特別の教科」化にあたっては，『心のノート』流の「心情主義」を乗り越える必要が提案されている。それぞれの答申に示された理念や意図を十分に吟味しながら残された論点を検証し，これからの道徳教育のあり方を考え続けていくことが重要である。

• 参考文献 •

荒木万寿夫（1962）「教育課程審議会総会あいさつ」『文部時報』第 1024 号

大田堯編（1978）『戦後日本教育史』岩波書店

大森直樹（2018）『道徳教育と愛国心―「道徳」の教科化にどう向き合うか』岩波書店

貝塚茂樹（2006）『戦後教育のなかの道徳・宗教〈増補版〉』文化書房博文社

季刊教育法編集部（1985）『臨教審のすべて』エイデル研究所

教育課程審議会（1963）答申「学校における道徳教育の充実方策について」昭和38 年 7 月 11 日（貝塚茂樹監修（2004）『戦後道徳教育文献資料集　第Ⅱ期 17』日本図書センター所収）

経済審議会編（1963）『経済発展における人的能力開発の課題と対策』（寺崎昌男責任編集（2000）『日本現代教育基本文献叢書　戦後教育改革構想Ⅰ期 8』日本図書センター所収）

高坂節三（2000）『昭和の宿命を見つめた眼―父・高坂正顕と兄・高坂正堯』PHP研究所

中央教育審議会（1996）答申「21 世紀を展望した我が国の教育の在り方について（第一次答申）」平成 8 年 7 月 19 日

中央教育審議会（1998）答申「新しい時代を拓く心を育てるために―次世代を育てる心を失う危機」平成 10 年 6 月 30 日

中曽根康弘（1998）『日本人に言っておきたいこと―21 世紀を生きる君たちへ』PHP研究所

船山謙次（1986）『戦後道徳教育論争史（下）』青木書店

文部省（1966）『文部時報』第 1072 号（貝塚茂樹監修（2004）『戦後道徳教育文献資料集　第Ⅲ期 32』日本図書センター所収）

臨時教育審議会（1988）『教育改革に関する答申（第一次～第四次)』

第6章 道徳の時間の確立・展開・模索

――――― 足立　佳菜

第1節　「道徳の時間」の確立

1　1958（昭和33）年学習指導要領における「道徳の時間」

　1958（昭和33）年学習指導要領改訂によって小・中学校の教育課程が各教科，道徳，特別教育活動，学校行事などの4領域編成となり，教科とは異なる「道徳の時間」が教育課程の一領域として位置づけられた。道徳を固有の目的とする領域が設置されたことは，学校の教育活動全体で道徳教育を行うものとする全面主義道徳教育を採用していた戦後道徳教育にとって大きな転換であった。ただし，本改訂においても全面主義の理念を基本とする立場を堅持しており，学習指導要領「総則」の「第3　道徳教育」において，「道徳の時間」には，他の教育活動における道徳教育を「補充・深化・統合（・交流）」しながら「道徳的習慣，心情，判断力を養い，社会における個人の在り方についての自覚を主体的に深め，道徳的実践力の向上を図る」役割が与えられている。

　本改訂は，日本が独立国として初めて独自に実施した全面的改訂であり，民族の独立と国家の発展を見据えた系統主義化と日本的教育への回帰が特徴とされるものであった。そのなかにおいて道徳特設は戦前回帰，保守反動のメルクマールとして熾烈な批判と論争をよぶが，その政治的評価は別として，学習指導要領では目標・内容・方法それぞれにおいて，偏狭な価値観や徳目主義・注入主義的方法を廃し全面主義時代の理念を継承する方策も施されている。

2 全面主義の理念継承と戦後の新たな視点

　道徳教育強化策に対し修身科復活を危惧する声の内実は，超国家主義的道徳
の内容と観念的な徳目主義や注入主義的方法への回帰の危機感が主なものであ
る。これらの克服を課題として模索されてきた戦後新教育における全面主義お
よび社会科を中心とする道徳教育は，生活主義・経験主義的発想に基づく道徳
教育と問題解決学習を通した社会科学的認識力の育成による道徳性の涵養を理
念とするものであった。「道徳の時間」がこれらの理念継承をどの程度実現し
たものであるかは評価が分かれるが，少なくとも次のような点においてその方
策の一端が読み取れる。

　まず，内容と方法についてであるが，学習指導要領の「道徳の時間」の記述
では，目標に民主的人間像の育成を掲げ，内容項目には道徳の規範的・自省的
側面と自律的・創造的側面の両面を盛り込んでいる。たとえば，「公共物をた
いせつにし，公徳を守り，人に迷惑をかけない。」（『昭和33年度学習指導要領
（小学校）』）などは規範的項目であるが，「創意くふうをこらして生活をよりよ
くしようとする。」「常に研究的態度を持って，真理の探究に努める。」などは
創造的項目と捉えることができよう。より慎重な態度が示されたのは指導方法
についてであるが，これについては，「教師の一方的な教授や単なる徳目の解
説に終ることのないようにしなければならない。」と明示され，指導にあたっ
ては「広い角度から種々の場面・機会・教材を利用して行わなければならな
い。その際，話し合い，教師の説話，読み物の利用，視聴覚教材の利用，劇
化，実践活動等の諸方法を適切に組み合わせて用い」るとして多様な指導方法
例が示された。

　これらに加え，「道徳の時間」（道徳授業）と生活との連動性に関わる方策と
して，学級担任制を基盤としながら，① 生活題材の使用と計画の弾力性・可
変性，② 内容の観点としての位置づけ（内容の半構造性），③「葛藤」概念の導
入などの点で，全面主義道徳教育時代からの継承点を見出すことができる。

　① について学習指導要領は，「指導計画は固定的なものとは考えず，児童の

生活の中に起る問題や時事的な問題等をも適宜取り入れ，修正を加え得るよう，弾力性を持たせることがとくにたいせつである。」（引用は小学校版。中学校版も同趣旨）とした。ここに生活主義的志向が読み取れるが，これは同時に徳目主義の克服策としても捉えることができる。

　②について学習指導要領は，「内容の配列は，指導の順序を示すものではない。指導計画は，内容の各項目の単なるられつにとどまることなく，各学校において生徒の生活の実態や地域の特色等を考慮して具体化したものでなければならない。」（引用は中学校版。小学校版も同趣旨。）と注記している。あわせて中学校版学習指導要領では，「内容」の項の前文に「道徳教育の内容は，教師も生徒もいっしょになって理想的な人間のあり方を追求しながら，われわれはいかに生きるべきかを，ともに考え，ともに語り合い，その実行に努めるための共通の課題である。」と記され，「内容」を「課題」と言い換えている。これらを踏まえれば，学習指導要領に示された「内容」は，生活現実やそのなかの道徳的課題を照射する半構造的な「観点」と換言し得るものとして位置づいており，系統的知識伝達との差異化の姿勢が窺える。

　③については，「中学校『道徳』実施要綱」において，「自分の能力や自分がもつ社会的な役割，現実の社会の諸条件等を考え合わせて，実際に自分がどんな行為に出ることが最も望ましいかを推理して，当面する問題の解決に努めるように指導することが重要」として問題解決学習の継承を示唆すると共に，「現実の生活ではむしろ価値のかっとう（葛藤）場面が常態であるともみられるが，これらの場面に直面して自律的によりよい判断ができたり，正しい批判ができたりするようになることは，中学校段階でとくに指導上重視されなければならない。」としている。この趣旨について文部省小杉視学官は，「価値を現実に近い場，すなわち対立かっとうの場面で捉えることによって，これらの具体的内容を生活から遊離させまいとした」（文部省中等教育課，1958：22）と述べており，「葛藤」概念の導入が観念的・抽象的になりがちな道徳授業を現実生活から乖離させない方策であるとの認識が読み取れる。宮田丈夫は，「価値葛藤の問題は，修身科教育の時代にはなかったことで，まさに戦後の産物」と評

58

図表6‐1　『道徳教育事典』（1965）で紹介された道徳指導過程の３原型

大平氏による指導過程の原型

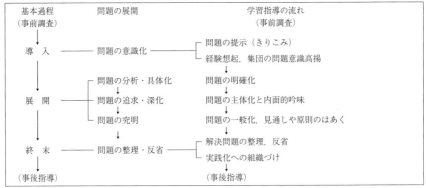

（大平勝馬「道徳時間の指導過程」道徳教育 No.8 より）

勝部真長氏による指導過程の原型

	過　程	留意点
導入	1　生活の場，生活の問題を発表する	意　識
	2　問題発見	焦点化
	3　共通の問題意識に高める	共通理解
展開	4　問題に迫る	視点を明確に
	5　問題の核心にふれる　主観	
	価値かっとう　客観	白紙で自由に
	反問	
	判断力と心情を深める　主体	共通性と特殊性
	6　確かめる　一般化　深化	
整理	7　自我を確立する	態度化
	賞讃	意志化
	勇気づける	見守る
	8　くふうし，方法・しくみを考える	助　言

（左側に）生活から　内面化する　生活へ

平野武夫氏の示す道徳指導の原型

	学習（指導）過程	学習形態
導入	A　学習動機の喚起　×道徳体験の想起・発表	A　個人的思考
	B　学習目的の自覚　×問題意識の共通化	B　個人思考／共同思考
	C　学習計画の樹立	C　共同思考
展開　内省＊	A　問題場面の具象化	A　個人思考
	a　回想	
	b　発表	
	c　理解	
	B　問題点の考察	B　共同思考
	a　問題点の想定	
	b　問題点の考察	
	c　問題点の解決	
展開　理解＊＊	A　問題場面の具象化	A　個人思考
	a　追体験―（資料）	
	b　発表	
	c　理解	
	B　問題点の考察	B　共同思考
	a　問題点の想定	
	b　問題点の考察	
	c　問題点の確認	
終結	A　批判による主体化	A　個人思考
	B　原理化―法則化	B　個人思考／共同思考
	C　次時への連関	C

〈注〉　＊　自己の道徳体験についての内省
　　　＊＊　他者の道徳体験についての理解
（平野武夫著「道徳授業の力動的展開原理」関西道徳教育研究会刊）

出所）道徳教育事典編集委員会編（1965：169-170）

しており（宮田，1968：144），「葛藤」概念の導入によって修身科とは異なる「道徳の時間」（道徳授業）の新たな性格が形成されていったといえよう。

3　初期の「道徳の時間」の授業典型例

「道徳の時間」は，先行研究が示すように特設直後は学級会への代替や生活指導的発想での運営が中心であり，制度「成立」時点でそのあり方が「確立」していたとは言い難い。しかしその後，授業案がいくつか提唱されるなかで徐々に初期「道徳の時間」の姿が輪郭を成すようになる。たとえば1965（昭和40）年に編纂された『道徳教育事典』において「指導過程の原型」として取り上げられたのは，大平勝馬，平野武夫，勝部真長の案であった（図6‐1）。

大平案は，問題解決学習の発想を特色とするもので，主に判断力の育成に中心をおくものであった。勝部案はこのなかでもっとも代表的なものであり，文部省見解とも呼応する「価値の内面化論」を理念とするものである。平野案は「価値葛藤の場の理論」を特色とし，葛藤資料を用いて「主人公はどうしたか」「自分だったらどうするか」と問うパターンが一時現場を支配したとされる（間瀬，1983：88）。3案の共通点は授業の導入と終末において「生活から生活へ」という原理を採用している点であり，子どもの生活現実と遊離させない生活主義的発想が授業展開にも継承されていたといえよう。

第2節　「道徳の時間」の展開

1　道徳資料充実方策

「道徳の時間」特設以降にまとまった道徳教育政策の方針が示されたのは，1963（昭和38）年の教育課程審議会答申「学校における道徳教育の充実方策について」である。本答申では，道徳教育の現状について，学校・地域間格差や指導理念の不理解，道徳未実施の状況などを指摘し，道徳教育充実策として①道徳の目標や内容の明確化，②教師用指導資料の提供，③児童生徒用読み物資料の推奨，④教員養成の改善，⑤現職教育の改善，⑥校内体制の確立，⑦家

庭や社会との協力，⑧ 教育委員会などの指導強化の方針を掲げた。なかでも，指導資料・読み物資料の充実策はその後一連の動きとなって具体化されていく。

　本答申をうけ文部省は 1964（昭和 39）年から 1966（昭和 41）年にかけて小・中学校向けの『道徳の指導資料』を毎年発行し学校へ無償配布した（小・中学校各三集を発行）。あわせて 1965（昭和 40）年に「道徳の読み物資料について」を通知して読み物資料の使用を推奨すると共に，1965（昭和 40）年には『読み物資料の効果的利用─小学校道徳の指導法』を，1969（昭和 44）年には『中学校道徳資料の手引き』を発行している。これらの道徳資料充実方策により読み物資料重視の傾向が高まることとなる。現在，道徳指導法として定型化した「読む道徳」の克服改善が試みられているが，その源流はこの時期に築かれたものといえる。

2　1968・69（昭和 43・44）年および 1977（昭和 52）年学習指導要領

　1968・69（昭和 43・44）年および 1977（昭和 52）年の小・中学校学習指導要領改訂では，「道徳の時間」について内容や方向性に関わる大幅な変更はない。

　ただし，昭和 43・44 学習指導要領は，高度で科学的な教育を進める教育の現代化と共に，高度経済成長期の競争的学習の激化を背景に「調和と統一」ある人間形成の理念を打ち出すものであった。学習指導要領「総則」では教育課程一般の次に道徳教育が項目として取り上げられ道徳教育重視の姿勢が変わらず看取できるほか，特別活動─特に学校行事を重視し，集団活動を通した人間形成に力点を置いている。また，1977（昭和 52）年学習指導要領は，高度経済成長が終焉し学校荒廃などが社会問題化するなか，学校教育の「人間化」を志向し，知・徳・体の調和のとれた人間性やゆとりある充実した学校生活の実現が方針として打ち出されたものであった。経済成長による社会変化のなかで，教育理念として人間形成や道徳教育の重要性は謳われ続けていたといえる。なお，道徳教育に関わる論点としては，国民的アイデンティティ形成を企図し国歌・国旗の教育が強化されたこともこの時期の特徴である。

　大幅な趣旨変更はないものの各学習指導要領の「道徳の時間」の修正点をい

くつかあげる。1968・69（昭和43・44）年改訂では，「道徳の時間」の役割について，従来の「補充・深化・統合」の前に「計画的，発展的な指導を通して」と冠され「道徳の時間」の独自性がより明確化した。また，学習指導要領上に記載される指導方法例には「読み物資料，視聴覚教材等を適宜用いる」とだけ記されており（中学校版。小学校版は指導方法例の記載なし。），道徳資料充実策との連動が窺える。昭和52年改訂では，1968・69年改訂で一度姿を消した「道徳的実践力」という文言が「道徳の時間」で育成する内面的資質を意味するものとして目標のなかで再度使用され，「総則」に「日常生活の基本的行動様式をはじめとする道徳的実践の指導を徹底する」と記されたことと併せて実践志向が強化された。この実践志向と連動し，「指導に当たっては，その効果を一層高めるため，家庭や地域社会との共通理解を深め，相互の連携を図るように配慮する必要がある。」と，家庭・地域社会との連携が強調されたことも特徴である。

③ 1989（平成元）年学習指導要領

　1960年代から70年代にかけて急速に進んだ高度経済成長は日本を世界第2位の経済大国に押し上げた。その一方で，学校ではいじめや校内暴力，受験戦争の激化などの教育荒廃が深刻化し，1984（昭和59）年8月に中曽根康弘首相は「戦後政治の総決算」を図る臨時教育審議会（以下，臨教審）を設置した。臨教審は，1985〜87（昭和60〜62）年に四次にわたる答申を打ち出し，これが時代の転換点となる。臨教審は「高度経済成長の負の副作用」として人間本来の資質の退行，幼稚化，モラトリアム人間化，豊かさがもたらすモラルの低下，家庭・地域社会の人間関係の崩壊による価値意識の多様化や社会規範の弱化，社会統合力の低下などの課題を指摘し，個性重視，生涯学習理念，国際化，情報化など現代にも続く教育改革の方向性を示した。そして，第二次答申においては初等中等教育における「徳育の充実」を掲げている。

　これをうけた1989（平成元）年学習指導要領改訂では，道徳特設以来の大幅な修正が加えられ，道徳教育の改善が図られた。「総則」では道徳教育の実施にあたって「豊かな体験を通して児童の内面に根ざした道徳性の育成が図られ

るよう配慮」することが加筆され，道徳教育の目標に「期待される人間像」
（本書第5章参照）で提言された「生命に対する畏敬の念」の文言が加えられた。
「道徳の時間」の主要な改訂点は，①目標における道徳性の重点に変化がみら
れたこと，②幼稚園から高校までの連続性が意識されたこと，③内容の整理
がなされたことの3点である。

　第1の点は具体的には，昭和43・44年以来「道徳の時間」の目標に掲げら
れてきた「道徳的判断力，心情，道徳的態度と実践意欲」の表記が，「心情，
判断力，実践意欲と態度」の語順に変更された。『小学校指導書　道徳編』で
は，「児童の道徳性の育成過程などを考慮し」てと説明されているが，これは
心情育成重視路線の顕れであり，以降に続く心情主義道徳教育の端緒と位置づ
ける研究者もいる（荒木，2017）。

　第2の点は，今次の学習指導要領改訂が「心豊かな人間の育成」をねらいと
したことや「新学力観」の導入に伴って見直された教育課程全体の動向の内に
位置づく改訂である。具体的には，幼稚園教育要領において「人間関係」や
「環境」領域における人や自然，社会事象と「かかわる力」の育成が明示され，
人間形成の基礎として「人への愛情や信頼感を育て，自立と協同の態度及び道
徳性の芽生えを培う」ことが「目標」に掲げられた。この「かかわる力」の土台
形成の上に新設の「生活科」による体験的学びや小学校での「道徳の時間」に
よる「人間としての在り方」の基本となる道徳的価値意識の育成が接続し，中学
校ではそれが「人間としての生き方についての自覚」に深化，さらに高等学校で
は学校教育全体における道徳教育や特別活動で「人間としての在り方生き方」
を学ぶと共に，新設の「公民科」において「人間としての在り方生き方」に加
え「民主的，平和的な国家・社会の有為な形成者として必要な公民としての資
質」を学ぶという連続性・体系性が企図されたカリキュラム改善が図られた。

　第3の点は，これまで道徳性の要素によって腑分けされたり（昭和33年），
羅列型であったりした（昭和43・44年，昭和52年）学習指導要領の「内容」の
記述が，「主として自分自身に関すること」「主として他の人とのかかわりに関
すること」「主として自然や崇高なものとのかかわりに関すること」「主として

集団や社会とのかかわりに関すること」という，自己を中心とした他者との関係性の同心円的広がりによる4視点でカテゴライズされた。これは現在にも続く内容構成の視点であり，上述した「かかわる力」の重視とも関連するものと捉えることができよう。

第3節　「道徳の時間」の模索

1　各種授業論の提起

　こうして政策として道徳教育が重視され改善が図られる一方で，実態としての「道徳の時間」はその授業実施率の低さが指摘され続けたように，順風満帆な発展を遂げてきたとは言い難い。そのなかでも，初期の「道徳の時間」以降提起された授業論や議論としては次のようなものがあげられる。

　「道徳の時間」の初期段階は生活主義的な授業論が主流を占めていった。1960年代の資料充実策によって読み物教材へ傾倒するなか，1970年代頃に現場に影響を与えたのは青木孝頼による「価値の一般化」論であったとされる。「価値の一般化」論では，道徳的価値の本質を捉えていくことが重視され，読み物資料の重要度が増す。道徳授業における資料の扱いについては，青木と井上治郎の間で「資料で教えるのか，資料を教えるのか」という，いわゆる「資料《を》か《で》か論争」が巻き起こったが，「資料即生活論」を展開した井上においても読み物資料の比重が高い点は青木と共通するものであった。

　1980年代には，コールバーグ（Kohlberg,L.）の道徳性発達理論に基づいたモラルジレンマ授業が荒木紀幸を中心に提起され一般に普及していった。理論的発展の所産である一方で，典型的なモラルジレンマ授業におけるオープンエンド方式が道徳授業における教え込み問題をある種回避することができる点で現場に受容されやすい性格を有していたと考えられる。またこの時期学校現場からは，当時の子どもたちの「命」に関わる体験の希薄化を危惧した鳥山敏子による「にわとりを殺して食べる」授業実践や道徳授業研究を推進した深澤久による道徳授業の実践開発などによって「道徳の時間」のあり方が広く世に問わ

れることとなった。

2 「道徳の時間」の対峙する課題

　「道徳の時間」は，道徳教育への忌避傾向や政治的イデオロギー対立に議論がからめとられるなかで教育論としての議論が建設的に蓄積されてこなかったことも否めない。しかし，当時特設賛成反対の議論に埋め込まれてしまった各種議論にも，教科化を迎えた今だからこそ学ぶことも多い。特に，道徳という人格や価値観，態度形成にかかわる領域において「授業」という知的作業が主となる学習活動が，徳目主義・観念主義・注入主義をどのように乗り越え道徳性の育成に貢献するのかは古くて新しい課題である。1970年代以降には宇佐美寛によって「道徳授業批判」が繰り返し提起され，徳目主義や観念主義的授業の不道徳さが痛烈に批判されると共に，道徳的行為判断における認識や「知」の捉え方について問題提起された。裏を返せば，「道徳の時間」の道徳授業としての議論がこの時期に徐々に世間に開かれ始めた証左ともいえる。道徳授業論の探究と模索は，今にも続く課題である。

・参考文献・・・

　荒木寿友（2017）「道徳教育の変遷―『道徳的価値』をどう扱ってきたか―」田中耕治編『戦後日本教育方法論史（下）―各教科・領域等における理論と実践』ミネルヴァ書房

　宇佐美寛（1974）『「道徳」授業批判』明治図書

　道徳教育事典編集委員会編（1965）『道徳教育事典』第一法規

　鳥山敏子（1985）『いのちに触れる―生と性と死の授業』太郎次郎社

　間瀬正次（1983）『戦後日本道徳教育実践史』明治図書

　水原克敏（2010）『学習指導要領は国民形成の設計書―その能力観と人間像の歴史的変遷』東北大学出版会

　宮田丈夫（1968）『教育の現代化と道徳教育』明治図書

　文部省（1958）「中学校『道徳』実施要綱」（戦後日本教育史料集成編集委員会（1983）『戦後日本教育史料集成　第六巻』三一書房所収）

　文部省中等教育課編（1958）「道徳教育連絡協議会要録」『中等教育資料　第Ⅶ巻第6号』明治図書

新たな道徳教育像の探究

概要　新たな道徳教育像の探究

押谷　由夫

　2015（平成27）年に設置された「特別の教科　道徳」が，どのような過程を経て設置されたのか。第Ⅱ部ではまず，その過程を追うことから，新たな道徳教育像を明らかにする。そして，そのような道徳教育をどのように探究していけばよいのか，その可能性を具体的事例などをもとに提案しようとするのが，第Ⅱ部の全体構成である。

　「特別の教科　道徳」の設置に関しては，さまざまな要因が影響している。その詳細については，各章で取り上げ分析されている。ここでは，それらに共通する要因を，３つに絞って指摘したい。

教育基本法の改正―道徳教育が教育の中核であることを確認―

　第１は，2006（平成18）年に59年ぶりに改正された教育基本法である。教育基本法は，日本の教育の指針を示すものである。改正教育基本法で，改めて強調されているのが，人格の形成である。第１条（教育の目的）で，日本の教育の目的は，人格の完成を目指すことを再確認すると共に，第３条（生涯学習の理念）で，より具体的に「国民一人一人が，自己の人格を磨き，豊かな人生が送れるよう」にすることだと記されている。豊かな人生とは，幸福な人生であり，生きがいのある人生に他ならない。

　そして，人格を育てる教育の具体については，第２条（教育の目標）に，５つが明記されている。一号では，知・徳・体を調和的に養っていくことが示されており，二〜五号においては，生き方の根本にかかわる道徳的価値意識の育成が記されている。このことは，人格の基盤に道徳性の育成があることを明確にしていると捉えられる。道徳教育が，教育の中核となるのである。

問題行動への対応―人間の本質からの対応が不可欠―

　第２は，いじめ問題をはじめとする問題行動への対応である。いじめはどうして起こるのか。突き詰めれば，人間の特質である価値志向の生き方ができる

ことにあるといえる。よりよく生きようとする心があるために，うまく伸ばせられない自分にイライラしたり，他人と比較して劣等感をもったり，妬んだりする。そのイライラ感や不満にどのように対処すればよいのか。人間にはよりよく生きようとする強くて美しい心があるが，その心は同時に，弱さやもろさ，醜さまでももっていること，そのことを乗り越えることが人間の誇りであり，よりよい人生や，よりよい社会を創っていけることを，しっかりと学べるようにしていかなければならない。いじめをはじめとする子どもたちの問題行動は，人間の本質的課題を包含しているのであり，その対策において道徳教育が根幹となる，といってよい。

社会の変化に対応し，よりよい生き方へとつながる主体的学びの探究

　第3に，これからの教育は，未曾有の社会変化と科学技術の発展に対応できる資質・能力の育成が強調される。2017（平成29）年に告示された新教育課程は，2030年の社会を想定して，その社会を生き抜く子どもたちを育てるために何が必要かを考え，資質・能力の3つの柱を提唱し，各教育活動の特質に応じて育成しようとしている。「個別の知識・技能」，「思考力・判断力・表現力等」，そして「学びに向かう力，人間性等」である。これらがかかわりあった学びを通して，一人ひとりの人格が形成される。

　つまり，これからの学びにおいては，学ぶ目的（突き詰めれば，より幸せな生き方とよりよい集団や社会の創造）を明確にし，そのために必要な知識・技能を身につけ，思考力・判断力・表現力を高めていけるようにすることが大切だということである。それは，道徳性の育成によって可能となる。これからの学びをリードしていくのが道徳教育である，ということである。

「特別の教科　道徳」を要とした道徳教育の可能性

　では，「特別の教科　道徳」を要として学校教育全体で取り組まれる道徳教育は，このような期待に応えられるのであろうか。第Ⅱ部では，そのポイントとなる，魅力的な教材と多様な活用についてと，「特別の教科　道徳」の授業を起点とする自律的学びの発達について，「特別の教科　道徳」を要として「チーム」で取り組む道徳学習カリキュラム（プログラム）について，探究している。

第7章 「特別の教科 道徳」設立までの道のり

──── 押谷　由夫

第1節　終戦後の学校教育と道徳教育の押さえ

1 日本国憲法と教育基本法において

　戦後の新しい日本国をつくるうえでもっとも根幹に位置づけられるのが1946（昭和21）年に制定された日本国憲法である。日本国憲法は，国民主権，平和主義，基本的人権の尊重を3大原則とし，「世界の平和と人類の福祉」に貢献するという「崇高な理想」を掲げて，新しい日本国の建設を世界に宣言した。その「崇高な理想」を実現していくのは，国民である。つまり，教育の力によってである。そのことを，1947（昭和22）年に制定された教育基本法が謳い，教育の目的を「人格の完成をめざし，平和的な国家及び社会の形成者として，真理と正義を愛し，個人の価値をたつとび，勤労と責任を重んじ，自主的精神に充ちた心身ともに健康な国民の育成を期して行われなければならない」としたのである。戦後の教育と道徳教育の根本が，ここに示されている，といってよい。

2 学校教育法において

　そして，同年に制定された学校教育法では，小学校教育の目標として，第1項は「学校内外の社会生活の経験に基き，人間相互の関係について，正しい理解と協同，自主及び自律の精神を養うこと」。第2項は「郷土及び国家の現状と伝統について，正しい理解に導き，進んで国際協調の精神を養うこと」と記されている。これらは，中学校教育においても同様である。学校教育において，道徳教育が基盤になることを示している。

3 学習指導要領一般編（試案）において

さらに，教育基本法の理念及び学校教育法を，教育課程において具体化すべく作成されたのが，学習指導要領（試案）である。その「一般編」において，教育の目標を，「1　個人生活」「2　家庭生活」「3　社会生活」「4　経済生活および職業生活」の4つに分けて記している。それぞれの第1にあげられているのは，「1．人の生活の根本というべき正邪善悪の区別をはっきりわきまえるようになり，これによって自分の生活を律して行くことができ，同時に鋭い道徳的な感情をもって生活するようになること」など，4つの生活すべてにおいて，道徳的な態度の育成があげられている。つまり，教育課程全体において，道徳教育が根幹に位置づけられる，ということである。

4 学習指導要領社会科（試案）において

そして，戦後のもっとも注目すべき新教科として創設された社会科は，「従来の修身・公民・地理・歴史等の教科の内容を融合して一体として」学ぶものであるとし，「社会科の任務は，青少年に社会生活を理解させ，その進展に力を致す態度や能力を養成することである」とした。社会生活を理解するには，相互依存の関係を理解することが大切であり，「一，人と他の人との関係　二，人間と自然環境との関係　三，個人と社会制度や施設との関係」をあげている。そして，「その相互依存の関係を理解するには，人間性の理解がこれにともなわなければならない。」としている。

各教科との関係については，「社会科の授業の中に，他の教科の授業がとり入れられ，また他の教科の授業の際に，社会科のねらいが合わせて考慮されることは，当然のことであり，かえってその方が望ましい」と記されている。

つまり，この段階では，社会科は他の教科と密接な関係をもつ教科として考えられており，そのことともかかわって，学校教育全体で取り組む道徳教育の中核的役割を果たす教科として位置づけている，と捉えられる。

5　終戦後の道徳教育への期待と課題

　このような終戦後の混乱のなかで次々と制定され公布された，憲法や法律，学習指導要領（試案）をみると，道徳教育の再建がどのように考えられていたかがよくわかる。教育の目的を「人格の完成」と規定したことに，決定的な役割を果たした当時の文部大臣田中耕太郎は，「人格は人間が他の動物と異なって備えている品位ともいうべきもの」であり，「理性と自由の存在を前提」とし，自己のなかにある動物的なものを克服して，「人間のあるべき姿」に接近する使命を担っていると述べている（田中，1961）。「人間のあるべき姿」とは，よりよいものを求めて生きることであり，その根幹に道徳的価値意識がある。つまり，人格の基盤が道徳性であり，「人格の完成」を目指す日本の教育は，道徳教育を中心として行われる，ということである。

　そして，そのことが，学校教育法や学習指導要領の一般編や社会科において，さらに具体的に述べられている，と捉えられる。つまり，道徳教育は，学校教育の中核であり，全教育活動を通して取り組むものであること。そのことをより充実させるために，中核となるものが必要である（この段階では社会科）ことが提案されていると捉えられる。

第2節　道徳教育の目標と内容についての検討

1　1955（昭和30）年改訂の小学校学習指導要領社会科編において

　学習指導要領において，道徳教育についての明確な記述があるのは，1955（昭和30）年に改訂された小学校社会科学習指導要領である。そこには，「社会生活において，親切ということがいかにたいせつなことかという一般的な理解や感銘を与えるだけでなく，具体的な時と所に応じてどう行為することが親切なことになるのかということを自主的に考え，実行できるような人間にすることこそ，道徳教育の究極のねらいでなければならない」と記されている。

　そして，「社会科で養おうとする態度は，いうまでもなく民主的な社会生活

における人々の道徳的なありかたにほかならない」とし、「社会科の目標と児童の望ましい生活態度（社会科における道徳教育の観点）」の項目を設けて、3つの生活態度の指導の観点を示している。第1は、「人間尊重の精神と豊かな心情をつねに日常生活の上に具体的に表現していこうとする生活態度」で8項目。第2は、「自主的で統一のある生活態度」で5項目。第3は、「清新で明るい社会生活を営むために必要な生活態度」で8項目あげている。これらは、「児童の具体的な生活経験を中心とした学習を通じて、総合的に身につけさせるのでなければ、決して正しく実現することができない」と記している。ここに、学校における道徳教育の基本的なあり方が示されている、といってよい。

2 1958（昭和33）年改訂の学習指導要領において

このような経緯を経て、学習指導要領に道徳教育の目標や内容が明記されたのは、1958（昭和33）年に改訂された学習指導要領においてである。

(1) 道徳教育の目標

道徳教育の目標は、第1章総則に、「学校における道徳教育は、本来、学校の教育活動全体を通じて行うことを基本とする。したがって、道徳の時間はもちろん、各教科、特別教育活動および学校行事等学校教育のあらゆる機会に、道徳性を高める指導が行われなければならない。」と示され、道徳教育の目標は、「人間尊重の精神を一貫して失わず、この精神を、家庭、学校、その他各自がその一員であるそれぞれの社会の具体的な生活の中に生かし、個性豊かな文化の創造と民主的な国家および社会の発展に努め、進んで平和的な国際社会に貢献できる日本人を育成することを目標とする。」と記している。

この規定から読み取れるのは、道徳教育は全教育活動を通して行われるのであり、道徳性の育成を図るものであること。その道徳性は、日本国憲法、教育基本法、学校教育法に掲げられている「世界の平和と人類の福祉」に貢献するという「崇高な理想」を追い求めるものである、ということである。

(2) 道徳の時間の目標

そして、新設された道徳の時間においては、「各教科、特別教育活動および

学校行事等における道徳教育と密接な関連を保ちながら，これを補充し，深化し，統合し，またはこれとの交流を図り，児童の望ましい道徳的習慣，心情，判断力を養い，社会における個人のあり方についての自覚を主体的に深め，道徳的実践力の向上を図るように指導するものとする。」とし，「日常生活の基本的行動様式」「道徳的心情，道徳的判断」「個性の伸長，創造的な生活態度」「国家・社会の成員としての道徳的態度と実践意欲」の4つの育成を目標に掲げ，それぞれに6項目，11項目，6項目，13項目の計36項目を示している。

　中学校では，「道徳教育の内容は，教師も生徒もいっしょになって理想的な人間のあり方を追求しながら，われわれはいかに生きるべきかを，ともに考え，ともに語り合い，その実行に努めるための共通の課題である。」と明記し，小学校の学習指導要領を考慮しながら，目標を3つにまとめて示し，それぞれに，5項目，10項目，6項目の計21項目をあげている。

　つまり，道徳教育の内容は，内容ありきではなく，日常生活の基本的な行動様式の習得・習慣化・発展及び個性の伸長，よりよい社会の建設を目指して道徳的判断力や道徳的心情，道徳的実践意欲・態度などの内面の指導を行う上で必要な内容ということになる。

⑶ 道徳の時間と社会科との関係及び内容の捉え方

　これらの内容は，1955（昭和30）年改訂の小学校学習指導要領社会科編で示されたものを，改善して独立させたとみることができる。つまり，社会科の目的が明瞭になるにつれ，社会科における道徳教育も包み込んだ道徳教育科目が必要になるということである。改訂された学習指導要領社会科には，「社会科の指導を通して育成される判断力が，道徳の時間において児童の道徳性についての自覚としていっそう深められ，この自覚がふたたび社会科における学習に生きてはたらくように指導することが望ましい。」と記されている。

3 1989（平成元）年に改訂された学習指導要領において

　その後，学習指導要領が改訂されるたびに，道徳教育や道徳の時間の目標や内容については，若干の変更はなされているが，基本的には変わっていない。

74

道徳の内容の表記が大きく変わったのは，1989（平成元）年に改訂された学習指導要領である。道徳性が育まれるかかわりを，4つの視点（自分自身，他の人，自然や崇高なもの，集団や社会）として示し，そのかかわりを豊かにするための心構えとなる道徳的価値を含む内容を，学年段階ごとに重点的に示している。

　この道徳教育の捉え方は，終戦後に出された学習指導要領（試案）や1955（昭和30）年改訂の社会科に示された道徳教育の捉え方と一致する。つまり，道徳性は，実際の社会生活におけるさまざまなかかわりを主体的にもつことによって育まれるのであり，そのことをベースに取り組む必要がある，ということである。さらに発達段階を考慮した道徳教育がより明確にされている。

4　2015（平成27）年に一部改正された学習指導要領において

　「特別の教科　道徳」は，2015（平成27）年の学習指導要領の一部改正において明記された。総則には，学校における道徳教育は教育活動全体を通して行われ，その要として「特別の教科　道徳」が位置づけられている。つまり，「特別の教科　道徳」は，各教科と横並びではない。学校の教育活動全体で行われる道徳教育の要としての役割を担うことから，「特別の教科　道徳」とされており，各教科を含みこむスーパー教科として位置づくことになる。

(1)　道徳教育の目標

　新たな道徳教育の目標は，「自己の生き方（人間としての生き方）を考え，主体的な判断の下に行動し，自立した人間として他者とともによりよく生きるための基盤となる道徳性を養うことを目標とする」（カッコ内は中学校）である。つまり，道徳教育の目標は，道徳性の育成であり，その道徳性は，自分の生き方を主体的に考え，追い求め，自立した人間となり，みんなでよりよい社会をつくっていくことを根底で支えるもの，ということになる。この目標は，終戦後からずっと求めてきた道徳教育のあり方が，明確に示されていると捉えられる。

(2)　「特別の教科　道徳」の目標

　「特別の教科　道徳」の目標は，「道徳的諸価値についての理解を基に，自己をみつめ，物事を（広い視野から）多面的・多角的に考え，自己の生き方（人間

としての生き方）についての考えを深める学習を通して，道徳的な判断力，心情，実践意欲と態度を育てる」（カッコ内は中学校）である。まず，「道徳的諸価値について理解」を深めることを求めている。それは，人間理解を深めることになる。そのことを基に，「自己を見つめる」のである。それは，道徳教育の目標の「人間としての自分の生き方を考える」基本である。さらに，道徳的諸価値の理解を基に，「物事を多面的・多角的に考え」ることを求めている。それは，道徳教育の目標の「主体的に判断し行動」するための基本である。この3つを押さえて，「人間としての自分らしい生き方についての考えを深めていく」のが「特別の教科　道徳」である。このようにして育まれる道徳性は，日々の生活や学習活動と響き合って，さらに磨かれることになる。

第3節　道徳の教材について

1 道徳の時間が設置されて以降

　道徳の教科化にとって，教材の開発は不可欠である。文部省では，1965（昭和40）年に「道徳の読み物資料について」の局長通知を出している。各地方や学校現場においても道徳の教材開発が行われるように，読み物教材の具備すべき要件を示している。この通知と前後して，文部省は，次々と道徳教材に関する冊子を作成している。1962（昭和37）年には，『読み物利用の指導（低，中，高）』を，1964（昭和39）年から1966（昭和41）年にかけては，小学校，中学校共に『道徳の指導資料』を作成し，1973（昭和46）年から1983（昭和58）年まで，ほぼ毎年道徳の教材を作成し，全国の学校で活用できるようにしている。

2 1989（平成元）年以降

　1989（平成元）年の学習指導要領の改訂に合わせて，1991（平成3）年から1994（平成6）年まで，視点ごとに全部の項目に対して，教材を開発している。また，1995（平成7）年から1998（平成10）年にかけて，小学校の高学年と中学校用に，ビデオ教材を作成し，その教材を使った授業も収録したビデオを配

布している。都道府県教育委員会での魅力的な道徳教材の開発事業も行われ，読み物教材，郷土教材，紙芝居教材，カセットテープ教材などが開発されている。応募による委嘱事業として，道徳教材ソフトの開発も行われている。

2002（平成14）年からは，『心のノート』が全国の小・中学生に配布された。『心のノート』は，学校教育全体で取り組む道徳教育に活用できる学習ノートとして開発された。道徳の内容全部に対して自分で学べるように編集されている。小学校低学年用，中学年用，高学年用それに中学生用の4冊である。

学習指導要領の改訂に伴い，2009（平成21）年には，改訂版が作成された。そして，「特別の教科　道徳」の設置が決定する前の2014（平成26）年からは，道徳の授業においても使用できる教材を盛り込んで，『私たちの道徳』として再編集し，全国の小・中学生に配布された。『私たちの道徳』は，「特別の教科　道徳」の設置に合わせて教科書の開発へとつなぐ役割を果たしたといえよう。

なお，2008（平成20）年の学習指導要領の改訂に合わせて，『読み物資料集』が作成され，全国に配布されている。

第4節　道徳の指導方法と評価

1 道徳教育指導方法の解説書

道徳の教科化にとって，さらに大切なのが，指導方法の確立と評価である。教材開発も，指導方法の一環として取り組まれたとみることもできる。

文部省では，1963（昭和38）年に，教育課程審議会から「学校における道徳教育充実方策について」答申をうけている。特に，わが国の文化や伝統に根ざした教材の充実，公正な愛国心の育成，宗教的・芸術的な面からの情操教育の一層の徹底，教員の研修，校内の指導体制の確立，家庭や社会の協力などが強調された。そして，毎年，道徳教育の指導資料を作成し，全国に配布された。

2 テーマごとの指導資料の刊行や「道徳教育アーカイブ」の発信

1985（昭和60）年からは，道徳の内容にある項目で，特に重要な項目を取り

上げ，小学校，中学校に分けて，指導資料を作成している。「基本的生活習慣」「思いやりの心」「郷土を愛する心」「生命を尊ぶ心」が取り上げられ，1995（平成7）年からは，「真理を学ぶことを愛する心」「社会のルールを大切にする心」「文化や伝統を大切にする心」（小学校のみ）が刊行されている。

　また，「特別の教科 道徳」が設置されたのを機に，「道徳教育アーカイブ」を立ち上げ，具体的な指導についてインターネット配信している。

③ 道徳教育推進指定校の委嘱や道徳教育指導者養成講座の実施

　文部省では，1958（昭和33）年以降，毎年，道徳教育推進校を委嘱したり，道徳教育指導者養成講座を中央と地方で開催したりして，道徳教育の充実を図っている。2020（令和2）年度予算では，「道徳教育の抜本的改善・充実にかかわる支援」として，「① 特色ある道徳教育の取組の支援」「② 道徳教育アーカイブの整備」「③ 社会全体の気運の醸成」をあげている。「① 特色ある道徳教育の取組の支援」には，推進地域や推進校の委嘱，指導者養成講座，地域教材の開発・活用，家庭や地域との連携の取組などがある。

④ 道徳教育の評価について

　評価に関しては，学習指導要領が改訂されるたびに指導要録の記述に関する局長通知で示される。その内容に，行動の記録と所見欄（総合的所見欄）が設けられている。行動の記録には，道徳的価値があげられており，道徳教育の行動面にあらわれる状況を評価すると捉えられる。この様式は，1958（昭和33）年に道徳の時間が設置されてからも変わっていない。道徳の時間の学習指導要領には，「児童の道徳性について評価することは，指導上たいせつなことである。しかし道徳の時間だけについての児童の態度や理解等を，教科における評定と同様に評定することは適当ではない」と記されている。

　「特別の教科 道徳」においては，学習指導要領に，「児童の学習状況や道徳性に係る成長の様子を継続的に把握し，指導に生かすよう努める必要がある。ただし，数値等による評価は行わないものとする。」と明記されている。そし

78

て，2016（平成28）年に出された局長通知では，「児童生徒がいかに成長した
かを積極的に受け止めて認め，励ます個人内評価として記述式で行うこと」と
示している。行動の記録欄と総合所見欄は，従来通り設けられている。

第5節　「特別の教科　道徳」が目指すものとこれからの課題

　最後に，「特別の教科　道徳」が目指すものとこれからの課題についてまと
めておきたい。一言でいえば，これからの社会において，学校を人間教育の場
にするための人間観，指導観，評価観の変革を提案していると捉えられる。
　道徳教育は，だれもがよりよく生きようとしているという人間観をもつこと
によって成り立つ。その成長を実感することに，生きる喜びを見出せるように
する。そのためには，よりよく生きようとする心を引き出す指導が必要であ
る。どのように引き出すのか。その子に寄り添う問いかけを通してである。そ
のことによって，内なる自分との対話を促し，自分自身のなかにあるよりよく
生きようとする心を目覚めさせ，成長させていくようにする。このような人間
観や指導観は，当然に評価観に連動する。子どもたちが本来もっているよりよ
く生きようとする心を，いかに目覚めさせ，引き出し，伸ばしているかを中心
とする評価である。そして，子ども自身が自己を評価し，自己指導へとつなげ
ていけるようにする。「特別の教科　道徳」を要に，一人ひとりをリスペクト
すると同時に，自分自身をリスペクトできる人間を育てるのである。

●参考文献●……………………………………………………………………………
　押谷由夫（2001）『「道徳の時間」成立過程に関する研究』東洋館出版社
　貝塚茂樹（2020）『戦後日本と道徳教育』ミネルヴァ書房
　国立教育政策研究所「学習指導要領データベース」
　　https://www.nier.go.jp/guidline/（2020年1月3日閲覧）
　田中耕太郎（1961）『教育基本法の理論』有斐閣
　西野真由美他（2020）『改訂　道徳教育の理念と実践』NHK出版

_第8_章 「特別の教科 道徳」の成立とその意義

——————貝塚　茂樹

第1節　教育再生実行会議の提言と道徳の教科化

1 戦後における教科化をめぐる論議

　2015（平成27）年3月27日，学校教育法施行規則の一部を改正する省令及び学習指導要領の一部改正が告示され，学校教育法施行規則のなかの「道徳」は「特別の教科である道徳」（以下，道徳科と略）と改められた。これによって，小学校は2018（平成30）年度，中学校では2019（平成31）年度から道徳科が完全実施されている。

　道徳科成立の直接の契機は，内閣の私的諮問機関として設置された教育再生実行会議が，2013（平成25）年2月に発表した「いじめ問題等への対応について（第一次提言）」において道徳の教科化の検討を求めたことにある。しかし，道徳の教科化をめぐる議論は，1945（昭和20）年8月の敗戦を起点とした戦後教育改革から継続している。戦後教育改革では，修身科に対する評価と共に，道徳教育を教科として行うことの是非が議論されており，戦後の道徳教育のあり方の検討は，道徳の教科化と不可分であった（貝塚，2001）。それは，1872（明治5）年の「学制」頒布以来，道徳教育が修身科という教科によって行われてきたという日本の近代教育の歴史と無関係ではない。

　戦後教育改革によって修身科は廃止されたが，道徳教育を行う教科設置の是非はその後も議論の論点とされてきた。その端緒は，1950（昭和25）年の天野貞祐文部大臣の「修身科」復活をめぐる発言であり，1958（昭和33）年の「道徳の時間」も当初は教科としての設置を目指したものであった（貝塚，2020）。

　歴史的に言えば，教育再生実行会議の提言の起点は，2000（平成12）年12月に内閣総理大臣の私的諮問機関である教育改革国民会議が出した提言である。提言は，「学校は，子どもの社会的自立を促す場であり，社会性の育成を重視し自由と規律のバランスの回復を図ることが重要である。また，善悪をわきまえる感覚が，常に知育に優先して存在することを忘れてはならない」と指摘した上で，「小学校に『道徳』，中学校に『人間科』，高校に『人生科』等の教科を設け，専門の教師や人生経験豊かな社会人が教えられるようにする」と述べ，道徳の教科化を求めた。

　小学校から高校までの各学校段階に道徳の教科化を求めた提言は，その後，内閣の諮問機関として2006（平成18）年に設置された教育再生会議にも引き継がれた。教育再生会議は，2007（平成19）年の「第二次報告」において，「いじめや犯罪の低年齢化等子供を取り巻く現状を踏まえると，全ての子供たちが社会の規範意識や公共心を身につけ，心と体の調和の取れた人間になることが重要」とした上で，「徳育を教科化し，現在の『道徳の時間』よりも指導内容，教材を充実させる」という提言を行った。しかし，こうした道徳の教科化をめぐる提言は，実現することなく教育再生実行会議まで持ち越された（貝塚，2020）。

2 道徳教育の充実に関する懇談会の「報告」

　2013年2月に教育再生実行会議が発表した「いじめ問題等への対応について（第一次提言）」は，「現在行われている道徳教育は，指導内容や指導方法に関し，学校や教員によって充実度に差があり，所期の目的が十分に果たされていない状況」にあると指摘しながら，「道徳の教材を抜本的に充実するとともに，道徳の特性を踏まえた新たな枠組みにより教科化し，指導内容を充実し，効果的な指導方法を明確化する。その際，現行の道徳教育の成果や課題を検証するとともに，諸外国における取組も参考にして，丁寧に議論を重ねていくことを期待する」と述べて，道徳の教科化を提言した。

　教育再生実行会議の「第一次提言」をうけて，同年3月に文部科学省に設置

された「道徳教育の充実に関する懇談会」（以下，懇談会と略）は，同年 12 月に「今後の道徳教育の改善・充実方策について（報告）―新しい時代を，人としてより良く生きる力を育てるために―」（以下，「報告」と略）をまとめた。

　「報告」は，道徳教育は自立した一人の人間として人生を他者と共により良く生きる人格の形成を目指すものであるが，現在の学校は，道徳教育の理念の共有や教師の指導力など多くの面で課題が存在しており，本来の道徳教育の「期待される姿には遠い状況にある」と指摘した。そして，「道徳教育の目指す理念が関係者に共有されていない」「教員の指導力が十分でなく，道徳の時間に何を学んだかが印象に残るものになっていない」「他教科に比べて軽んじられ，実際には他の教科に振り替えられていることもある」などの課題の背景には，社会のなかに道徳教育に対する「アレルギーともいうべき不信感や先入観が存在しており，そのことが道徳教育軽視の根源にある」としている。

　その上で「報告」は，道徳教育には，体系的な指導によって道徳的な価値に関わる知識・技能を学び教養を身に付けるという従来の「教科」に共通する側面と同時に，自ら考え，道徳的行為を行うことができるようになるという人格全体に関わる力を育成するという側面をもっていると整理した。そして，2 つの側面からより総合的な充実を図り，道徳教育を充実させるために，「道徳の時間」を「特別の教科　道徳」（仮称）として新たに設置することを提言した。それは，道徳を教科とすることで，道徳教育の目標・内容をより構造的で明確なものとすると共に，学校の教育活動全体を通じて行う道徳教育の要としての性格を強化し，各教科などにおける指導との役割分担や連携のあり方などを改善することを求めるものであった。道徳教育の現状を改善し，現行の「道徳の時間」が学校の教育活動全体で行う道徳教育の「要」としての役割を果たすためには，教科化による制度的な変革が必要となるというのが「報告」の基本的な立場であった。

　具体的に「報告」は，道徳科においても引き続き学級担任が授業を行うことを原則とするとしたが，道徳教育に優れた指導力を有する教員を「道徳教育推進リーダー教師」（仮称）として加配配置し，地域単位で道徳教育を充実する

ことを求めた。また，大学の教員養成課程におけるカリキュラムの改善，現行の「道徳の指導法」の履修単位数を一定程度増加させることや教育実習での道徳教育の実地経験の充実も検討すべきであるとしている。さらに，各大学には道徳教育を充実させた専攻や道徳教育コースの設置などの積極的な取組を求め，大学と教育委員会との連携・協働による実践的なカリキュラムの改善，学校現場での指導経験のある教員の採用などと共に，道徳教育の専修免許制度などの活用と充実を求めた（貝塚，2020）。

第2節　中央教育審議会答申と専門家会議の議論

1　中央教育審議会答申「道徳に係る教育課程の改善等について」

　懇談会の「報告」の内容は，中央教育審議会教育課程部会に設置された「道徳教育専門部会」の議論に引き継がれ，2014（平成26）年10月21日に中央教育審議会答申「道徳に係る教育課程の改善等について」（以下，「答申」と略）として公表された。

　「答申」は，これからの時代を生きる児童生徒には，将来の社会を構成する主体としての高い倫理観をもちながら，「人としての生き方や社会の在り方について，多様な価値観の存在を認識しつつ，自ら感じ，考え，他者と対話し協働しながら，より良い方向を目指す資質・能力を備えること」が重要であるとした。そして，特に道徳教育については，「特定の価値観を押し付けたり，主体性をもたず言われるままに行動するよう指導したりすることは，道徳教育が目指す方向の対極にある」と指摘しながら，「多様な価値観の，時に対立がある場合を含めて，誠実にそれらの価値に向き合い，道徳としての問題を考え続ける姿勢こそ道徳教育で養うべき基本的資質である」とした。そして，こうした資質・能力を育成するためには，一人ひとりの児童生徒に自分ならどのように行動・実践するかを考えさせ，自分とは異なる意見と向かい合い，議論するなかで，道徳的価値について多面的・多角的に学ばせ，実践へと結び付ける指導が必要であると提言した。

　その上で「答申」は，道徳教育の充実を図るためには，「道徳の時間」を「特別の教科　道徳」（仮称）として新たに位置づけ，「その目標，内容，教材や評価，指導体制の在り方等を見直すとともに，『特別の教科　道徳』（仮称）を要として道徳教育の趣旨を踏まえた効果的な指導を学校の教育活動全体を通じてより確実に展開することができるよう，教育課程を改善することが必要と考える」と述べて，道徳科の設置を提言した。また，道徳科の設置にあたっては，答えがひとつではない課題に対して児童生徒が道徳的に向き合う「考え，議論する道徳」への「質的転換」を求めた。具体的にそれは，従来のように読み物の登場人物の心情を読み取ることに重点が置かれた授業や児童生徒に望ましいと思われるわかりきったことを言わせたり書かせたりする授業からの脱却を求めるものであった。

　「答申」は，道徳科の目的，指導内容，教科書の使用をはじめ，指導法，評価について言及した。たとえば，指導内容については，道徳教育が，道徳科を要として学校の教育活動全体で行うことは現行の方針と変わりはないとしたが，従来の内容項目の視点3と4を入れ換えると共に，内容項目の中核的な道徳的価値をキーワードとして抽出し，いじめ，情報モラル，生命倫理や環境倫理などに関わる現代的課題を対象とすることを求めた。

　また，学習指導要領の目標や指導内容を踏まえて，道徳の内容をただ理解するだけでなく，道徳的な課題を主体的に考え判断する資質・能力を育成するための指導方法の改善を求めた。具体的に道徳授業では，児童生徒がしっかりと課題に向き合い，教員や他の児童生徒と話し合い，内省を深めていくことが大事であるとした上で，対話や討論などの言語活動を重視した指導と共に，児童生徒が自ら考え，主体的に判断し，表現することが必要であるとした。

　さらに，道徳科の評価については，個人内の成長過程を重視し，数値などによる評価は今後も行わないことを前提としながら，児童生徒の一人ひとりのよさを認め伸ばし，児童生徒の成長を見守り，努力を認め励まし，さらに意欲的に取り組めるような評価となることが望ましいとした。しかし，指導方法と評価に関しては，2015年6月に中教審のなかに設置された「道徳教育に係る評

84

価の在り方に関する専門家会議」（以下，専門家会議と略）においてさらなる検討が継続された。

2 専門家会議の「報告」と道徳科の評価

　専門家会議は，学習指導要領における「指導と評価の一体化」を視野に入れながら，2016（平成28）年7月に「『特別の教科　道徳』の指導方法・評価等について（報告）」（以下，「報告」と略）を公表した。「報告」は，道徳科の指導についての「質的転換」と実質化のために，「質の高い多様な指導方法」を確立する必要があるとして，「読み物教材の登場人物への自我関与が中心の学習」「問題解決的な学習」「道徳的行為に関する体験的な学習」の3つを例示した。

　また，道徳科の評価については，学習指導要領の「学習状況や道徳性に係る成長の様子を継続的に把握し，指導に生かすように努める必要がある。ただし，数値による評価は行わないものとする」という規定と2014年10月の中教審「答申」の趣旨を踏まえ，児童生徒の「学習状況や道徳性に係る成長の様子」を観点別評価ではなく個人内評価として丁寧に見取り，記述式で表現することを求めた。

　「報告」における評価については同年7月29日に文部科学省初等教育局長名で通知された「学習指導要領の一部改正に伴う小学校，中学校及び特別支援学校小学部・中学部における児童生徒の学習評価及び指導要録の改善等について」において次のように整理されている。

① 児童生徒の人格そのものに働きかけ，道徳性を養うことを目的とする道徳科の評価としては，育むべき資質・能力を観点別に分節し，学習状況を分析的に捉えることは妥当ではないこと。

② このため，道徳科については，「道徳的諸価値についての理解を基に，自己を見つめ，物事を（広い視野から）多面的・多角的に考え，自己（人間として）の生き方についての考えを深める」という学習活動における児童生徒の具体的な取組状況を，一定のまとまりの中で，児童生徒が学習の見通しをもって振り返る場面を適切に設定しつつ見取ることが求められること。

③　他の児童生徒との比較による評価ではなく，児童生徒がいかに成長した
　かを積極的に受け止めて認め,励ます個人内評価として記述式で行うこと。

④　個々の内容項目ごとではなく，大くくりなまとまりを踏まえ，評価とす
　ること。

⑤　そのさい，特に道徳教育の質的転換を図るという今回の道徳の特別教科
　化の趣旨を踏まえれば，特に，学習活動において児童生徒がより多面的・
　多角的な見方へと発展しているか，道徳的価値の理解を自分自身との関わ
　りの中で深めているかといった点を重視することが求められること。

　通知はさらに，「児童生徒の状況や道徳性に係る成長の様子について，特に
顕著と認められる具体的な状況等について記述による評価を行う」こと，道徳
科の評価は，「各教科の評定」や「出欠の記録」「行動の記録」「総合所見及び
指導上参考となる諸事項」とは性格を異にするために，調査書には記載せず，
入学者選抜の合否判定に活用しないことを求めた。

3 「特別の教科　道徳」の教科書検定基準

　検定教科書の導入が決定したことで，2015年5月19日に文部科学大臣から
教科用図書検定調査審議会（以下，教科書審議会と略）に対して「特別の教科
道徳」の教科書検定に関する検討の要請が行われた。具体的には，①「特別の
教科　道徳」の教科書の検定基準について，②その他の教科書検定に関する
諸課題について，の2点であった。特に，①については，「特別の教科　道
徳」の「教科書検定にあたり，新たに規定する必要がある検定基準」と「検定
体制の充実方策」が検討事項とされた。

　教科書審議会は，同日の総会及び同年6月22日の教科書審議会総括部会と
第十部会合同会議で検討課題を議論し，同年7月23日の教科書検定審議会総
会を経て，「『特別の教科　道徳』の教科書検定について（報告）」を決定した。
その主な概要は次の通りである。

○　検定基準に道徳科の固有の条件として，以下の項目を新設する。

①　学習指導要領において示されている題材・活動等について教科書上対応

することを求める規定について

- 「内容の取扱い」に示す題材（生命の尊厳，社会参画（中学校），自然，伝統と文化，先人の伝記，スポーツ，情報化への対応等現代的な課題）は全て題材として取り上げていることを求める。
- 「内容の取扱い」に示す「言語活動」「問題解決的な学習」「道徳的行為に関する体験的な学習」について教科書上適切な配慮がなされていること。

② 学習指導要領における教材の配慮事項を踏まえた規定について

「内容の取扱い」に照らして，適切な教材を取り上げていること，教材の取り上げ方として不適切なところはないこと，特に多様な見方や考え方ができる事柄を取り上げる場合には，その取り上げ方について特定の見方や考え方に偏った取扱いはされておらず公正であると共に，児童生徒の心身の発達段階に即し，多面的・多角的に考えられるよう適切な配慮がされていることを求める。

また，道徳科の教科書について留意すべき点として，たとえば，「国際理解や国際協調の観点から，多面的・多角的に考えることができる教材であること」「民間発行の副読本，教育委員会等作成の地域教材，『私たちの道徳』等の文部科学省（文部省）作成の教材等の様々な教材のよさを生かすこと，家庭や地域社会と連携した道徳教育にも資するものとなること等を示す」ことが明記された。

4 「特別の教科 道徳」と「主体的・対話的で深い学び」

2017（平成 29）年告示の学習指導要領（以下，「平成 29 年版学習指導要領」と略）は，① 教科などを「知識及び技能」「思考力，判断力，表現力等」「学びに向かう力，人間性等」の 3 つの柱で再整理したこと，②「主体的・対話的で深い学び」の実現に向けた授業改善を規定したこと，③ カリキュラム・マネジメントの確立を求めたこと，④「社会に開かれた教育課程」という理念を位置づけたこと，の 4 つをポイントとしている（合田，2019）。このことは道徳科においても例外ではなく，特にこれらの検討は，2016 年 5 月に中央教育審議会初

等中等分科会教育課程部会に設置された「考える道徳への転換に向けたワーキンググループ」（以下，ワーキンググループ）で検討された。

　ワーキンググループが同年 8 月に公表した「考える道徳への転換に向けたワーキンググループにおける審議の取りまとめ」では，道徳教育においては，他者と共によりよく生きるための基盤となる道徳性を育むため，答えがひとつではない道徳的な課題を一人ひとりの児童生徒が自分自身の問題と捉え，向き合う「考え，議論する道徳」を実現することが，「主体的・対話的で深い学び」を実現することになるとしながら，道徳科における「主体的な学び」「対話的な学び」「深い学び」の視点のそれぞれについて言及している。

　たとえば，「深い学び」の視点では，「道徳的諸価値の理解を基に，自己を見つめ，物事を多面的・多角的に考え，自己の生き方について考える学習を通して，道徳的価値の深い理解や，学習への動機付け等につなげる学習とすることが求められる」とした上で，「単に読み物教材の登場人物の心情理解のみで終わったり，単なる生活体験の話合いや，望ましいとわかっていることを言わせたり書かせたりする指導とならないよう留意し，道徳的な問題を自分事として捉え，議論し，探究する過程を重視し，道徳的価値に関わる自分の考え方，感じ方をより深めるための多様な指導方法を工夫すること等が考えられる」とした。

第 3 節　「特別の教科　道徳」の歴史的意義

　道徳科の設置にあたっては，学習指導要領における道徳教育の目標が整理され，検定教科書が導入された。また，「考え，議論する道徳」への「質的転換」として，「道徳科における質の高い多様な指導方法」が例示されたことは，従来の道徳授業の「形骸化」を克服するための方向性を示したものと評価することができる。

　また，道徳科の設置が，道徳教育を政治的なイデオロギー対立から解き放ち，戦後日本に浸透した「道徳教育アレルギー」を払拭する役割を果たした点も看過できない。戦後日本では，戦前の教育に対する拒否感のみが強調され，

道徳教育は政治的なイデオロギー対立の争点とされることが常態化してきた。ここでは，道徳教育の内容や指導方法についての議論は後景に追いやられ，道徳教育それ自体が，「賛成か，反対か」といった政治的な二項対立図式のなかに解消され，「政治問題」として論じられてきた。

　道徳科の設置は，道徳教育を「政治問題」から解放し，教育論として論じるための土俵を形成するために必要な制度的な措置であったといえる。なぜなら，道徳科の設置によって，学校は児童生徒の道徳性に正面から向き合わねばならなくなり，それは必然的に政治的イデオロギーの入り込む余地を格段に減少させるからである。実際，道徳科の設置によって，これまで繰り返されてきた政治的イデオロギー対立を背景とした批判論は明らかに後退し，議論の主流は，教科書，指導方法，評価のあり方へと移ってきたと言える。

　戦後教育改革期に内在された道徳の教科化という課題は，1958年の「道徳の時間」設置などを経て，道徳科として実現した。この間，約70年の時間を要し，教育改革国民会議を起点としても15年の時間を費やしたことになる。道徳科設置の意義と課題については，今後もさまざまな観点からの議論が展開されるであろうが，教育が将来を見据えた絶えざる営みである以上，教育改革は絶えることのない課題であり，議論の継続はそれ自体望ましい。しかもそれが，これまでの政治的なイデオロギーの対立から距離を置いたものであれば尚更である。新たな歴史の変化を見据えながら，積み残された課題の克服を目指す議論が展開されるとすれば，それ自体が道徳科設置の意義として評価できる。

● 参考文献 ●‥‥‥‥‥‥‥‥‥‥‥‥‥‥‥‥‥‥‥‥‥‥‥‥‥‥‥‥‥‥‥‥‥‥‥‥‥

江島顕一（2016）『日本道徳教育の歴史』ミネルヴァ書房

貝塚茂樹（2001）『戦後教育改革と道徳教育問題』日本図書センター

貝塚茂樹（2020）『戦後日本と道徳教育—教科化・教育勅語・愛国心—』ミネルヴァ書房

貝塚茂樹（2020）『新時代の道徳教育—「考え，議論する」ための15章』ミネルヴァ書房

合田哲雄（2019）『学習指導要領の読み方・活かし方—学習指導要領を「使いこなす」ための8章』教育開発研究所

第9章 「特別の教科 道徳」における
教科書と教材

——— 髙宮 正貴

第1節 道徳科の教材をどのように活用すべきか

　本章では，オープンエンドの教材でなければ「考える道徳」にならないわけではなく，「結末」のある教材でも十分に児童生徒が考えられることを示したい。そのために「教材の活用方法の3類型」を提示する。教科書における教材作成・選定の指針についても言及したい。

　道徳科に限らず，教材論では「教材を教えるのか」「教材で教えるのか」という議論がある。「教材を教える」ならば，教材を教えることそれ自体が目的となる。一方，「教材で教える」ならば，教材で教える「教育内容」は何かという問題が出てくる。道徳科では「教材を教える」派は，「資料（教材）を教えること（考えさせること）に徹すべき」（荒木，2018：121）とする。一方の「教材で教える」派は，教材を通して「道徳的価値」を教えることを道徳授業の目的とみなす。

　ここでは，道徳科の教育内容を「道徳的価値」であるとしてみよう。その場合，道徳的価値は倫理学と深く関係がある。しかし，高校の倫理と小中学校の道徳では教材の性質が異なる。高校の倫理では，カント（Kant,I.）やニーチェ（Nietzsche,F.W.）の倫理学説を「知識」として提示する。しかし，道徳ではそうではない。道徳では，道徳的価値の「知的・観念的理解」にとどまらず，「実感を伴った理解」も促す必要があるからである。

　また，ヒューム（Hume,D.）が強調したように，道徳的価値の善さ・正しさは，他教科の知識とは違い，事実から直ちに導かれるわけではない。つまり「である」から「べき」は直ちに導けない。道徳的判断は，善も悪もなし得る

人間の自由を前提とするからである。それゆえ，「特定の価値観を押し付けたり，主体性をもたず言われるままに行動するよう指導したりすることは，道徳教育が目指す方向の対極にあるものと言わなければならない」（「小学校学習指導要領解説」）ことが強調されるのである。

　道徳が人間の自由を前提にするという道徳科の特殊性ゆえに，道徳科は「価値（観）の押し付け」であると批判されてきた。この批判は道徳科の教材にもあてはまる。「手品師」では，「なぜ自分の夢を捨ててまで，手品師は少年との約束を選ばなければならないのか」「貧しい手品師に夢を捨てろと言うのは，『清貧』の押し付けではないか」。「二通の手紙」では，「元さんは，せっかく子どもたちを入園させてあげたのに，どうして辞めなければならないのか」「ましてや『はればれした顔で』辞めるなんてあり得ない」と。

　「価値（観）の押し付け」とは別に，「価値伝達型読み物教材」に対する批判もなされている。例えば荒木寿友は，「読み物教材には，望ましい（あるいは望ましくない）人間や行為が明示的に描かれている点において，その教材は明示的にも暗黙的にも伝達すべき道徳的価値が描かれている」（荒木，2018：122）と指摘している。では，なぜ「価値伝達型読み物教材」は批判されるべきなのか。論拠は２つである。①「価値伝達型読み物教材」が，「児童生徒の思考停止」をもたらしやすく，児童生徒「自らの解釈が入り込む余地がない」こと。②「児童生徒のニーズには合っていない」。なぜならば，「すでに『知っていること』について改めて道徳の授業で伝えることになる」からである（荒木，2018：123）。

　荒木はまた，「雨のバス停留所で」を例に，「徳目主義的」な教材活用方法と，そうではない「創造的」な活用方法を区別している。前者の「徳目主義的」な教材活用方法は，「教材そのものを教える」立場であり，「順番を守っていない主人公の行為が道徳的に間違った行為であるということ，たとえ他の人が並んでいなくても先に来ている人が順序が先であるということを予測し，暗黙の規則を守るということを『教える』教材」として活用する方法である。後者は「教材を通じて道徳性を育む」という立場であり，「そもそも雨のバス停

留所に明示的な規則が存在しないならば，どのような規則（マナー）があればよいのだろうかという創造的な教材」活用方法である（荒木，2019：31-32）。

　しかし，これまでのわが国の優れた道徳授業実践は，「価値伝達型」か否か，「徳目主義」か否かという二分法では適切に捉えられないと考えられる。このことを2節でみていく。また，「価値伝達型読み物教材」に対する批判については，先にあげた2つの論拠に対しては応えられる。つまり，①「価値伝達型読み物教材」であっても，児童生徒「自らの解釈が入り込む」ことは十分に可能であること。②すでに「知っていること」を伝えるだけだという批判に対しては，道徳的価値はそれ自体多面的・多角的に考えられなければならないこと。この2点については3節で述べる。

第2節　道徳科の教材の活用方法の3類型

　本章では，教材の活用方法を以下の3つに分類すべきだと考える。

図表9-1　道徳科の教材の活用方法の3類型

① 行為・解決策を考える活用
② 価値理解を深める活用
③ 価値を批判的・創造的に扱う活用

　③の「価値を批判的・創造的に扱う活用」は荒木のいう「創造的」な活用方法である。①と②は，共に「価値伝達型読み物教材」であっても，「行為・解決策」に焦点化するのか，それとも，「価値理解」に焦点化するのかによって変わる。①と②を区別することは，島恒生（2020）の「氷山の三層モ

図表9-2　島恒生の「氷山の三層モデル」

出所）島，2020：15

デル」から導き出せる（図9-1）。このモデルからすれば，②の道徳授業のねらいは，教材に書いてある特定の行為を押し付けることではなく，登場人物の心情を正しく読み取ることでもなく，教材に含まれている価値観をもとに児童生徒の価値理解を深めることである。この3つのレベルに分けないことから，「手品師」などのさまざまな読み物教材は「価値（観）の押し付け」であるとの批判に曝されてきた。「雨のバス停留所で」の「徳目主義的」な教材活用方法に対する批判についても，荒木（2019）が「順番を守っていない主人公の行為が道徳的に間違った行為であるということ」と書いているように，教材に書かれた特定の行為のレベルと，「暗黙の規則やマナーを守ることの意義や根拠・理由」という価値理解のレベルとを分けていない。しかし，①行為と②価値理解のレベルは分けて考えることができる。

「徳目主義」という概念についても，(1)個々の徳目を列挙し，それをひとつひとつ教授することが問題なのか，それとも，(2)徳目に沿った特定の行為を教えることが問題なのか，を区分けして考えるべきだろう。(1)のように授業で徳目（道徳的価値）を個別に教えるとしても，①のように道徳的価値に沿った行為を教えるのではなく，②のように道徳的価値についての理解を深める活用は可能である。このことを後でみていく。

なお，実際の授業展開では，②と③の活用は厳密に区別できるとは限らない。②で一定の価値理解への到達をねらいにすると，発問としては，③のように，あえて批判的に問う必要があるからである。「雨のバス停留所で」であれば，「そんなルールは書かれていないのに，守らなければならないのかな？」などとあえて批判的に問うことで，「マナー」についての一定の価値理解を促すことができる。

「徳目主義」については，(1)個々の道徳的価値を別々に扱うことが問題なのか，それとも，(2)徳目に沿った特定の行為を教えることが問題なのか，という区別ができると述べた。(1)については，教材論や授業方法の対立ではなく，道徳観の対立が背景にある。

稲富栄次郎（1979）は戦前の「徳目主義」に対する批判を3つの要素に分け

図表9-3　徳目主義に対する批判の3要素

A	「肇国の精神」という道徳教育の根本目標に対する批判
B	孝行のような特定の徳目を絶対化することに対する批判
C	児童の自発活動性とか生活経験を無視して，特定の徳目を教えこむ教授方法に対する批判

出所）稲富，1979

ている。AとBは徳目という「教育内容」に対する批判であり，Cは「指導方法」に対する批判である。このように，「教育内容」の正当性と，「指導方法」の実効性または適切性の問題は明確に分ける必要がある。稲富はAの批判には同意するが，Bの批判に反論し，徳目主義そのものは擁護する。孝行などの徳目を立てること自体は否定されるべきではないというのである。一方，稲富はCの批判には同意する。特定の徳目を立てることが是認されるとしても，その徳目を教えこむべきではないということである。一方的な伝達・注入などの教え込みは効果的ではないからである。

　実際，「② 価値理解を深める活用」で「手品師」のように一定の価値観を想定している教材を扱う場合，授業ではそれを教え込んだり，注入したりすることはしない。教師は発問で「引き出す」だけである。荒木（2018）は，この指導方法について，「読み物教材が価値伝達型で構成されている一方で，その教育方法においては道徳的価値の教え込みにならないようにするという『矛盾』が生じている」という。しかし，これは稲富の立場からすれば矛盾にはあたらない。

　種々の徳目（道徳的諸価値）をどう教えるのかをめぐって，Bの意味での「徳目主義」を否定すべきかどうかは，現在のわが国の道徳教育界でも対立がみられる。これは，単なる授業方法の対立ではなく，道徳観の対立である。プラトン（Plato）やカント（Kant,I.）の「理想主義」（本質主義）対デューイ（Dewey,J.）の「現実主義」（進歩主義）の対立である。「理想主義」と「現実主義」という区分については吉田・木原（2018）を参照してほしい。デューイ（2002）は，特定の徳目はあくまで「試験的（tentative）」なものであるから，徳

目を絶対化してはならないという。道徳的価値の善さ・正しさは，それ自体，「反省」を通じて批判的に吟味されなければならない。昨日正しかった道徳的価値は，明日には間違っているとわかるかもしれない。それならば，児童生徒自らが道徳的価値の善さ・正しさを「反省」的に考えるべきだ。これがデューイの主張である。それゆえ，デューイは，Cのように特定の徳目を教えこむことだけでなく，Bのように特定の徳目を絶対化することも批判するのである。しかし，ここで「カントか，デューイか」という対立に決着をつけるつもりはない。その対立は「神々の闘争」であり，互いが「相互理解」することで和解すべきだと考える。

第3節　価値理解を深める教材活用の方法

■1 行為・解決策と価値理解の区別

「① 行為・解決策」と「② 価値理解」のレベルを分けないために，次のような批判が生じている。例えば，「みみずくとおつきさま」について，モグラの学校にイタチがいたずらをしに来て，先生モグラをいじめていた。それを木の上から見ていたミミズクがイタチに飛びかかり，「早くお家に帰りなさい」と注意したことについて柳沼良太は，「この資料の内容を応用して実際に，小学一年生が学校に来た不審者に対して，ミミズクのような勇敢な行為をしたらきわめて危険である」（柳沼，2012：102）という。しかし，ここで描かれている「勇気」は，「自分の身の危険を顧みずに他人のために尽くすこと」であり，不審者に襲いかかれと特定の行為を命じているわけではない。アリストテレスに依拠すれば，どのような状況で「勇気」ある行為をすべきなのか，また「勇気」と「臆病」，「勇気」と「向こう見ず」の違いをいかに見極めて行為するのかは，「思慮」によって判断しなければならない。それゆえ，島の「状況理解レベル」で教材に書いてある行為を文字通り行えと命ずるのが ② の授業のねらいではない。

寺脇（2018）は，「手品師」について，「読み手にあるひとつの『結論』を誘

導する役割を果たすことがある」(寺脇, 2018：37) と批判している。しかし，「なぜこの手品師は少年との約束を選んだのだろう？」と問うとしても，この発問によって特定の行為を命じているわけではない。少年との約束を取る行為が正解であるわけではないし，大劇場に行く行為が誤りであるわけでもない。②の価値理解を深める道徳授業で問うのは，手品師の「誠実さ」とは何かということである。その答えは，「少年を裏切りたくないという心」「約束を破る自分ではありたくないという自分自身に対する真面目さ」「自分の良心に恥じない誇りある生き方」などだろう。このように，少年との約束を選ぶという特定の行為を命じるのではなく，誠実についての多面的な理解を引き出すことが，②の授業の目的である。この点では，「価値伝達型読み物教材」では児童生徒「自らの解釈が入り込む余地がない」という批判に応えられる。

　「二通の手紙」に対しては，元さんが「懲戒処分」を通告され，「はればれとした顔で」辞めていくというストーリーについて，「『規則は絶対に守りなさい』という特定の価値観を押し付けているのではないか」と批判されることがある。たしかに，「元さんはどうしてはればれとした顔で辞めることができたのだろう？」とだけ問うならば，「規則の絶対的な遵守を押し付けている」といった批判が当然おきるだろう。しかし，②の価値理解を深める活用の場合，むしろ，この教材を通して「法やきまり」について多面的・多角的に考えることができる。たとえば，「2人がいなくなって捜索しなければいけなくなったから，元さんは停職処分にあったのか？」(結果)，「もし2人が閉園時刻にきちんと戻ってきたら，問題はなかったのか？」(条件変更)，「では，もし入園時刻の決まりがなかったら，どうなるだろう？」(類推・想像) などと問い，「法やきまり」が必要な「根拠・理由」について考えることができる。

　それゆえ，単に教材のストーリーだけを捉えて「価値 (観) の押し付け」と批判するのは妥当ではない。島 (2020) は，教師が授業で一定の価値理解をねらいとして想定するのは，児童生徒にとって「学び」が必要だからであり，「教え込み」のためではないという。「具体的にねらいをもつのは，教師の想定するねらいを超える意見が出てくることが期待されるから」(島, 2020：33) な

のである。教師が一定の価値観をねらいとして定めるのは，意図的な発問によってその価値観を引き出し，児童生徒自身の価値理解を深めるためである。

2 多面的な価値理解を促す教材づくりへ

②の価値理解を深めるための授業づくりと教材作成の指針を見出す上では「発達」の視点が重要である。2014（平成26）年10月の中央教育審議会の答申「道徳に係る教育課程の改善等について」でも，「発達の段階等を十分に踏まえず，児童生徒に望ましいと思われる分かりきったことを言わせたり書かせたりする授業」がみられると指摘されていた。そこで，ヴィゴツキー（Vygotsky,L. S., 2003）の「最近接発達領域」の理論に基づけば，教師は，その学級の児童生徒の現在の価値理解と「一歩先」の価値理解の違いを捉えて，「一歩先」の価値理解の獲得をもたらすための授業づくりをすべきである。このことは，授業づくりにとってだけでなく，教科書作成にとっても不可欠な視点となる。つまり，同じ内容項目でも，学年が上がるにつれて，教材に含まれている道徳的価値についての見方・考え方（道徳的価値観）がより多面的に発展していくように，教科書は教材を配置すべきである。

以上のように考えると，「価値伝達型読み物教材」が「すでに『知っていること』について改めて道徳の授業で伝えることになる」という批判にも応えられる。発達の段階を踏まえて，「『礼儀』にはそんな意味もあったのか！」という理解を児童生徒にもたらすならば，すでに知っていることを繰り返すだけにはならない。

それゆえ，教材に「望ましい」価値観が含まれているから児童生徒の「主体的な学び」が不可能であるというわけではない。教材で特定の行為がまるで「正解」であるかのように描かれていたとしても，教材に含まれている道徳的価値の多面的な意味（生命の尊さであれば，生命の偶然性，有限性，連続性など）や価値の高低（重荷にならないように配慮された思いやりと押し付けがましい思いやり）を教師が分析・把握しておくことで，多面的な価値理解を引き出すことができる。そして，それはあくまで児童生徒の価値観を拡大させているのであり，価

値観を押し付けているのではない（高宮，2020）。

　たしかに，教材の登場人物の心情追求を中心とした授業展開で，「このとき主人公はどんな思いだった？」と問うとき，児童生徒は多様な心情を答え，教師はその答えを黒板に羅列するだけでは，必ずしも児童生徒の価値理解が深まらないこともある。「深い学び」の実現のためには，発達段階を踏まえつつ，教師が教材に含まれている一定の道徳的価値観を明確に把握し，それを意図的に引き出す工夫をすべきである。その上で，教材に含まれている理想的な価値観と児童生徒自身の現実的な価値観を比較対照させたり，教材に含まれている一定の価値理解の高低・遠近・難易などについて比較対照させたりすることで（柴原・荊木，2018：108），児童生徒自身の価値観の形成を促すことができる。

　中学校で「思いやり，感謝」を扱う教材として配置されている「夜のくだもの屋」を例に考えてみよう。合唱コンクールの練習でいつもより帰りが遅くなっている少女に対して，くだもの屋のおやじさんが営業時間を延長させて少女のために灯りをつけてあげていた。少女はおやじさんの意図を知らなかったが，ある日，くだもの屋のおばさんが少女におやじさんの意図を話し，少女は驚くという話である。『解説』の第3章の「第2節　内容項目の指導の観点」の「6　思いやり，感謝」には，「重荷にならないように配慮された思いやり」という記述がある。そこで，「重荷にならないように配慮された思いやり」という道徳的価値観を授業のねらいとして定めてみる。その場合，単に主人公である少女の驚いた心情について問うだけでは必ずしもこのねらいに迫れない。そこで，教材には描かれていない場面ではあるが，おやじさんの意図をおばさんが少女に話したと後から聞いたときのおやじさんの心情や反応について発問する。すると，「少女に伝えてくれてありがとう」という答えが生徒から出るかもしれないが，「え，言ったの？」という答えも出るだろう。「え，言ったの？」という答えに対して教師が「言ってほしくなかったってこと？」と問い返せば，「重荷にならないように配慮された思いやり」の大切さという価値理解を引き出すことができる。このように，単に「思いやりは大切だ」ということを言わせたり書かせたりする授業に陥らないように，発達段階に応じて多面

的な価値理解を引き出せる発問を工夫すべきであると共に，多面的な価値理解を引き出せる教材を作成・選定すべきである。

　教材に一定の価値観が含まれているからといって，直ちに「児童生徒の思考停止」につながるわけではない。このことは，「はしの上のおおかみ」を小1と中学校で扱う場合に，小1の児童ならおおかみを優しいと思うが，中学生ならおおかみは真似しただけだから優しいとは思わないというように，異なる価値理解がみられることにも明らかだろう。村上敏治が，「結末と結論は同じではなく，ましてや最終的な解答でもない」（村上，1973：183）と書いていることを想起したい。オープンエンドの教材でなければ，「考える道徳」にならないというわけではないのである。

• **参考文献** •‥‥‥‥‥‥‥‥‥‥‥‥‥‥‥‥‥‥‥‥‥‥‥‥‥‥‥‥‥‥‥‥‥‥‥‥‥‥

荒木寿友（2018）「これからの道徳教材の方向性―資質・能力を育成するための道徳教材開発―」『道徳と教育』336：119-130

荒木寿友（2019）「第3章　道徳教育内容・教材論」荒木寿友・藤澤文編『道徳教育はこうすれば〈もっと〉おもしろい』北大路書房

稲富栄次郎（1979）『稲富栄次郎著作集9　人間形成と道徳』学苑社

ヴィゴツキー，L.S. 著，土井捷三・神谷栄司訳（2003）『「発達の最近接領域」の理論―教授・学習過程における子どもの発達―』三学出版

柴原弘志・荊木聡（2018）『中学校　新学習指導要領　道徳の授業づくり』明治図書

島恒生（2020）『小学校・中学校　納得と発見のある道徳科　「深い学び」をつくる内容項目のポイント』日本文教出版

髙宮正貴（2020）『価値観を広げる道徳授業づくり―教材の価値分析で発問力を高める―』北大路書房

デューイ，J. 著，河村望訳（2002）『デューイ＝ミード著作集10　倫理学』人間の科学新社

寺脇研（2018）『危ない「道徳教科書」』宝島社

村上敏治（1973）『道徳教育の構造』明治図書

柳沼良太（2012）『「生きる力」を育む道徳教育―デューイ教育思想の継承と発展―』慶應義塾大学出版会

吉田誠・木原一彰（2018）『道徳科初めての授業づくり―ねらいの8類型による分析と探究―』大学教育出版

「特別の教科　道徳」を要に
豊かな自己形成を図る

第10章

――――加藤　宣行

第1節　よりよく生きようとする子どもたち

　2年生のY子は，街をきれいにしたいという思いから，母親や妹を誘って地域のゴミ拾いを始めた。6年生のH美は，近所の方々との和みをつくりたいと願い，自分が住むマンションの住人に「あいさつ実験」をし始めた。そして，2人はその取組を記録し，その時えた感触や感想をもとに，次の行動を模索し始めたのである。

　どちらも私が担任した学級の子どもたちである。動機は，その時の状況によってさまざまであろうが，ひとつ共通点をあげるとすれば，道徳の授業をきっかけにしているということである。これは，本人たちが「道徳で学習したこともきっかけのひとつです。」といっていることや，道徳の授業で関連する内容項目を学習した後に，このような活動を始めていることからも確かであろう。そして，このような事例は，このY子，H美に限らず，数多くあげることができる。

　これは何を物語っているのであろうか。少なくとも，次の2つのことがいえるのではなかろうか。ひとつは，子どもたちは，よりよく生きようとする思いから，こちらから強制したり指示したりしなくても，自ら行動できる存在だということ。2つは，道徳授業には，子どもたちの「よりよく生きたい」という根源的な思いを顕在化し，背中を押してやる力があるということである。

　本章では，道徳の授業を要にして，日常生活の充実を図り，自らの可能性に挑戦していく子どもたちの姿を検証しながら，道徳授業の本質について考えていきたい。

第2節　要としての道徳授業

　当然のことではあるが，豊かな自己形成の場は道徳授業だけに限らない。他教科・他領域や日常生活全体にわたって展開されるべきものであろう。それを道徳教育と呼称する場合があるが，もっと広く家庭教育や地域での活動をも含めて人間教育としての展望をもちたい。そのなかでの「特別の教科　道徳」の授業の意味は大きい。要となる授業なくして，それに連なる日常生活の豊かな結実は望めないからである。自己形成というのは，今ある自分を見つめ直し，これからあろうとする自分を見出していくという作業と考えられよう。そうすると，道徳の授業はそれをきっかけに自己の変容を促すものであると考えられる。

　自己の変容は，１単位時間の授業のなかでも起こりうるし，複数時間を通して見取ることができるものもあるであろう。また，道徳の授業をきっかけとして，他教科・他領域の学びが有機的に関連づけられてくることもあれば，カリキュラム上に位置づけられていない日常の原体験が生きてくる場合もある。それらの具体例を述べていくことにする。

第3節　自己生成を図る主体としての子ども

　どんなに立派な言動であろうと，それが外からの圧力によってなされるものであったら本物とはいえない。たとえ幼く拙い取組であっても，本人のよりよく生きようとする思いがあふれたものであれば，それは本物である。子どもたちは，本物に向かって敏であり，素直な存在である。そのような子ども観，人間観をもって授業に臨みたい。

　子どもは，素直である。おもしろければこちらから促さなくても飛びつき，つまらなければどんなに諭しても本気にならない。筆者が専科で担当した３年生の子どもが，年度末に道徳の授業を評してこんなことをいった。「道徳の授業が終わるときはいつもへとへとでした。でもおもしろかったです」また別の子どもは，「今日の授業は，私を少しでも理想に近づけてくれる45分だった」と道徳ノートに書いた。

　このことからわかるように，子どもたちは，へとへとになるまで考え，理想的な（よりよい）自分に近づくことができることをおもしろいと思うことのできる存在なのである。そして，このように思わせる授業が可能なのである。

　以下，よりよく生きようとする子どもたちの姿を通して，豊かな自己形成を図るために必要な道徳授業のあり方を述べていく。

第4節　授業の実際と授業後の子どもたちの活動

　「特別の教科　道徳」の授業をきっかけにして，日常生活に変容がみられた事例を次の3点に分けて述べていくことにする。

　⑴　授業後の取組により，授業理解を促進させた事例

　⑵　授業をきっかけにして，前後の意識を変容させた事例

　⑶　授業を契機に日常生活に影響をうけ，変容させた事例

1 授業後の取組により，授業理解を促進させた事例

　前述したＹ子は，私が担任として1年生から3年生まで持ち上がった子どもであるが，道徳ノートに次のような記述をしてきたことがある。

> 家族との楽しい話し合い
> 　わたしの家族は，たくさん話し合いをします。特に，道徳の授業がある金曜日の夜は，お父さん，お母さん，そして小学生になった妹も一緒に，その日に習った道徳の授業の内容について，わたしが司会をして話し合います。わたしはこの時間が大好きです。家族との話し合いを何回も何回も重ねることはとても楽しいし，みんなとふれ合い，もっと仲よくなることができるからです。そして，昨日の自分より，ほんの少し成長できる気がするのです。

　Ｙ子は，道徳の授業があった金曜日の夜，家に帰ってから道徳の授業の続きをしているのである。授業の続きというか，思考の継続といった方がよいであろう。そのような時間をつくることによって，授業中に話し合ったこと，気づいたことを発展させ，より深く考えている。なおかつ，家族という「学習集団」の意見を取り入れることによって，学校の友達同士の話し合いとはまた異質の話し合いができており，より多面的・多角的な思考が可能となっている。

しかも，このような「道徳家族会議」のメリットは，本人だけに寄与するものではない。本人にとっては，授業での道徳的価値理解がさらに深まることはもちろんであるが，家族にとっても大きな意味がある。それは，学校での学習の様子を共有することができ，学校と同じ目線でＹ子に対して接することができ，日常生活のなかでの価値観の共有ができるということである。学校と家庭が同じ目線で子どもをみて，時に話をしたり，時に意味づけをしたりしてあげられることは，子ども本人にとってどれほど安心できることであるかは，想像に難くない。しかも，学校ではフォローしきれなかったことや，日常生活だからこそ説得力をもって実感させられることも多々あろう。そのようなチャンスを生かし切ることができるのである。

　逆に考えると，日常生活においてどんなに素敵な実体験があろうとも，それを意味づけしたり，共有したりできる「同じ価値観を共有する同志」がいるといないのとでは，その実体験の生かされ方に大きな違いがでるであろう。「同じ価値観を共有する同志」は，基本は教師であり，同じ授業をうけたクラスメイトであるが，そのフィールドが家庭にまで広がったとき，その効果は何倍にもふくれあがるであろう。というか，それができてこそ，本物の道徳教育であろう。

　このように考えると，Ｙ子のような思考の継続，家庭での学びの発展という形は非常に重要であると考えられる。では，どのようにしたらＹ子のような活動を自ら展開できる子どもに育つのであろうか。実際，Ｙ子のように家庭で話題にしたり，話し合ったりしてきたという児童は少なからず存在する。４年生で担任したＭ男は，道徳授業のあった日は，毎回家に帰ってから父親と話し合って考えを深めているし，６年生のＮ子は関連する記事を集め，道徳の授業で考えたことをもとに日常のニュースをどのように捉えたらよいかを考察してきた。つまり，Ｙ子が特別ということではなく，どの子どもたちにとっても，授業で終わらずに思考を継続させるために一般化しうる学習展開があると考えてよいであろう。

　授業が終わっても考え続け，家に帰ってから家族の意見を聞いたり，自分で調べたりする活動をする子どもたちに共通することは何か。それは，子どもたちの，もしかしたら自分自身でも気づいていない，「よさに向かう心」がひら

かれていることである。一般的に知的探究心と呼ばれるものもそのひとつであろう。しかし，それだけではない，もっと人間の根源的な探究心である。現行の学習指導要領の内容項目の最後に「よりよく生きる」という内容が設定されているが，これに他ならない。人間はよりよく生きたいと願い，それに向かって自分自身を鼓舞し，高めるための労を惜しまない存在なのである。このような人間理解に基づく教育こそ，道徳教育である。

　そして，そのような理念を具現化したものが道徳授業である。要といわれる道徳授業，その意義は大きい。子どもたちが授業が終わっても考え続け，実生活で模索し始めるような，子どもたちの背中をそっと押すことができるような授業，これがあってこそ日常的な道徳教育の充実へとつながっていく。

　Y子は「道徳家族会議」の感触を次のように語っている。

> 　話し合いをすると，家族一人一人の考えを理解することができます。そして，なぜだか自分でもいい考えがたくさんうかんできます。そのいい考えを，家族できちんとまとめます。まとめた答えが出ると，自分がぜったいに正しいと思わなくなります。相手の考え方も大切にしようと思うようになります。そして，何より自分自身がとてもやさしい気持ちになれるのです。それは，私の考えにきちんと耳をかたむけて受け入れてくれる大好きな家族がいるからだと思います。

　謙虚さ，相互理解，家族愛，さまざまな道徳的価値の要素が自然に育まれていく。それら一つひとつの内容項目は，単体で成り立っているわけではない。互いの考えを聴き合うことで，多面的・多角的な思考が促進される。すると相手の理解がますます深まり，自分自身の世界が広がる。世界が広がった自己は，また新たな気づきを得ていくのである。結果として，家族の絆が深まったり，友達同士の友情が促進されたりするのである。そして，その育まれた心をもとに次の道徳の授業に臨む。この積み重ねこそが，主体的で対話的な深い学びを生む原動力となるであろう。

２　授業をきっかけにして，前後の意識を変容させた事例

　５年生のA子は，「親切，思いやり」の授業をうけた後，道徳ノートに次の

ような思いを綴ってきた。彼女らは，２年生の頃に東日本大震災を経験している。その時のことを思い出したというのである。

> 　私はこの話を読んで，３月11日の事を思い出しました。
> 　地震の時に，私と友だちが困っていたら，一人の知らない人が助けてくれました。一緒に近くのそば屋さんに入りました。そば屋さんも卵をくれて，電話もかしてくれました。その後くつ屋さんで休ませてもらいました。
> 　そば屋さんはチョコをくれて，一緒にいてくれた人は寒いからと言って靴下をくれました。私にとっては，一つの思い出でしかありませんでした。
> 　でも，今回の授業で夢から覚めたようになりました。後から思えば，まったくの他人が，こんなにも親切にしてくれたのだと思いました。
> 　今，その人たちはどこにいるのかわかりませんが，親切にしてもらったことを忘れないために，いろんな人に親切にしようと思いました。
> 　誰かに言われたからではなく，あの日の人たちのためにもがんばれたらいいなと思いました。

当時の記憶は，幼いながらも深く心に刻まれていたのであろう。辛いなかにも人の優しさに触れることのできたほろ苦い思い出だったのかもしれない。それが，授業をうけたことで「夢から覚めたようになった」というのである。これはどういうことであろうか。察するに，これまで理由はよくわからないが，なんとなく大切な思い出として心のなかにしまっていたものの意味が初めてわかったのではないだろうか。「ああ，そういうことだったのか。自分は何と素敵な人々に出会っていたのだろう。あの人達に恥ずかしくない生き方をしていきたい」と。このような，過去の体験をも掘り起こし，光を当ててやることができるのも，「体験を生かす」ということであろう。道徳授業を通して，過去の体験を意味づけして価値観を再構築することもできるし，未来の自分へのエールを自ら贈ることもできるのである。

３ 授業を契機に日常生活に影響をうけ，変容させた事例

　(1)　前述したＹ子は，授業後の家族会議をするだけでなく，それらを通して問題意識を育み，日常生活の改善を試みた。そのひとつが，地域のゴミ拾いで

ある。

> 　私は学校に行く時に，家の近くにごみがたくさん落ちているのを見かけ，気になっていました。私は自分の町が大好きなので，もっと町をきれいにしたいなと考え，時間のある夏休みを利用して，ごみひろいを始めました。道徳の授業で「そうか，そうだったんだ」を学習したこともきっかけとなりました。

　Y子はこの取組を夏休みの間中，母親や妹の協力も得ながら続けたのである。そして最後には，次のような手応え，達成感を感じている。

> 　今までゴミ拾いをしてきて，本当によかったです。町の人のために一生懸命吸いがら入れを作ったこと，大雨でもがんばったこと，一生わすれられません。はじめてゴミ拾いをした時は，54個もあったけれど，最後には16個にもへりました。少しでも自分の町を自分の力できれいにすることができてうれしいです。

　これを郷土愛のあらわれと捉えることもできようが，それだけでは彼女の成長を言い表すことはできない気がする。いずれにせよ，自ら考え実行し，そこから得た達成感をもとに，地域を大切に思う心や続けることの重要さ，人びととつながる温かさなどを実感を伴う学びとして獲得したことは確かであろう。

　これらの「学習成果」は，道徳の授業だけでは得ることができない。道徳の授業をきっかけに日常生活を通して実践することで，初めて気づくこと，育つことがあるであろう。同時に，そのような日常生活の変容を促すために，道徳授業がきっかけとなっていることも確かなことである。

　(2)　2年生のM子は，「おりがみ名人（努力と強い意志，光文書院豊かな心）」の授業をうけた後，自ら努力目標を見直し頑張り表を自作して取り組み始めた。

> 　今日は「おりがみめいじん」のおべんきょうをしました。（中略）私は今日のおはなしのおんなのこは，自分ができないことをがんばっていてとてもつよいこだなと思いました。できないことをがんばっているからです。私はそのおんなのこの「力」がすごいと思いました。あきらめない，つよい力です。私もそのこみたいになりたいです。
> 　　　　　　　　　　　　　　　　　　　　　　　　　　　　　　（原文のまま）

106

図表 10-1 〈M子の道徳ノート〉

撮影）村岡真希子

その時の道徳ノートには，自らの思いと共に，① 二重跳び ② かけっこ，③ お勉強という，３つの課題の設定，がんばる自分の姿を写した写真があった。これまでも取り組んできた課題に改めて向き合い，自らの行動を変容させたのである。このような変容を引き起こしたのは，明らかに道徳授業である。

第５節　授業で何をすべきか

　Y子やA子，M子のように，自らの行動を見つめ直し，よりよく生きようとする姿は，どの子どもにもみられる。そのような変容を促す要因は，要となる道徳授業と，それを支える学習環境である。自らの行動を変容させるに至る道徳授業に必要な要素は何であろうか。これを一般化するのは難しい。「こうすればよい」という方法論ではないからである。

　ひとついえることは，子どものよりよく生きたいと願う心を信じて，一人ひとりの子どもに向き合い，「目の前の子どもに必要な一手」を打つことができるような授業を子どもとつくることである。

第６節　道徳ノートの意義

　筆者は道徳専科として，毎週１年生から６年生までの道徳授業を担当している。どの学年，学級も道徳ノートを活用している。

　その目的は，一人ひとりの思考を個別に把握したり，授業後の思考の継続を促したりすることである。どうしても，授業中には見取りきれないその子ならではの思いやこだわりがある。それらを把握し，次に生かすために，道徳ノートは欠かせない学習ツールである。

　しかしこれは，教師側からの意味づけであって，子どもの立場からいうとまた違った効用がある。それは主に２つある。ひとつ目は授業中に自分自身の考えと向き合うことができるということであり，２つ目は授業が終わっても意識が継続し，学びが拡充するということである。

　次に，道徳ノートの意義と活用方法，そしてその実際を述べたい。

1　道徳ノートの意義と活用方法

　道徳ノートに現時点での自分の気づき，思いなどを書き留めることにより常に自分の考えと向き合うことができ，授業が終わっても思考を継続させることができる。そして新たな気づきを書き足すことで自らの意識の変容を客観的に受け止め，自己評価し成長の糧とすることができる。また，そのような変容が視覚的に残るので，友達同士で相互評価をしたり，教師や保護者が読んで意味づけしたり応援したりすることができる。これらの文言こそが評価である。

2　道徳ノートの実際

⑴　低学年

　低学年は，家庭の協力もえながらノートをまとめるように促す。たとえば，「自分の住む街のよさを見つけて来よう」などである。ノートは写真を貼ったり，絵を描いたり，自由にレイアウトさせ，気づきや感想も書くようにする。子どもたちは思い思いの取り組み方をみせてくれる。

⑵　中学年

　次ページの写真（図表10-3）は，４年生の道徳ノートであるが，これは授業終了時に提出されたものである。授業中に自分なりのまとめかたをして，そこからえられた知見を書

図表10-2　道徳ノート①

撮影）村岡真希子

図表 10-3　道徳ノート②

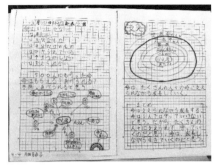

撮影）村岡真希子

図表 10-4　道徳ノート③

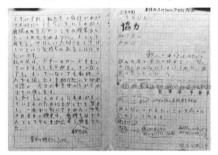

撮影）村岡真希子

いている。このように，「1時間で何を学んだのか」を自分の言葉でまとめさせることも，要としての道徳授業を充実させるための重要なポイントである。このような取組をさせると，同じ授業でも子どもによってまったく異なるまとめ方をするようになる。

(3)　高学年

　高学年ともなると，道徳ノートを通して自己内対話を行うようになる。書きながら考え，更新し，家に帰ってさらに考え，実践してみる。そこからえられた手ごたえをもとに，新たな疑問や課題をみつけ出し，深く探求するようになる。

　このように，子どもたちはさまざまな学習活動を通して自己を見つめ，理想を語り，さらなる高みに向かって生きようとする思いを新たにさせる。そのような子どもたちの成長の過程に，道しるべのように位置づき，子どもたちを時に励まし，時にはたと立ち止まって考えさせる役割をもつのが道徳の授業である。

　「特別の教科　道徳」はそのような子どもたちの自己形成をしようとする心を後押しすることのできる，要として非常に重要な時間なのである。

加藤宣行（2015）「道徳ノートとその活用」『道徳教育論集』日本道徳基礎教育学会
加藤宣行（2020）「発問の質と目的」『道徳教育研究』日本道徳基礎教育学会

第11章 「チーム学校」で取り組む道徳教育

―――――毛内　嘉威

第1節　道徳教育の位置づけ

1 道徳性の育成と道徳教育

　学校教育は，教育基本法にある通り，「人格の完成を目指し，平和で民主的な国家及び社会の形成者として必要な資質を備えた心身ともに健康な国民の育成」を期して行われている。人格の完成の基盤となるものが道徳性であり，道徳性を育てることが道徳教育の使命である。道徳教育の課題として，さまざまな文化や価値観を背景とする人びとと相互に尊重し合いながら生きることや，人間の幸福と社会の発展の調和的な実現を図ることがあげられる。学校は，道徳科（特別の教科　道徳）を要とした道徳教育において，学校課題を克服し，よりよく生きるための道徳性の育成が求められている。

　各学校における道徳教育では，学校教育におけるさまざまな課題に対して，実効性のある指導計画（全体計画，別葉，年間指導計画）を作成して，チーム学校として適切に指導・対応することである。

2 校長方針の明確化

　道徳科を要として学校の教育活動全体を通じて道徳教育を効果的に展開するためには，学校がひとつのチーム（「チーム学校」）となって，道徳教育の目標実現のために組織的に取り組むことである。

　校長は，道徳教育の改善・充実を視野に入れながら，関係法規や社会的要請，学校や地域社会の期待などを踏まえ，学校の教育目標との関わりで，道徳

教育の基本的な方針を示すことになる。この基本的な方針を明示することにより，全教師が道徳教育の重要性について認識を深め，学校の道徳教育の重点や推進すべき方向について共通理解し，具体的な指導を行うことが可能となる。

校長が道徳教育に全力で取り組もうとする強い姿勢を示すことが大事である。その第一歩が，道徳教育推進教師を中心にした推進体制の構築であり，道徳教育の基本方針を全教職員で共有することにつながる。道徳教育推進教師を中心として教職員一人ひとりの持ち味を生かして児童生徒に組織的にかかわることで，児童生徒が将来に夢や希望をもち，何事にも主体的に取り組むなど，教育効果は大きくなる。逆に，校長が道徳教育に後ろ向きだと，道徳教育の充実は難しくなる。

3 道徳教育推進教師を中心とした全教師による協力体制の整備

チーム学校として道徳教育に取り組むためには，道徳教育推進教師を中心とした全教師による協力体制の整備が必要不可欠である。道徳教育推進教師の役割を明確にし，全教師の参画，分担，協力の下に充実が図られるよう機能的な協力体制を整備することである。以下に道徳教育推進教師の役割を示す。

道徳教育を推進するためには，指導計画の作成，道徳科の充実，道徳用教材の整備・充実・活用，道徳教育の情報提供や情報交換，道徳科の授業公開，家庭や地域社会との連携，道徳教育の研修の充実，そして道徳教育における評価など，学校の実情に応じて全教師が積極的に関わることができる機能的な協力体制を構築することが大切である。

4 道徳教育の全体計画と別葉

下記に示す全体計画などを作成し，各教育活動に一貫性と関連性をもたせ，各学校における特色ある教育活動を具体化することで教育効果は大きくなる。

(1) 全体計画

全体計画は，学校で道徳教育をどのように進めていくのかなど，学校の道徳

教育の基本方針や方策などを総合的に示した教育計画である。

　チーム学校として道徳教育の目標を達成するための基本的な方針を示し，学校として何に重点を置いて取り組むのか，工夫することは何か，留意すべきことは何か，道徳教育を進める上で役割をどのように分担するか，家庭や地域社会との連携をどのように進めていくかなど，効果的な道徳教育を推進する上で必要な戦略・戦術を組むことである。

(2)　全体計画の「別葉」

　全体計画の「別葉」とは，学校で何を重点に道徳教育を推進し，各教育活動における役割とその関連のあり方，各教科などにおける道徳教育に関わる指導の内容及び時期を整理したものである。別葉を作成することにより，道徳教育に関わる体験活動や実践活動の時期などが一覧できたり，また道徳教育の推進体制や家庭や地域社会などとの連携のための活動などが視覚的に捉えやすくなったり，年間を通して具体的に活用しやすくなる。チーム学校として道徳教育を展開するためにも，全体計画や別葉は必要不可欠である。

5　道徳科の年間指導計画

　道徳科の年間指導計画は，道徳科の指導が，道徳教育の全体計画に基づき，児童生徒の発達段階に即して計画的，発展的に行われるように組織された全学年にわたる年間の指導計画である。年間指導計画の作成は，道徳科で指導する内容について児童生徒の実態や多様な指導方法を考慮して，学年段階に応じて構成した主題を年間にわたって適切に位置づけ，配列し，学習指導過程を示すなど道徳科の学習指導案を立案する拠り所ともなる。

6　道徳教育の指導計画の評価と改善

　道徳教育の指導計画とは，全体計画，別葉，年間指導計画のことである。学校として道徳教育の取組を向上させるためには，PDCA（Plan → Do → Check → Action）サイクルにより，年間を通じて評価・改善が行われるシステムを構築

することである。その上で，道徳教育推進のための会議を定期的に開催したり，日々の取組を振り返ったりして，評価・改善することである。

　特に，年度末には，年間を通して実施してきた評価・改善の資料をもとに，道徳性の向上につながっているかなど総括的な評価を行い，次年度の計画に生かすことが必要である。

第2節　道徳授業の指導と評価の一体化

1 チーム学校としての指導と評価

　小学校・中学校学習指導要領　第1章　総則　第3の2に示されているように，学習評価の実施に当たっては，学習評価の妥当性や信頼性が確保されていることである。また，学習評価は児童生徒の学習状況の把握を通して，指導の改善に生かしていくことであり，学習評価を授業改善や組織運営の改善に向けた学校教育全体の取組に位置づけて組織的かつ計画的に取り組むことである。

　このため，学習評価の妥当性や信頼性が高められるよう，評価方法などを明確にすること，評価結果について教師同士で検討すること，実践事例を蓄積し共有していくこと，授業研究などを通じ評価に係る教師の力量の向上を図ることなどに，チーム学校として一貫した方針の下で組織的かつ計画的に取り組むことが大切である。

　さらに，学校が保護者に，評価に関する仕組みについて事前に説明したり，評価結果についてより丁寧に説明したりするなどして，評価に関する情報をより積極的に提供し保護者の理解を図ることも信頼性の向上の観点から重要である。

2 指導と評価に基づく授業づくり

　道徳科における評価とは，指導に生かされ，児童生徒の成長につながる評価である。つまり，教師が授業改善を行うための資料となる評価であり，児童生徒のよい点や成長の様子などを積極的に捉え，認め励ます評価である。

　道徳科は，よりよく生きるための基盤となる道徳性の育成をねらいとしている。教師は，常に学習指導過程や指導方法を振り返りながら，児童生徒の学習状況の把握を基に，授業に対する評価と改善を行うことが重要である。これが，指導と評価の一体化（道徳授業のPDCAサイクル）である。

　指導と評価に基づく授業づくりとは，教師が道徳授業のねらいとする道徳的価値に関わる道徳性の諸様相を育てるために，学習指導過程や指導方法を工夫しながら，道徳科の主体的・対話的で深い学びを構想し，その指導の工夫により表出した児童生徒の学びの姿を継続的に把握し評価することである。

３ 道徳授業のPDCAサイクル

　質の高い道徳授業の構築には，明確な意図をもって指導の計画を立て，授業のなかで予想される具体的な児童生徒の学習状況を想定し，学習指導過程や指導方法を工夫しながら，道徳科の主体的・対話的で深い学びを構想し，さらに，授業の振り返りの観点（授業評価の観点）を立てて臨むことが重要である。

　道徳科の特質である道徳性の育成のための道徳授業の実現のためには，計画から授業実施，評価までをひとつのサイクルと捉え，授業改善や児童生徒の成長に生かしていくことである。特に，学校の管理職には，道徳授業のPDCAサイクルの実現の考え方（毛内，2018）を取り入れ，児童生徒が幸せな人生を歩めるよう，よりよく生きる基盤となる道徳性の育成に責任をもって担ってほしい。

⑴ 「P」─道徳授業の計画（Plan）

　道徳授業の目標は，よりよく生きるための基盤となる道徳性を育てることである。そのためには児童生徒の実態把握などに基づく指導計画が必要不可欠であり，教職員が一丸となって，学校教育目標の具現化を図ることでもある。

　まずは，学校・家庭・地域の実態から，どのような児童生徒を育てるのかを明らかにし，道徳教育の重点目標や重点的に指導する内容項目を設定して取り組むための指導計画（全体計画，別葉）を立て，全教職員で共通理解することで

ある。

　次に，重点的な指導や内容項目の関連を密にした指導やひとつの内容項目を複数時間で取り入れる指導，効果的な教材の活用方法などを盛り込んだ年間指導計画を作成し，それに基づいて道徳授業を実施することである。

①　どのような児童生徒を育てるか（学校・家庭・地域の実態から）明確にする。

②　道徳教育の重点目標や重点的に指導する内容項目を設定する。

③　指導計画を立て，全教職員で共通理解する。

④　教科書を使用して（年間指導計画に基づいた）道徳授業を実施する。

⑵　「D」─道徳授業の授業実践（Do）

　道徳授業の質的転換を表す「考え，議論する道徳」は，「主体的・対話的で深い学び」と同じであり，指導と評価の一体化に基づく授業づくりの根本である。

　これからの道徳授業は，発達の段階に応じ，道徳的諸価値についての理解を基に，道徳的な課題を児童生徒が，これまで以上に自分との関わり（自分事）で捉え，多面的・多角的に考えていく授業が大切になってくる。

①　道徳的価値を理解する学習（価値理解，人間理解，他者理解）〔深い学び〕

②　自己をみつめる学習〔主体的な学び〕

③　多面的・多角的に考える学習〔対話的な学び〕

④　自己（人間として）の生き方について考える学習〔深い学び〕

　主体的・対話的で深い学びのある道徳授業の実現のためには，1 単位時間の道徳授業のなかに ①②③④ の 4 つの学びが含まれていなければならない。

⑶　「C」─道徳授業の評価（Check）

　道徳授業においては，道徳科の目標に掲げる 4 つの学習が展開されていなければならない。その上で，児童生徒にどのような気づきや変容がみられたのかを確認する必要がある。道徳授業の観点でもある「一面的な見方から多面的・多角的な見方へと発展しているか（対話的な学び）」「道徳的価値を自分自身と

の関わりの中で深めているか（主体的な学び）」そして「自己の生き方について考えを深められたか（深い学び）」という観点から自らの授業を振り返り，児童生徒の学びの姿から道徳授業を捉え直すことは重要である。

① 学習指導過程は，道徳科の特質を生かし，道徳的価値の理解を基に自己をみつめ，自己（人間として）の生き方について考えを深められるよう適切に構成されていたか。また，指導の手立てはねらいに即した適切なものとなっていたか。

② 発問は，児童生徒が（広い視野から）多面的・多角的に考えることができる問い，道徳的価値を自分のこととして捉えることができる問いなど，指導の意図に基づいて的確になされていたか。

③ 児童生徒の発言を傾聴して受け止め，発問に対する児童生徒の発言などの反応を，適切に指導に生かしていたか。

④ 自分自身との関わりで，物事を（広い視野から）多面的・多角的に考えさせるための，教材や教具の活用は適切であったか。

⑤ ねらいとする道徳的価値についての理解を深めるための指導方法は，児童生徒の実態や発達の段階にふさわしいものであったか。

⑥ 特に配慮を要する児童生徒に適切に対応していたか。

⑷ 「A」―道徳授業の改善（Action）

「主体的・対話的で深い学び」という授業改善の視点から，より質の高い，より効果的な指導を追求することが重要である。そして，忘れてはならないのが，よりよく生きるための基盤となる道徳性が育っているのかを検証することである。そのためには，教職員が成果と課題について共通理解を図ったり，校内研究などを通して深めたりして，質の高い道徳授業を目指してチーム学校として取り組むことである。つまり，アクションを起こすことである。

第3節 総合単元的道徳学習の工夫

これからの教育を先導する道徳教育は「チーム学校」の視点を明確にする必

要がある。そもそも道徳教育は，道徳科を要として全教育活動を通して行うものであり，家庭や地域との連携は不可欠である。また，道徳教育は，さまざまな課題に柔軟に対応できるものでなければならない。そのような視点からの道徳教育プログラムの開発が求められるが，ここでは，押谷由夫の提唱する総合単元的道徳学習（押谷，2020：168-183）を紹介したい。

1 総合単元的道徳学習とは

　総合単元的道徳学習（押谷，2020）とは，直面するさまざまな道徳的課題や事象，状況に対して，1〜2カ月間にわたり，道徳科を中心に，課題と関係する教科や領域，日常生活などと関連を図りながら，児童生徒が主体的に道徳学習を深められるように，チーム学校の視点を取り入れながら，計画的・発展的に道徳学習を計画していくこととしている。

　児童生徒の道徳学習は，さまざまな場面で行われる。総合単元的道徳学習は，そのなかで道徳的課題の根底にある道徳的価値に関する意識の流れを押さえ，児童生徒が連続的に道徳学習を発展させられるように支援していこうとするものである。

2 総合単元的道徳学習による道徳教育の展開

　総合単元的道徳学習は，次の道徳教育の展開を意図している（押谷，2020）

(1) 児童生徒を主体とした道徳学習の具体的実践

　本来の意味における児童生徒を主体とした学習は，学習の目標，内容，方法などを，できるだけ児童生徒たちに任せるようにしていく必要がある。

　たとえば，道徳的価値にかかわる問題や課題を各自が自分事として捉える指導を意図的に行った後に，道徳科の指導を行うことによって，各自の問題意識や課題意識の追究がより主体的になされる。また，道徳科の後に，各自が自己課題とした事柄についてより主体的に追究していける場を設けることで，その後の学習において児童生徒が主体的に進める道徳学習として発展していく。こ

のためには，各教科，総合的な学習の時間，特別活動，その他の教育活動などとより関連をもたせて，学校教育全体で児童生徒の主体的な道徳学習を支援していく姿勢が求められる。その際，「チーム学校」の視点から，支援方法を具体化するのである。

(2)　内面的な力である道徳性の多面的な育成

　押谷は，内面的な力である道徳的判断力，道徳的心情，道徳的実践意欲・態度を支え発展させるものとして，次の2点を指摘している。

　ひとつは，道徳的価値についての知識や理解である。これは，道徳的判断力や道徳的心情と密接にかかわっており，それらの育成にあわせて獲得していくものでもあるが，道徳的価値の知識や理解の押さえを明確にする必要がある。道徳教育は，知識の教育ではない。しかし，知ることを通して，より的確な道徳的判断が可能となり，道徳的心情も深めることができる。道徳的価値についての知識，理解は，人間の理解につながる。道徳的価値自体が人間の特質を表しているのであり，道徳的価値の理解を通して，人間理解や他者理解，自己理解，さらに社会の理解が深まる。それらが道徳的判断力や道徳的心情をより豊かなものにし，自律的な道徳的実践を導くことになる。

　もうひとつは，道徳的実践についての方法，技術である。私たちが何かをしようとするとき，その方法や技術がわからないために行動に移せなかったり，誤解を招いたりすることがある。道徳的実践意欲や態度が育成されても，それを具体的に行動に移すには，そのための方法，技術を学ぶことが必要である。

　これからの国際化社会，個性化社会においては，多様な人びとや文化とのコミュニケーションが不可欠である。個人的に取り組む道徳的実践についてはもちろんのこと，みんなで取り組む道徳的実践に関する方法や技術についての指導が一層重要になってくる。道徳的知識や道徳的実践の方法に関する学びは，他の教科や総合的な学習の時間，特別活動などとの連携が不可欠であり，さまざまな分野で活躍する人びとの協力が一層求められる。

(3)　これからの学校教育を支える道徳教育の確立

　これからの学校教育は，人間としていかに生きるべきかの自覚を深めながら，社会の変化に主体的に対応し，心豊かにたくましく生きる人間の育成を目指して展開されなければならない。そのことを具体化するためには，学校で行われるさまざまな学習活動において，道徳教育が明確に位置づけられ，学校経営や学級経営の中核として機能するようにしていくことが求められる。

　また，学校教育は，さまざまな社会的課題を抱えている。国際化への対応，情報化への対応，環境問題への対応，福祉社会への対応，防災への対応，等々。それらはすべてが，児童生徒たちがこれからの社会をいかに生きていくかにかかわる課題である。つまり，道徳教育の課題なのである。それらに適切に対応していくには，それぞれの課題の根底にある道徳的価値意識を明確にし，そこをベースとして具体的に実態を把握し，みんなで協力しながら対応していくことが必要である。そのためには，先に提案したPDCAサイクルによる道徳学習を，「チーム学校」の視点を明確にしたより広い視野から，かつ児童生徒がより主体的にかかわれるように総合単元的道徳学習のプログラムを計画し，実行していくことが求められる。

　本章で提案したような，「チーム学校」による道徳教育をさまざまに工夫していくことによって，学校を要として家庭や地域を心豊かな生活の場にしていくことができると考える。

● **参考文献** ●···

　押谷由夫（1995）『総合単元道徳学習論の提唱』文溪堂

　押谷由夫（2020）「道徳教育カリキュラム開発　―総合単元的な道徳教育」『新訂道徳教育の理念と実践』放送大学教育振興会

　毛内嘉威（2018）『道徳授業のPDCA　指導と評価の一体化で授業を変える』明治図書

　文部科学省（2017）『小学校学習指導要領解説　総則編』東洋館出版社

　文部科学省（2017）『小学校学習指導要領解説　特別の教科　道徳編』廣済堂あかつき

第Ⅲ部

現代の教育課題と
道徳教育

概要　現代の教育課題と道徳教育

毛内　嘉威

　第Ⅲ部が対象とするのは，道徳教育の現代的な課題である。

　学習指導要領の改訂により，小学校及び中学校段階において「特別の教科
道徳」（以下「道徳科」とする）が新たに位置づけられた。今回の改訂の特徴と
して，現代的な課題の取り扱いに留意する点が挙げられる。文部科学省『小学
校学習指導要領』における「第3章　特別の教科　道徳」の「第3　指導計画
の作成と内容の取扱い」の2において「(6)児童の発達の段階や特性等を考慮
し，第2に示す内容との関連を踏まえつつ，情報モラルに関する指導を充実す
ること。また，児童の発達の段階や特性等を考慮し，例えば，社会の持続可能
な発展等の現代的な課題の取扱いにも留意し，身近な社会的課題を自分との関
係において考え，それらの解決に寄与しようとする意欲や態度を育てるよう努
めること」とされている。

　「情報モラルに関する指導」では，社会の情報化が進展するなか，児童は情
報機器を日常的に用いる環境にあり，学校や児童の実態に応じた対応が学校教
育活動全体で取り組むことが求められ，道徳科においても情報モラルに関する
指導の充実が求められている。本内容については，本書「第13章　AI社会と
道徳教育（走井洋一）」において，情報化社会の歩みと今後を踏まえ，情報化社
会と道徳教育について論じている。

　続いて，「現代的な課題の扱い」についてである。道徳科の内容で扱う道徳
的諸価値は，現代社会のさまざまな課題に直接関わっている。児童生徒には，
発達の段階に応じて現代的な課題を身近な問題と結びつけて，自分との関わり
で考えられるようにすることが求められている。「現代的な課題」とは，文部
科学省（2017）『小学校学習指導要領解説　特別な教科　道徳編』（以下「解説」
とする）に具体的に示されている通り，「食育，健康教育，消費者教育，防災
教育，福祉に関する教育，法教育，社会参画に関する教育，伝統文化教育，国

際理解教育，キャリア教育等，学校の特色を生かして取り組んでいる」とある。また，「解説」には，それらの教育課題を主題とした教材の活用などを通じて，多様な道徳的価値の視点から学習を深め，児童生徒自身がこうした学習を発展させ，「人として他者と共によりよく生きる上で大切なものとは何か，自分はどのように生きていくべきか等について，考えを深めていくことができる」ことを目指すことが期待されている。

　また，持続可能な発展について，「解説」には，「環境，貧困，人権，平和，開発といった様々な問題があり，これらの問題は，生命や人権，自然環境保全，公正・公平，社会正義，国際親善等様々な道徳的価値に関わる葛藤がある。」と示されている。

　紙面の都合上これらの課題すべてを取り上げることはできなかったが，次に示すテーマ「第12章　グローバル・共生社会と道徳教育（古川雄嗣）」「第14章　防災・環境問題と道徳教育（藤井基貴）」「第15章　公共性と道徳教育（川久保剛）」「第16章　人権と道徳教育（小谷由美）」「第17章　平和社会と道徳教育（秋山博正）」「第18章　宗教と道徳教育（小池孝範）」「第19章　ESD，SDGsと道徳教育（大杉住子）」について，キーフレーズの意味や捉え方の違い，歴史的背景，実践例やその課題，そして道徳科・道徳教育の役割など，研究的な視点も交えながら論述したり，まとめたりしている。

　現代的な課題には，葛藤や対立のある事象なども多く見受けられる。

　この現代的な課題の学習では，多様な見方や考え方があることを理解させ，答えが定まっていない問題を多面的・多角的視点から考え続ける姿勢を育てることが大切である。安易に結論を出させたり，特定の見方や考え方に偏って指導を行ったりすることのないよう留意し，児童が自分と異なる考えや立場についても理解を深められるよう配慮しなければならない。

　現代の教育課題を道徳教育で取り扱う際に，本論考を参照いただくことにより，複数の内容項目と関連付けて指導したり，多様な考え方を引き出したりして，深みのある指導を展開できると考える。

第12章　グローバル・共生社会と道徳教育

————古川　雄嗣

第1節　なぜ「多文化共生」なのか

　「多文化共生」という理念が，わが国の教育のみならず社会政策一般のそれとして叫ばれ始めたのは，主として1990年代以降のことである。いうまでもなく，その背景には，いわゆるグローバル化に伴う日本社会における外国人居住者の増加がある。1990（平成2）年には約100万人であった在留外国人数は，その後，右肩上がりに増加し，2019（令和元年）年には280万人を超えている。

　2000年代には，法務省や総務省が，しきりに「多文化共生」を推進する施策を打ち出している。そうして，2018（平成30）年には，安倍晋三内閣が労働力の不足を補うための「外国人人材の活用」を謳い，実質的な移民政策に乗り出して物議を醸した。しかし，周知のとおり，すでに2016（平成28）年の時点で，日本は約39万人の外国人移住者を抱える世界第4位の「移民社会」となっていたのである。

　つまり，1990年代以降のわが国は，単に自然的なグローバル化の進展だけではなく，むしろ政策としての意図的なグローバル化の推進による，外国人の積極的な受け入れのために，外国人との「共生社会」の実現を課題としてきた。これが教育政策にも反映され，たとえば，2017（平成29）年告示の『小学校学習指導要領解説　特別の教科　道徳編』にも，「今後グローバル化が進展する中で，様々な文化や価値観を背景とする人々と相互に尊重し合いながら生きること〔……〕が一層重要な課題となる」との見方が，「改訂の経緯」として示されるに至っている（傍点は引用者による）。

　しかし，そもそも「多文化共生」とは，単にこのような意味での近年の新し

い政策的課題であるわけではない。というのは，まず第1に，そもそも「多文化共生」という理念は，異なる善の構想をもつ諸個人が相互に尊重し合って共生するという，近代の自由主義（リベラリズム）の理念そのものにほかならない。つまり，これはむしろ，きわめて伝統的な政治哲学的課題なのである。

そして第2に，「多文化共生」という理念は，そもそもわが国の歴史的な課題でもある。というのは，わが国の社会は，90年代以降のいわゆる「第二次グローバル化」に伴う「ニューカマー」以前に，19世紀後半から20世紀前半にかけての「第一次グローバル化」に伴う，多くの民族的少数派の人びとを抱えている。いうまでもなく，在日韓国・朝鮮人をはじめとする，いわゆる「オールドカマー」，さらには，国民国家建設に伴って「日本人」に編入された，琉球・沖縄やアイヌ民族の人びとである。小熊英二が看破したように，朝鮮半島や台湾を植民地として領有していた戦前の日本は，自ら「多民族国家」を称していた。日本が「単一民族国家」であるという「神話」は，むしろそれらの植民地を放棄した戦後に誕生・流布したのであり，それによって，日本社会が抱える少数派の人びとの存在が忘却・隠蔽される結果が招来されたのである（小熊，1995）。

したがって，「多文化共生」という理念を，単に90年代以降のグローバル化に対応するための，またはそれを推進するための，実践的（場当たり的？）な政策的課題としてのみ考えることは，それが本来含みもつ政治哲学的な問題を見失わせると同時に，わが国における民族的少数派の人びとの存在という歴史的な問題を，さらに一層忘却・隠蔽させる危険性をはらんでいる。

そこで本章では，増加するニューカマー外国人（とその児童生徒）に対する支援という近年の実践的・方法論的課題をあえて離れ，むしろその理論的基盤となるべき政治哲学における諸見解について，若干の考察を施しておきたい。

第2節　世界市民主義

多文化共生という理念は，伝統的な自由主義のそれであると述べたが，その極北ともいえる立場が，いわゆる世界市民主義（コスモポリタニズム）である。

ここではまず，その立場をきわめて端的に述べて論争をよんだヌスバウム
（Nussbaum,M.）の所論をみておこう（ヌスバウム他，2000）。

　彼女は，教育は国民や民族，宗教，人種，言語，階級，ジェンダー等々とい
った特殊的なアイデンティティよりも，まず第 1 に「人類という一つの世界の
市民である」という普遍的なアイデンティティを原理とするものでなければな
らないと主張する。理性に基づく普遍的な正義こそが，全人類の第 1 の忠誠の
対象であるべきであり，それよりも民族や宗教といった特殊的なアイデンティ
ティを優先することは，「道徳的に筋違い」であるとまで彼女はいう。

　これは簡単にいえば，「文化や民族が違っても，みな同じ人間だ」という，
わが国の教育現場でもしばしば耳目にする考え方である。人は，文化や民族と
いう偶然的で特殊的なアイデンティティに固執するべきではなく，「同じ人間」
として，互いに尊重し合うべきである。そうして，その「同じ人間」であるこ
との本質的構成要素が，理性とそれに基づく道徳的能力である。したがって，
教育はあくまでもその開発を目標としなければならない，というわけである。

　しかし，たちどころにさまざまな疑問が浮かぶであろう。特に重要な点は，
この立場は結局，異なる文化や民族そのものを尊重するわけではないというこ
とである。この立場が尊重するのは，個別的な文化や民族的伝統ではなく，む
しろ，いわばそれらを剝ぎ取ったところに想定される，普遍的な人間性の方な
のである。

　確かに，ヌスバウム自身は，文化や民族に対する愛着やアイデンティティを
放棄する必要はなく，むしろ文化の多様性は教育において尊重されるべきであ
るとまでいっている。しかし，その目的は，第 1 に，多様な文化に触れること
によって自らの文化を相対化すること，第 2 に，多様な文化のなかに共通の本
質としての普遍的な人間性を見出すことに置かれている。とすれば，結局，こ
こでは各々の文化の個別性や具体性は，単に偶然的なものとして相対化される
ことになる。文化の多様性を尊重すべきであるという表面的な言辞とは裏腹
に，実際には，それを否定する論理を内包しているのである。

第3節　多文化主義

そこで，世界市民主義とは反対に，文化の個別性そのものの尊重を求める立場として，多文化主義（multiculturalism）がある。これは，特にアメリカの政治哲学の文脈では，文化多元主義（cultural pluralism）への対抗思想としてあらわれたものである。わが国では，ともすれば両者は同一視されがちであるが，その差異はきわめて重要であるため，まずそれを確認しておこう。

文化多元主義とは，公的領域では共通の言語や文化を共有しつつ，私的領域では多様な文化の存在を許容する立場である。アメリカでいえば，すべてのアメリカ人は，英語を話し，アメリカの歴史を学び，自由や民主主義や基本的人権といったアメリカ的価値に対して忠誠を誓わなければならない。他方，各々の私的生活においては，何語を話し，どのような宗教的信仰や文化的アイデンティティを抱いていても構わない。そこに国家は干渉すべきではなく，また市民もそれを公的領域に持ち込むべきではない。このような仕方で，公的文化の共通性と私的文化の多様性との双方を維持すべきであると考えるのである。

しかし，少数派の立場からみれば，この考え方は明らかな欺瞞を含んでいる。なぜなら，そこでいわれる共通の公的文化とは，実質的には一国内における多数派の文化にほかならないからである（アサンテ，1997）。アメリカの公的文化とよばれるものは，実質的には，英語を話し，キリスト教的価値観を背景とする，アングロサクソンの文化にほかならない。結局，少数派は，事実上，それへの同化と自らの文化的民族的アイデンティティの放棄を迫られることになるであろう（cf. シュレージンガー，Jr.，1992；ハンチントン，2004）。そこで，反対に，国家は文化に干渉しないのではなく，むしろ多様な文化を積極的に推進すべきである，と主張したのが，多文化主義である。

そもそも，国家は文化に干渉すべきではないという考え方は，伝統的な自由主義のそれであった。なぜなら，リベラルな国家は文化的・価値的に中立でなければならないと考えられたからである。では，国家はむしろ文化を積極的に推進すべきであるという多文化主義の主張は，どのように正当化されるのか。

　第 1 に，そもそも文化的に中立的な国家などありえないという認識がある。アメリカのようなリベラルを標榜する国家といえども，その実，特定の文化的伝統を明らかに反映しており，したがって，そこでは少数派は不利な立場に置かれることになる。ゆえに，その不公正を是正するために，国家が少数派の文化を保護・振興することは，リベラルな正義の原理にかなうと考えられる[1]。

　第 2 に，文化は，諸個人が自律的に各々の善き生を構想するために不可欠な資源であるという認識がある。人は，自らが生まれ落ちた文化的共同体のなかで，その伝統や慣習といった，いわゆる「共有された語彙」を手掛かりに，自らの善き生を構想し，選択する[2]。したがって，国家が多様な文化，特に少数派のそれを推進することは，リベラルな正義にかなう。この考え方は，今日一般に「リベラルな文化主義」とよばれ，幅広い合意をえるようになっている（キムリッカ，2012）。

　しかし，多文化主義にもさまざまな問題点が指摘されている。なかでも特に重要な論点は，国民の政治的統合の問題である。つまり，多文化主義は文化多元主義の同化主義的傾向を批判するが，それを退けるならば，今度は文化多元主義が批判する「国民の分裂」という問題が生じてくる。そこで，今日一定の支持を集めつつあるのが，リベラル・ナショナリズムという考え方である。

第 4 節　リベラル・ナショナリズム

　リベラル・ナショナリズムとは，自由で平等な民主的社会を実現するためには，ある程度の共通のナショナルな文化やアイデンティティの共有が必要であるという考え方であり，主として 1990 年代以降，イギリスのミラー（Miller,D.）を中心に主張されている（ミラー，2007）。なぜ，リベラリズムの実現のためにはナショナリズムが必要なのか。主要な論点を 2 つあげておこう。

　第 1 に，平等な社会が実現するためには，その社会の構成員に強い連帯意識が必要である。たとえば，私はなぜ，私が納めた税金が見知らぬ他者の救済のために使用されることを，国家による正当な行為として許容できるのか。そこには，たとえ見知らぬ他者であっても，彼と私とは同胞であるという連帯意識

が必要である。それを提供するのがナショナル・アイデンティティである。

第2に，民主的な政治が実現するためには，その政治的課題がまさに「我々の」課題であるという連帯意識が必要である。さらに，大衆が広く民主的討論に参加するためには，言語の共有が必要である。もし，そのために複数の言語を操る能力が必要となれば，それが可能なのは一部のエリートだけになってしまう。したがって，大衆の政治参加と熟議を可能とする民主主義が成り立つためには，母語を共有したネイションという集団が形成される必要がある。

このような考え方は，国民の連帯を切り崩し分裂を促進しかねないという多文化主義の問題点に対する応答ともなる。それゆえ，たとえば多文化主義者のキムリッカは，自らをリベラル・ナショナリストとしても認めている（キムリッカ，2012）。

とはいえ，当然この考え方に対しては，結局は少数派に対するナショナルな文化の押し付けにつながるのではないかという懸念が抱かれるであろう。言い換えれば，政治的統合のためにはナショナルな文化の共有が必要であるというリベラル・ナショナリズムの主張は，多文化主義が批判したはずの文化多元主義と何が違うのか。この点について，改めて確認しておく必要があろう。

リベラル・ナショナリズムが文化多元主義と決定的に異なるのは，第1に，後者が，文化は私的なものであって公的領域に持ち込まれるべきではないと考えるのに対して，前者はむしろ，それぞれの文化が公的領域において自己を主張することを，積極的に奨励する点である。それを可能にするためにこそ，とりわけ言語の共有が必要であると，リベラル・ナショナリズムは考える。もちろん，それは現実には，少数派が多数派の言語を習得することを余儀なくされるという性格をもたざるをえない。しかし，そこでは，少数派の人びとがナショナルな言語を学習することを特別に支援すること，さらにはその少数派の独自の言語や文化を保護・振興することもまた，国家の義務となる。

第2に，したがって，リベラル・ナショナリズムにおけるナショナルな文化やアイデンティティは，（少なくとも理論的には）所与の固定的なものではない。それはむしろ動的な性格をもち，少数派を含む公共的討論によって，不断に更

新（再創造）されていくべきものと考えられる。「何が我々の共通のアイデンティティである（べき）か」という問いそのものも，公共的討論の対象となるのである。しかし，そのような公共的討論が，そもそも可能であるためには，まず前提として，「我々」という連帯意識がなければならない。それを創出するのが，国家によるネイション・ビルディングであると考えるのである。

第5節　道徳教育の課題

　以上，あえて単純化を承知の上で，「多文化共生」という理念の哲学的基盤を求めて，いくつかの政治哲学的アプローチを図式的に整理し，比較検討してきた。もとより，わが国の教育政策が，これらのいずれを採用すべきであるのかは，それこそ公共的討論と熟議を通じて慎重に見極めていく必要がある。

　しかし，少なくとも次のことはいえるように思われる。

　現行の学習指導要領をみる限り，それは本章でみてきたいずれの立場にも立脚しているようにはみえない。つまり，学習指導要領が示すわが国の道徳教育の目標と内容は，その表面的な言辞とは裏腹に，必ずしも「多文化共生」という理念を目指すものとはいえないのではないかということである。

　問題であると思われるのは，「尊重」すべきとされている「異なる文化や価値観」が，もっぱら「外国の」それとして示されていることである。当然，それは「我が国の」それとの対比で語られている。つまり，ここでは，「我が国」の伝統や文化が，単一のものとして自明的に観念されており，その内部に多様性・複数性を含むことについての言及が，ほとんどみられないのである。

　さらに，この点については，本来道徳科と密接な関わりをもつはずの社会科の学習内容との齟齬も指摘しておく必要がある。というのは，社会科の学習指導要領解説には，「我が国」の伝統や文化を教える際，その内部でアイヌや沖縄（琉球）には「独自の伝統や文化があること」にも，必ず触れるべきであることが明記されているからである。つまり，やや極端な言い方をすれば，道徳科と社会科との間で，そもそも「我が国」のヴィジョンが異なるのである。

　本章の冒頭において，「多文化共生」という理念を単に近年の「新たな」課

題としてのみ理解するのであれば，それはかえって，政治哲学的およびわが国
の歴史的課題としてのそれを忘却せしめる結果に帰結しかねないという問題を
指摘しておいた。現行の道徳教育は，まさにその傾向を示しているのではない
かという懸念がある。わが国が本当に「多文化共生社会」を目指そうとするの
であれば，それは具体的にいかなる意味でのことなのか。社会科との連携も図
りつつ，なお慎重に「我が国」のヴィジョンを模索していく必要がある。

・注・………………………………………………………………………………………

1）ただし，この点については，多文化主義者のなかでも見解が異なるところもあ
る。たとえばウォルツァー（Walzer,M.）は，多様な文化を推進する国家自身は，
あくまでも文化的に中立でなければならないと考えるが（ウォルツァー，2006），
キムリッカ（Kymlicka,W.）は，それを幻想であると批判している（キムリッ
カ，2012）。

2）この点を特に重視する考え方として，共同体主義者（コミュニタリアン）とし
ても知られるテイラー（Taylor,C.）の所論を参照（テイラー，2010）。

・参考文献・………………………………………………………………………………

アサンテ,M.K.著，多文化社会研究会編訳（1997）「多文化主義―応酬」『多文化主
義―アメリカ・カナダ・オーストラリア・イギリスの場合』木鐸社

ウォルツァー,M.著，古茂田宏訳（2006）『アメリカ人であるとはどういうことか
―歴史的自己省察の試み』ミネルヴァ書房

小熊英二（1995）『単一民族神話の起源―「日本人」の自画像の系譜』新曜社

キムリッカ,W.著，岡崎晴輝他訳（2012）『土着語の政治―ナショナリズム・多文
化主義・シティズンシップ』法政大学出版局

シュレージンガー,Jr.,A.著，都留重人監訳（1992）『アメリカの分裂―多元文化社
会についての所見』岩波書店

テイラー,C.著，下川潔ほか訳（2010）『自我の源泉―近代的アイデンティティの
形成』名古屋大学出版会

ヌスバウム,M.C.ほか著，辰巳伸知・能川元一訳（2000）『国を愛するということ
―愛国主義（パトリオティズム）の限界をめぐる論争』人文書院

ハンチントン,S.著，鈴木主税訳（2004）『分断されるアメリカ』集英社

ミラー,D.著，富沢克ほか訳（2007）『ナショナリティについて』風行社

第13章 AI 社会と道徳教育

──────走井　洋一

第1節　情報化社会への歩み

1　問題の所在──AI 社会と道徳教育

　本章の課題は，AI（人工知能，Artificial Intelligence）社会と道徳教育との関係を問うことであるが，その際，当然ながら，AI や AI 社会が何であるのかが問われることになる。ただ，それらがどのようなものであると捉えられているのかについては本章全体を通じて明らかにされるであろう。

　本章では，AI 社会が到来すると考えられるに至る背景をたどりながら，何が期待され，それにどのような問題があるのかを明らかにしつつ，そうした社会において求められる道徳教育のあり方について考えてみたい。

2　情報化への期待──「第三の波」という社会革新

　AI という言葉自体は以前からあるものの，それが社会変革に寄与するという理解はそれほど古いことではない。それ以前は，より包括的に情報化による社会変革が期待されていた。

　情報化が社会変革に繋がるという認識が社会的に認知された契機のひとつは『第三の波』であろう。その著者であるトフラー（1980＝1982：44 ff.）は，1万年前の「農業の発明」によって生じた第一の波，18世紀の産業革命と共にはじまった第二の波，そして，アメリカにおいては1950年代から胎動する新たな文明の革新を第三の波と名づけ，本書が刊行された1980年代当時が過渡的状況にあることを示した。第一の波は農業を基幹産業とし，太陽，風，水とい

った再生可能なエネルギーを動因としていたが，人間や動物はその再生可能な「エネルギーの奴隷」であった。しかし，第二の波によって再生不可能な化石燃料へと転換したことで，人間は「エネルギーという奴隷」を使う主人，すなわち「インダストリアル・マン（産業型人間）」となった。そこにトフラーは巨大なシステムのなかで生活することを余儀なくされている人間像を見出している。そして，第三の波は，そうした抑圧された人間の解放をも可能とする新たな文明として描かれる。もちろん，文明全体の革新を描こうとした彼の趣旨からすると，情報化社会という見立てはその一側面でしかないが，1980年代においてどのような情報化社会像が見通されていたのかを辿ることは可能だろう。

　トフラー（1980＝1982：231 ff.）は，「情報環境」の変容—情報化社会—においてみられる主な特徴として，① コンピュータ及び情報の分散化・個別化とそのウェブ化，② 未知の相関関係の発見を可能とすること，③ 記憶の社会化—社会的記憶—を指摘している。

　まず① について，パソコン—まさにパーソナルなコンピューター—はもちろんであるが，スマートフォンという携帯可能でかつ汎用的に使用できる端末からさまざまな形で情報に個別にアクセスしつつ他者と結びついている，まさに現在の私たちが置かれた状況を予見した。彼は，コンピュータを通じて国家などが私たちを支配する可能性を指摘しつつも，それ以上に，第二の波において中央集権化したシステムやマス化したメディアのもとで生きていた私たちが，第三の波によってそれらから解放されることに強く期待したのである。

　② が，まさに本章の課題となる AI（社会）に接続するものであるが，より厳密には深層学習（Deep Learning：DL）を先取りしていたといえるだろう。DL は機械学習の一種であるが，機械学習とは問題を扱うための数値で扱えるモデルを設定し，モデルの調整用の数値であるパラメータをデータによって調整することを意味する（cf. 中谷，2019：6 ff.）。ごく簡単にいえば，パラメータを多層化し，膨大なデータ（ビッグデータ）を用いてパラメータを最適化していく「学習」が DL であって，その結果として「未知の相関関係」を見出すこと

を可能とした[1]。ただ，DLはどのようなパラメータがどのように使われている
のか，それらのパラメータにどのような意味があるのかをブラックボックス化
してしまったことを後の議論との関係で指摘しておきたい。

　③についてだが，第一の波では記憶は個人に依存していた。すなわち，神
話や伝承，口伝といった形で継承される。ここに先祖から子孫に至る社会的な
関係の重要性が見出されることになる。なぜなら，先祖が生み出し，引き継い
できた知識や技能が自分たちの生活を支えていたからである。しかし，第二の
波ではメディアとしての文字によって図書館などで知識が蓄積・共有されるよ
うになる。その結果として，個人の頭脳という物理的な限界を越えた知識の共
有が可能になった。そして，第三の波に至って蓄積・共有された知識や技能が
活用される局面へと移行することになる。文字というメディアでは固定化され
ていた情報がコンピュータやネットワークによって，さらにはそれらを媒介と
する人間によって活用され，流動化することとなる[2]。

　トフラーによって描かれた第三の波が到来した社会は，まだ十分に技術的な
成熟をみていない状況であったにせよ，現在私たちが享受している状況の一側
面を的確に予見していたといってよいだろう。ただ，一方でその危険性につい
てまったく無視していたわけではないものの，第二の波において中央集権化
し，全体主義的になった社会の有り様を克服するシステムとしての第三の波が
ある意味で楽観的に示されていたのである。

3 情報化社会におけるアーキテクチャ——新たな支配

　上記のような見通しに対して，情報化が進展することで，私たちが新たな支
配のもとに置かれるという指摘もなされた。レッシグ（2006＝2007）[3]がその代
表であろう。中央集権的で全体主義的な社会からの解放を見出そうとしたトフ
ラーと異なり，アーキテクチャによって新たな支配が生じることを示したので
ある。

　レッシグ（2006＝2007：170 ff.）は，私たちを規制する条件として，法，社会
の規範，市場，そしてアーキテクチャをあげている。そして，サイバー空間に

おける規制についてもこのモデルで説明可能であるとしているが，ここでの焦点は，私たちの行動を規制するものとして一般的に理解されている法，規範，市場以外にアーキテクチャがあるということである。⁴⁾彼は「ソフトウェアとハードウェアが，人のふるまいに対する制約を構成する」のが，アーキテクチャであり，コードであり，プロトコルであると指摘する。たとえば，検索エンジンを提供する企業はその検索結果を生み出すコードをつくっていることになるが，検索の結果に左右される場合そのコードに規制・制約されているということになる。すなわち，第三の波に私たちの解放の可能性を見出したトフラーに対して，レッシグはアーキテクチャによる規制が新たに生じることを指摘したのである。

第2節　情報化社会の今後

1 政策課題としての Society5.0

中央教育審議会（2016）「幼稚園，小学校，中学校，高等学校及び特別支援学校の学習指導要領等の改善及び必要な方策等について（答申）」では2030年代に第4次産業革命による社会変革が生じるという想定のもと，学習指導要領改善の提案がなされ，2017，2018年に「学習指導要領」が告示された。

第4次産業革命について，2018年に閣議決定された「日本投資戦略2017──Society5.0の実現に向けた改革」では，「18世紀末以降の水力や蒸気機関による工場の機械化である第1次産業革命，20世紀初頭の分業に基づく電力を用いた大量生産である第2次産業革命，1970年代初頭からの電子工学や情報技術を用いた一層のオートメーション化である第3次産業革命に続く」もので，IoT（Internet of Things），ビッグデータ，そしてAIといった技術革新によって引き起こされるものであり，その後にSociety5.0という新たな社会が現出するとしている。AIなどの技術革新，第4次産業革命，Society5.0をセットとした経済成長戦略を描いているといえる。⁵⁾すなわち，これらは政策課題でしかないのだが，その実現にとって有用な人材育成としての学校教育を組み立て

ようとしているといってもいいすぎではない。

　ここでの疑問は，これらの政策課題が実現し得る未来なのかということである。ここではまず，本章の課題である AI についての理解が妥当かどうかから考えていくことにしよう。

❷　AI というアーキテクチャ

　AI を考える際には，サール（1980＝1992：178）が指摘したように，その語り手によって意味に広がりがあるということに注意が必要である。彼は，その広がりを「弱い AI（研究）」「強い AI（研究）」という言葉で表現した。「弱い AI」とは「厳密かつ厳格に仮説を定式化し，テストすることができる」ものであって，私たちにとって「強力な道具」となるものである。他方の「強い AI」は私たちの「心にほかならない」。たとえば，AI が判断するといった表現が先述の中央教育審議会答申でも用いられていたが，現在の AI 理解は人間の知能を代替するイメージが先行している。しかし，上述の政策課題としての AI は，DL を行う装置としての「弱い AI」にすぎず，自律的な判断主体としての「強い AI」ではない。確かにビッグデータから何らかの結果を見出すことはできるようになるだろうが，それをもって自律的な判断主体が生まれたとみるのは早計である。[6]

　さらに，デネット（2019＝2020：80）が「ビックデータを通じて，何の考えもなくあちこちにシフトする超高速のコンピューターの，不気味なまでの能力」によって「インターネットはこのビックデータを無尽蔵に提供し，質問者が提供しようとするあらゆる調査のアウトプットに，"本物"らしくみえる反応を放り込むために使用される確率的なパターンを，人間の活動に見いだす」と的確に指摘したが，このように「本物」らしくみせること自体が「弱い AI」というアーキテクチャによる新たな規制を生み出していることに気づくべきであろう。つまり，第 1 に，私たちを支える装置にすぎない「弱い AI」であるにもかかわらず，それが劇的な社会変革をもたらすというミスリードを生み出していること，第 2 に，とはいえ，AI の有用性が私たちの生活を一面では変容

させる可能性は残るものの，AI というアーキテクチャに私たちが制約されて
しまうことである。前者の問題は後に考えるので，ここでは後者についてみて
おこう。確かに AI を用いた DL は「未知の相関関係」を見出すことを可能と
したが，そのプロセスをブラックボックス化してしまった。本来アーキテクチ
ャは潜在していても明るみに出されることでその内実を確認することが可能で
あった。しかし，AI による DL がもたらす結果がどのような意味をもつのか，
それがどのように生み出されたものかを理解しないまま制約されるという支配[7]
が生み出される点に，これまでとは異質なアーキテクチャが生じているといっ
てよいだろう。

３ 自己の変容――シェアされる自己

『第三の波』においては知のあり方が変容することが示唆されていたが，AI
やビッグデータなどが知の変容を生み出すのだろうか。2005 年頃に流行した
Web2.0 では，インターネットを介した双方向的な情報のやりとりを通じて，
より確度の高い情報が共有されること―集合知―が期待されていた。確かに，
その後私たちは SNS などを通じて誰もが情報の発信者となりえたが，フェイ
ク情報の拡散や誹謗中傷による「炎上」などといった事態に直面してもいる。
そうすると，そこで日々蓄積されるビッグデータから AI によって知を見出そ
うとする集合知の構想は夢の世界なのだろうか。

このことを考える際に私たちが注目すべきなのは，インターネットという世
界は確かにあらゆる情報に接続しているが，単一の世界を構成しているわけで
はない，ということである。これまでもアクセスする人間の興味に応じた情報
しかみえないと指摘されてきたが，そのことは別言すれば，複数の世界―より
適切には状況―が併存していると捉えることができる（cf. 西垣，2013：208）。

一見すると単一にみえるインターネットという世界に併存している複数の状
況に関与しているとすれば，そこから AI によって単一の知（の体系）を見出
すというよりは，私たち一人ひとりはそれぞれの状況に応じたふるまいを要求
されると考える方が現実的であろう。このことを「多元的な自己」（浅野，

2015：35）とよぶこともできるが，それぞれの状況にシェアされる自己といっ
たほうがより適切かもしれない。つまり，それらの状況は自己管理され確固と
した主体によってアトミズム的に構成されるものではなく，他者との境界があ
いまいでゆるやかな—自己が自己の所有物ではない—主体が協働することで生
じるものなのである。もちろん，こうしたあり方は自己の存在感が希薄化さ
れ，「豊かで満足のいく生活を送るのに必要な道徳的資源から切り離される」
「実存的孤独」へと至るという指摘もある（ギデンズ，1991＝2005：9 f.）。ただ，
複数併存している多層的・多元的な状況にその都度向き合うことによって存在
不安に至るのは，むしろ，近代において確立された確固とした自己というあり
方が綻びをみせていると捉えるべきではないか。すなわち，私たちが直面して
いるのは社会変容ではなく，自己の変容であると考えるべきではないだろう
か。こうしたことを共有しつつ，次節で道徳教育との接続を考えていく。

第3節　AI社会と道徳教育

1 社会創造としての道徳教育

　トフラーが予見したように，技術革新が私たちの選択できる範囲を拡大させ
たことは間違いない。ただ，それがシェアされる自己へと接続していたことを
確認してきた。一方で，その都度の状況にシェアされる自己はそこに潜在する
新たなアーキテクチャによる支配にさらされていることも明らかになった。

　ここで確認しておきたいのは，道徳教育は既存の社会を維持するための仕組
みではないということである。なぜなら，道徳は，どのような社会のもとで，
すなわち，過去を引き継ぎつつ（保守性），次の社会をどうつくるのか（革新性）
を見通したうえで，今まさにどのようにふるまうのかが問われるものだからで
ある。

　ただ，シェアされる自己という捉え方は「人間としての生き方を考え，主体
的な判断の下に行動し，自立した人間として他者と共によりよく生きる」こと
を目指す道徳教育が前提してきた近代的な自己像とは異なる。シェアされる自

己は他者と意見交流や対話を行いながら，その都度の状況での妥当性をゆるやかに判断していくことになる。それは単一な言論空間ではなく，非常に限られた状況での対話のなかでその都度の妥当性が判断されることに留意しておきたい。そして，そうした限定的な状況での判断が繰り返されるわけだが，繰り返されることで一定の傾向性を見出すことも可能となる（cf. ライル，1949＝1987）。その傾向性こそが私たちを歴史的な存在として自覚させることにつながる。状況にシェアされつつも一人の人間として生きている以上，その都度の判断が繰り返されることで，傾向性が見出され，それがゆるやかながらも自己を形づくるからである。確固とした自己へと至る道筋を回避し，歴史的な存在としてゆるやかに自己を形づくることが求められるといってよい。

2 AI 社会と道徳教育

　シェアされる自己は一方では状況依存的であるともいえる。ただ，私たちはこれまでも状況依存的な存在だったはずである（cf. テンニエス，1887＝1957：上：41 ff.；レイヴほか，1991＝1993）。ただ，その状況が非常に少数で固定的なものから，複数かつ多層的・多元的で流動的なものへと変化したことは確かだろう。とはいえ，どちらもその状況のコンテキストを理解することが求められることに変わりはない。問題は，かつては固定的であるがゆえに状況に長く関わることでそのコンテキストを理解し，受け入れて生活することが可能であったのに対して，現在では状況が流動的で多層・多元化したために，そのコンテキストに向き合うことが困難となったことである。

　確かに，それらの多層的・多元的な状況に身を委ねて生活することがシェアされる自己のあり方だとしても，その状況が流動的であるために長く身を置くことはできず，その都度の関わりしかもちえない。だからこそ，私たちは，そのわずかにしか関わることができないコンテキストを適切に理解する能力が求められる。それは先に指摘したアーキテクチャの潜在性を含めて，非常に広範で体系的な知識教育——一般的な意味での道徳教育を越えた——を必要とするだろう。なぜなら，それぞれの状況のコンテキストの理解には人文・社会・自然科

学的知見，過去の出来事などからの類推が有効だと考えられるからである。ただ，そのことを通じて獲得される能力は，2017，2018 年告示『学習指導要領』における「資質・能力」，あるいは「コンピテンシー」などさまざまな言葉で語られてはいるものの，私たちはその内実を十分に共有しているとはいいがたい。それゆえ道徳教育の前提となる―ないしは関連しうる―知識教育のあり方が今後の検討の課題として残されているといってよいだろう。

・注・………………………………………………………………………………

1) DL は機械学習の特定のモデルを指すものではなく，パラメータの多層化による機械学習の手法の総体である。パラメータの多層化という発想は，生物，特に人間の神経回路を模倣しようとするニューラルネットワーク研究から発しているため，AI が人間の脳の機能に接近しうるのではないかという期待からか，DL が AI との関係で語られることが多いが，DL を行う AI は，後述する「弱い AI」の範囲にとどまると考えるべきであろう（cf. 岡谷，2015；中谷，2019）。

2) こうした認識は，たとえば，マクニーリーら（2010）においても同様である。知を伝えるメディアの変容は知のあり方そのものを変容させることがここでの含意であろう。

3) 本章では第 2 版の翻訳を参照しているが，その序文において「初版の基本的な構造はそのままだし，主張も変わっていない」（レッシグ，2006＝2007：ix）と言及されている。ちなみに初版は 1999 年に出版されている。

4) アーキテクチャの潜在性をレッシグは指摘しているが，潜在的であるのは規範も市場も同様である。道徳教育という視点からは規範の潜在性についてはもちろん，自由主義経済社会を生きる私たちにとっての市場の潜在性も考慮すべきであるが，紙幅に限りがあるので，割愛せざるをえない。

5)「第 5 期科学技術基本計画」(2016) において「超スマート社会（Society5.0)」は「必要なもの・サービスを，必要な人に，必要な時に，必要なだけ提供し，社会の様々なニーズにきめ細かに対応でき，あらゆる人が質の高いサービスを受けられ，年齢，性別，地域，言語といった様々な違いを乗り越え，活き活きと快適に暮らすことのできる社会」と説明されている。

6)「強い AI」を自律的な閉鎖システム，「弱い AI」を他律的な開放システムとよぶこともできる（cf. 西垣，2013：99 ff., 160 ff.）。後の議論との関係で西垣（2013：160）の議論を簡単に紹介しておくと，開放システム同士で情報をやりとりするよりも，閉鎖システム同士で情報をやりとりしたほうがより確度の高い情報を生み出しうる可能性が示されている。このことは後述のシェアされる自己であったとしても，自律的な存在である人間同士の話し合いに意味があることを示

している。ただ，ここで「自律」とは何かという問題を惹起せざるをえないが，本章の課題を越えているので，別稿を期したい。

7）これについてはすでに課題も明らかになってきている。ブラックボックス化したプロセスのために，仮に暴走したとしてもその原因を辿ることは困難である（cf. 小林，2019）。さらには，DL が適切な結果をアウトプットできているかどうかさえ，そのアウトプットによって何らかの不都合が生じないかぎり，明らかにはなりがたい。

● 参考文献 ●

浅野智彦（2015）『「若者」とは誰か―アイデンティティの30年（増補新版）』河出ブックス

岡谷貴之（2015）『深層学習』講談社

ギデンズ, A. 著，秋吉美都ほか訳（2005）『モダニティと自己アイデンティティ―後期近代における自己と社会』ハーベスト社

小林雅一（2019）「医療に応用される AI（人工知能）の現状と課題―IBM『ワトソン』とディープラーニングを中心に」『KDDI 総合研究所調査レポート R&A』2019 年 4 月号

サール, J.R. 著（1992）「心・脳・プログラム」ホフスタッター, D.R.& デネット, D.C., 坂本百大監訳『マインズ・アイ―コンピュータ時代の「心」と「私」（下）』阪急コミュニケーションズ：178-210

デネット, D.C. 著，日暮雅通訳（2020）「私たちに何ができるか？」ブロックマン, J.編『ディープ・シンキング』青土社：73-88

テンニエス, F. 著，杉之原寿一訳（1957）『ゲマインシャフトとゲゼルシャフト―純粋社会学の基礎概念（上・下）』岩波文庫

トフラー, A. 著，徳岡孝夫監訳（1982）『第三の波』中公文庫

中谷秀洋（2019）『わけがわかる機械学習―現実の問題を解くために，しくみを理解する』技術評論社

西垣通（2013）『集合知とは何か―ネット時代の「知」のゆくえ』中公新書

マクニーリー, I.F.& ウルヴァートン, L.著，冨永星訳（2010）『知はいかにして「再発明」されたか―アレクサンドリア図書館からインターネットまで』日経 BP 社

ライル, G. 著，坂本百大ほか訳（1987）『心の概念』みすず書房

レイヴ, J.& ウェンガー, E.著，佐伯胖訳（1993）『状況に埋め込まれた学習―正統的周辺参加』産業図書

レッシグ, L. 著，山形浩生訳（2007）『CODE VERSION 2.0』翔泳社

第14章 防災・環境問題と道徳教育

藤井　基貴

第1節　防災・環境問題の実践例とその課題

1 現代的課題としての防災・環境教育

　東日本大震災以降，学校教育には防災に関する知識や災害時にとるべき行動を教えるだけなく，児童生徒が当事者意識をもって，主体的に判断し，行動できる力量の形成が求められてきた。従来の防災訓練の見直しや内容の改善に加えて，児童生徒の発達段階及び地域の特性に応じた多様な教材・授業・カリキュラムの開発が進められており，「考える防災」の視点から道徳科と防災教育との結びつきも深められている。こうした動きは「考え議論する道徳」教育の実現とも連動し，あわせて地域の災害史，環境問題，SDGs といった現代的諸課題への興味関心とも接続している。本章では防災及び環境を題材とした新しい道徳教育のあり方について，その理論および実践の両側面から検討してみたい。

　現行の学習指導要領では「主体的・対話的で深い学び」の実現に向けて，道徳科においても防災教育をはじめとする「現代的な課題」を積極的に扱うよう記されている。「現代的な課題」は，まさに答えがひとつに定まるものではなく，かつ現代社会の「持続的な発展」とも深く関わる課題である。したがって，「様々な道徳的価値」の視点から題材を掘り下げることで，他の領域・分野とも横断・接続させた深い学習へとつなげることもできる。

　新しい道徳として，学習指導要領に示された個々の内容項目の理解に留まることなく，各自の「見方・考え方」の学びへとつなげ，自己の「生き方」の充

実へと結実させていくためにはどうすればよいか。防災や環境を題材とした授業にあっては，教科書の活用にとどまらず，「社会に開かれた教育課程」の実現を目指す観点から，それぞれの地域の実情に即した魅力ある教材の開発も必要となるだろう。また，従来の防災教育や環境教育の成果を受け継ぎながら，新たな指導法の開発に向けた取組も進められなければならない。

2 従来の取組の課題

これまでの学校における防災教育においては，避難訓練の計画・実施にもっぱら重点が置かれ，児童生徒にとっては単発的で受動的・他律的な学習にとどまりやすいことが課題として指摘されてきた。また，避難訓練の事前指導においても，不安や恐怖をあおるだけの「脅しの防災教育」や，地震や台風のメカニズムの説明に終始した「知識の防災教育」が繰り返され，その教育上の効果については専門家からも疑問の声があげられた（片田，2012）。取組の改善を目指して，近年では児童生徒の発達段階に応じて，より迅速かつ適切な防災行動がとれるようさまざまな実践が推進されている。なかでも災害時における人間の心情や判断を扱い，学ぶことのできる道徳科への期待が高まっている。

ただし，道徳科において防災教育を扱う際にはいくつかの留意点がある。まず，災害という特殊な状況下における心理状況や価値判断が，通常時のものと同等に扱うことができるのかという問題である。災害時という極限状況を想像し，それを児童生徒が自分事として考えることができれば，道徳性や人間の尊厳をめぐる深い学びへと接続することが期待できるかもしれない。しかし，災害時における価値判断の妥当性をめぐっては災害の種類，規模，時代状況などと切り離して考えることはできず，授業実施に向けて授業者には防災科学や倫理学，法学，心理学などの基礎知識が求められる。取り上げる場面についても，綿密な教材研究と専門的助言のもとで検討されなければならないだろう。

このことに関連して，災害時のエピソードを読み物教材にまとめることの課題も少なくない。たとえば，自分の命のリスクを承知で他人の命を助けたといった行為について取り上げる場合，たとえそれが心を揺さぶるような勇気ある

ものであったとしても，防災対策や災害対応の見地においては適切でないことがある。また，そうしたエピソードを美談や悲劇として物語るために，一面的な脚色や誇張が加えられてしまう可能性も否定できない。教材開発者や教師が無自覚に災害時における行為の結果を美化したり，単純化して語ることは感動ストーリーへの陶酔であり，防災教育としての役割をむしろ阻害する可能性があることも自覚しなければならない。

　一方，防災教育が領域・分野横断型の取組を進める以前より，環境教育では学校教育全体を通じた取組が進められてきた。そこでは深刻化する環境問題を取り上げることで，児童生徒に環境改善はもはや手遅れのような印象を与えてしまったり，グローバルな課題だから自分たちには何もできないという無力感を与えてしまうことが課題となってきた（綿抜，1992）。また，自然科学の知見に基づいて環境問題の因果に関する推論を重ね，責任の所在を明らかにすることばかりに注力すると，何が問題だったのかは見えてくるかもしれないが，これからの思考や行動変容に向けた話し合いからは遠ざかってしまう。

3 新たな教材開発に向けて

　道徳科の特質にあった新たな防災教材を開発するにあたっては，1）最新の防災科学（サイエンス），2）被災者の語り（ナラティブ），3）災害史の記録（ヒストリー）に関わる一次資料を基本素材とし，その知見を適切かつ効果的に組み合わせることを目指したい。こうした理解に基づき，静岡県では災害時における判断に迷う状況を取り上げて議論する「防災道徳」の取組を進めてきた（藤井，2018）。また，災害時の状況を具体的に想像し，そこにどう対応するかを，みずからを主人公にして物語る「防災小説」授業も注目される（大木，2020）。これらの実践は過去に起こったことを学びつつ，仮定の場面について児童生徒に主体的に考えさせる学習アプローチが共通点となっている。加えて，学校や地域における防災訓練参加の動機づけとして，また防災プログラムの先行オーガナイザーとしての役割の一部も担うことが可能である。

　一方，環境教育においても発想の転換が進められている。従来の課題山積で

「お先真っ暗」な印象を与える環境教育のあり方が批判的に検証され，困難な
なかで改善に尽力する個人の心がけにも焦点をあてるなど，日常の行動変容を
目指す実践が蓄積されてきた（鶴岡，2009）。持続可能な開発目標について学ぶ
SDGs教育においては，現状から実行可能なことを積み上げていくという「フ
ォア・キャスティング」ではなく，2030年という未来の視点からいま何をな
すべきかを考える「バック・キャスティング」とよばれる「思考の様式」を採
用し，「誰一人取り残さない」社会を標榜する。地球を保全し，貧困問題の解
決を進めるための「グローバル・ゴールズ」とよばれる世界共通の17の目標
項目が示され，その理念においてはローカルからナショナルへ，またナショナ
ルからグローバルへと広がる「グローナカル」（glonacal）な視野を備えた能動
的市民（Active citizen）を育てることが目指されている。

　このように防災教育においても，環境教育においても従来の実践への見直し
を進めつつ，自然科学の知見だけでなく，人間の心理や感情にも焦点をあてた
総合的な教育活動へと拡充が図られている。次節では防災や環境をテーマとし
た教材を開発する際の「見方・考え方」のポイントを整理した上で，道徳科の
役割や可能性について検討してみたい。

第2節　これからの防災・環境問題の「見方・考え方」と道徳科の役割

1 考える防災

　2012（平成24）年7月に出された「東日本大震災を受けた防災教育・防災管
理等に関する有識者会議」最終報告は，「現在の学校教育においては，防災を
含めた安全教育の時間数は限られており，主体的に行動する態度の育成には不
十分」として，防災に関する知識や災害時にとるべき行動を伝達するだけでな
く，児童生徒の主体的な判断力や行動力を育てることを学校教育に求めた。従
来の防災教育では想定される事態における「正解」を習得させることに比重が
置かれてきたが，東日本大震災以降においては児童生徒が状況を自ら適切に判

断し，「最善」の行動がとれるような「生き残る力」としての防災力を育むこと
が課題となっている。抜き打ちの避難訓練や避難所宿泊体験学習の導入は，そ
の一環をなすものであり，みずから「考える防災」が取組のテーマとして定着
しつつある。環境教育においても視野を世界へと広げつつも，身近な問題に即
して議論し，課題を「自分事化」させるための指導の工夫が求められている。

2　リスク教育としての防災・環境教育

　防災教育は，これまで学校における安全教育の一環として行われてきた。し
かし，災害時において人間が直面するのは「リスク」の問題である。リスク教
育は欧米圏でも浸透しつつある概念であるが，危険を除去し，安全を奨励する
だけではなく，危険と安全のはざまにあるリスクの幅を見定め，児童生徒が危
機（クライシス）を回避するための教育プログラムの開発と実践を目指すもの
である。リスクには物理的な外的要因だけでなく，人間の心理状態といった内
的要因も含まれる。また，現代社会におけるリスクは，専門家や行政機関だけ
が担うのではなく，市民一人ひとりが共有し，リスクについて共に考える姿勢
をもつことが求められている。防災に関する研究領域についても地震学者，地
質学者，地理学者，工学者といった自然科学系の研究者だけでなく，近年では
心理学者，教育学者，社会学者，歴史学者，経済学者といった領域の研究者が
リスク学や文化的な側面から知見を提供することで学際的な研究が推進されて
いる。このことは環境教育の分野でも同様である。さらに災害という視点にた
てば，新型コロナウイルスなどの感染症対策についても，リスク教育の枠組み
で検討されるべきであろう。

3　ナショナル・ミニマムとしての防災・環境教育

　カリキュラムについていえば，防災教育や環境教育で扱う内容は各地域の特
性に合ったローカル・オプティマムとしてだけでなく，どの地域に移り住んだ
としてももつべき基礎知識として，すなわちナショナル・ミニマムとしても構
想されなければならない。たとえば津波が想定される沿岸部では地震・津波防

災への関心が高いが，児童生徒が将来的に進学や就職などで他の地域に移動した場合を想定すると，どこに移り住んだとしても地域の災害特性を主体的に学び，地域社会に貢献できる人材の育成が目指されるべきである。環境教育においても，まずは地域課題を取り扱うことが適切ではあるが，多くの地域課題は国際的な課題とも通底しており，ローカル・ナショナルにとどまらず，グローバルな課題への視野や思考の拡張を促したい。こうした観点において，道徳科は，じっくりと身近な問題に即した議論（ダンスフロアの議論）と俯瞰的な視野に基づく議論（バルコニーの議論）を往復させ，児童生徒の思考力・判断力・表現力の向上を図る格好の学習機会を提供することができる。

4 人間科学としての防災・環境教育

　授業開発の視点として，日本社会は倒壊しにくい建物を建てたり，壊れにくい橋をつくったり，環境への負荷を最小化するための製品を開発したりすることを通して，高度な科学技術を発展させ，また継承してきた。これに加えて，過去に災害に遭った人びとの感情や思いが詰まったモニュメントや，地域に伝わる知恵といった有形・無形の文化の伝承もまた重要な資産となっている。日本社会が災害を通して向き合ってきたことは，自然の猛威を人間の力でいかに抑圧するかということよりも，環境との共生を図りながら，被害をできるだけ低減するにはどうすればよいかという問いであった。つまり問題の本質は，人間と自然との対立構造のなかにあるのではなく，人間社会と自然環境との折り合いの付け方，また人間同士や自分自身の内での折り合いの付け方にこそある。地域における顕在的・潜在的な防災や環境文化に着目することは，「社会に開かれた教育課程」の実現を推進することにもつながっていく。

第3節　防災・環境を題材とした授業実践例

　本節で紹介する授業実践は「南海トラフ地震臨時情報」を題材としたものである。以下では，道徳教育の視点からも，その成果や課題について検討してみたい。

1　防災・環境を題材とした授業実践：「南海トラフ地震臨時情報」

　現代科学においては地震の規模や場所を高い確度で予知することは不可能である。とはいえ，過去のデータや震源域での異常現象の観測に基づいて，連動する大地震の発生可能性が高まっているか否かについては推定の余地がある。とりわけ，南海トラフ沿いで大規模地震が起こった場合，過去のデータから大規模地震が連動して発生する緊急性が高まっていることが示唆されている。

　2019（平成31）年3月，内閣府は「南海トラフ地震の多様な発生形態に備えた防災対応検討ガイドライン【第1版】」を発表し，南海トラフの震源域でM8以上の大地震が起きた場合，沿岸部の災害時要援護者などには1週間程度の避難を奨励した。加えて，各市町村には事前に避難方法や施設を定めるように求めている。具体的には，学校の休校措置や耐震性の低い建物からの退去勧告などがある。M7以下の地震であったり，内陸部においては，社会・経済活動の維持の観点から地域の実情に応じて柔軟な対応がとられることも許される。「南海トラフ地震臨時情報」には「臨時情報（調査中）」「臨時情報（巨大地震警戒）」「臨時情報（巨大地震注意）」「臨時情報（調査終了）」の4種類があり，これに応じて企業や事業所は対応措置を講じ，社会・経済活動の継続とバランスを図ることが求められる（これは感染症対策において直面する現実でもある）。

　同題材を扱った授業は2019年7月に静岡大学附属浜松小学校で静岡大学生たちによって実施された。導入部でアイスブレイキングをかねた防災クイズを行い，「南海トラフ地震」についての基礎知識を提供する。その後，南海トラフ臨時情報発令に戸惑う市民の寸劇が披露され，児童はグループに分かれて臨時情報への対応について話し合う。グループは「海辺の小学校，内陸の小学校，自動車工場，内陸の病院，海辺の病院，消防署，海辺の老人ホーム，内陸の老人ホーム，バス・鉄道会社，テレビ局，ガソリンスタンド，内陸のホテル，海辺のホテル，レストラン，ドラッグストア，スーパーマーケット，附属浜松小学校，附属浜松中学校」の18業種に割り当てられた。取り組む課題は，1）臨時情報が出たらどうするか，2）なぜそうするのか，3）他のグループと一緒

148

図表14-1　授業の様子

に取り組めることは何か，である。最後にグループをまわって説明をうけるパビリオン形式で発表が行われた（図表14-1）。同授業のねらいは臨時情報が出たときに，どのように動くべきかを疑似体験させることで防災への意識や知識を高めることにある。加えて，上記３）のために「連絡係」が他のグループに聞き取りや提案を行うことにより，山沿いのホテルが海沿いの病院に患者の受け入れを提案したり，ドラッグストアとスーパーマーケットが買い占めを防ぐためのルールを決めるといった検討がなされ，地域内の共助のあり方についても考えるきっかけを生み出した。

2　道徳教育の一環としての防災・環境教育

　上記のとおり，防災・環境教育はさまざまなアプローチを通じて，多彩に行うことが可能であり，かつ「学力の三要素」「主体的で対話的で深い学び」「社会に開かれた教育課程」といった現行の学習指導要領が重視する指導内容とも重なるところが多い。道徳教育との関連でいえば，東北地方では「近所の方と挨拶をすること」が防災教育の一環として位置づけられているように，日常の生活習慣や道徳的態度がすでに防災や環境保全の基礎基本と捉え直されている。これからの道徳では，価値の学習と思考の様式の学習を接続し，創意工夫をもって地域の実情に即した実践を創造することが一層期待されている。

• 参考文献 • ……………………………………………………………………………

大木聖子（2020）「防災社会をデザインする地球科学の伝え方」『地球・惑星・生命』東京大学出版会

片田敏孝（2012）「子どもたちを守った『姿勢の防災教育』：大津波から生き抜いた釜石市の児童・生徒の主体的行動に学ぶ」『災害情報』10：37-42

鶴岡義彦（2009）「学校教育としての環境教育をめぐる課題と展望」『環境教育』19(2)：4-16

藤井基貴（2018）「ジレンマ授業」『教育現場の防災読本』京都大学学術出版会：332-347

綿抜邦彦（1992）「環境教育の重要性と問題点」『科学教育研究』16(1)：1-2

第15章 公共性と道徳教育

――――川久保　剛

第1節 〈協力の仕方〉としての道徳

1 倫理・道徳とは何か

　人間は一人では生きられない。そこで人間は有史以来，共同体を形成し，他者と共に生きてきた。人間が生きるということは共同体を形成することを意味する。それゆえアリストテレスは，人間を「共同体的動物（ゾーン・ポリティコン）[1]」と定義したのである。

　共同体の成立と維持には，一定の社会規範が必要である。つまり，倫理・道徳が必要であるといえる。和辻哲郎は，倫理を，「人間の共同態の根本たる秩序・道理」[2]「人間の共同的存在をそれとしてあらしめるところの秩序，道」[3]「社会存在の理法」[4]と定義している。また天野貞祐は，道徳について，「私達が，社会を成り立たせるためには，是非それに従わなければならない筋道」[5]と説明している。いずれも，社会の規範を倫理・道徳とする見方に立っている。

　そもそも，西洋語で道徳を表す「moral（英），Moral（独），morale（仏）」の語源はラテン語で習慣・風習を意味する「mos」の複数形「mores」とされる。また，倫理を表す「ethics（英），Ethik/Sittlichkeit（独），ethique（仏）」の語源もギリシャ語で習俗・習慣を意味する「ethos」となる。つまり，西洋語の「道徳」と「倫理」は共に習俗という意味をもっている[6]。集団の規範ともいえる習俗が発展したものが倫理・道徳なのである。

　さて，そのような社会規範としての倫理・道徳の内実は，社会のなかにおける〈協力の仕方〉と見なすことができよう。多様な個性をもった人間が互いに

協力しながら社会のなかで共に生きていく，その〈協力の仕方〉を示すものが倫理・道徳であるといえよう。個々人の善き人生の実現のために，互いに〈協力する心と行為〉が倫理・道徳である。

　実際に，現代の進化人類学者であるトマセロは，人間の道徳の進化的起源を，初期人類の共同採食のための「協力」（cooperation）行動に求めている。初期人類は，共同採食のための「協力」活動のなかから，「われわれ」（We）の意識や，「べき」（ought to）の感覚を獲得するに至った。それが，現代人類の「客観的道徳」（objective morality）に進化した，というのである[7]。

　また，このような「協力」活動を可能にしているものが，人間の「共感性」であることや，「共感性」の神経基盤が「ミラー・ニューロン」であることも明らかになってきている。人間の「共感脳」が，「協力」のための道徳を生み出し，進化させてきたといえる[8]。

2 公共教育と道徳教育

　さて，このような倫理・道徳観から，本章の主題である「公共性と道徳教育」についてアプローチすると，公共教育と道徳教育の課題が，相互に重なり合う関係にあることが見えてくる。

　公共哲学の研究者である桂木隆夫は，「公共性」の概念を構成する主な要素として，「協力」と「秩序」をあげている。「公共性」というのは「一人でやるのではなく，みんなで協力する」ということであり，また「無秩序ではなく，秩序を求める」という志向性を含んでいる，というのである[9]。桂木の議論を踏まえていえば，公共民・公民とは，みんなで「協力」して「秩序」を形成する志向性をもつ者，と規定できよう。

　そうすると，そのような意味での公共民・公民を育成する教育は，社会における〈協力の仕方〉を学ぶという意味での道徳教育と，課題を同じくすることになる。

　実際に，敗戦後の日本では，公民教育と道徳教育を一体的に推進する構想が存在した。敗戦後，文部省は，新たな公民教育を核にした戦後教育の再建を方

針に掲げ，公民教育刷新委員会を設置した。そしてその答申を踏まえ，次のような「新公民科」構想を打ち出した。「道徳は元来個人の道義心の問題であるが，同時にそれはまた，社会に於ける個人の在り方の問題である。従来の教育に於ては，前者を修身科が主として内面の問題として担当し，後者を公民科が社会の機構や作用の面から取り扱ってきた。新公民科は人間の社会に於ける『在り方』といふ行為的な形態に於てこの両者を一本に統合しようとする[10]」。

　つまり，社会の一員としての個人の生き方を扱う点で，公民科も修身科（戦前の学校における道徳の教科）も共通しているので，今後は両者を統合し，より包括的な枠組みのもとで教育を展開しようというのである。

　このような構想には，公民教育刷新委員会に委員として参加した和辻哲郎の考え方が反映されていると指摘されている[11]。和辻哲郎の倫理学，いわゆる和辻倫理学の基本的な立場は，倫理は個人にではなく，個人と個人の「間柄」に存在する，と考える点にある。前述したように，個人と個人の「間柄」つまり人間の共同体の秩序を倫理と考えるわけである。そして，共同体が人間の「行為」によって成立し，維持される以上，「行為の仕方」が倫理の内実を形成することになる。それゆえ，「人間の社会に於ける『在り方』といふ行為的な形態」に「新公民科」の学びが焦点化されているのである。

　このように敗戦後の時期，和辻倫理学が理論的基礎を与えるかたちで，公民教育と道徳教育の統一化が図られようとしていたのである。しかし占領下のさまざまな経緯から，この構想は実現されることなく歴史の闇に消えてしまった。

　だが，その考え方は，決して間違ったものではないであろう。それどころか，今後の公共教育と道徳教育のあり方を考える上で大変重要な知見を含んでいるといえよう。多様な個性をもった個々人が，社会のなかでいかに「協力」しながら共に生きていくか，その「協力」という「行為の仕方」＝〈協力の仕方〉について学んでいく。こうした学びこそが，公共教育においても，道徳教育においても，中心課題となるのではないだろうか。

第2節　〈協力の仕方〉を主題とする道徳教育

1 道徳における不変と可変

　さて，それでは，〈協力の仕方〉を主題とする道徳教育のアウトラインは，どのように描き出すことができるだろうか。

　まず取り上げなければならないのは，道徳における「不変」と「可変」の関係性の理解であろう。天野貞祐は，「道徳の本質」は変わらないけれども，それを「実現する仕方」は変化すると述べている。具体的にいうと，「例えば，子供が親に対して愛情をもって，できるだけ親を幸福にしたいということは道徳です。その親に対する幸福の仕方が，時代によって違う。封建時代であるならば，親を幸福にするために娘が身を売るということがありえた。今日では，いくら親を幸福にするといっても，身を売ってはならない。そういうことが変わってきた。孝行するのは変わらないけど，孝行する仕方が変わった[12]」。親子が「協力」しながら生きていくという「道徳の本質」は変わらないけれども，それを「実現する仕方」つまり「協力の仕方」は時代と共に変化していくのである。

　このように道徳には，「本質」という不変的な面と「実現する仕方」という可変的な面の両面が存在する。したがって道徳教育は，この両面を扱うものでなければならない。

2 「道徳の本質」とその「実現の仕方」を学ぶ

　学習の順序としては，まず，社会のなかで「協力」しながら共に生きていくという「道徳の本質」を学ばなければならない。この段階では，なぜ「協力」が必要なのか，また，過去の人びとが形成してくれた「協力」的世界を受け継ぎ，それを同時代の人びとと発展させながら，いかに未来の世代に引き渡していくべきか，といった問いに向き合うことが課題となろう。それによって，さまざまな道徳的価値がなぜ大切なのかということが理解できるようになるだろ

う。貝塚茂樹は,「私たちは,道徳的諸価値に基づいて,他者と『よりよく生きる』ための関係性を考え,求め続けなければならない存在」と述べているが,過去・現在・未来にわたる「他者」と「よりよく生きる」つまり「協力」しながら共に生きるためにはどうすれば良いかといった問題意識を育むことで,「道徳的諸価値」に対する関心と理解が自然に促進されるものと思われる。

　さて,このような「道徳の本質」に関する学びを基礎に,次の段階では,その時代に即した道徳の「実現の仕方」を育成していかなければならない。また,さらにそれを踏まえて,そのつどの場面にふさわしい道徳を実践できる力を育まなければならない。この点について天野は次のように述べている。「われわれの一々の行為が,同じように内容が違っている。親切というのは,いつでも道徳ですけれども,或るときには人が金を貸してくれといっても貸さない方が親切である。また或るときは貸した方が親切である」。

　さて,このように時代の状況や場面の文脈に適合した道徳実践＝協力行動のためには,それを支える「知性」が要求されることになる。したがって道徳教育においても,「知性」の教育は必須のものとなる。もちろん,道徳を実践しようという「善き意志」をもたなければならないが,「善き意志が知性に照らされないというと,とんでもない行動をする」ということになりかねない。つまり,道徳を「実現する仕方」＝〈協力の仕方〉において大きな間違いを犯してしまうことになりかねない。天野がいうように,「知性を開発すると同時に他方においては善き意志を養う。この両面でもって道徳教育ということをやっていかなければならない」のである。

　さて,そのような学びを踏まえて,特に現代を生きる人間が学ばなければならないのは,異質な価値観をもった他者との〈協力の仕方〉であろう。現代は価値観が多様化している。仲間とは協力できても,異質な他者とは協力できないというのでは現代にふさわしい「協力」的世界を構築することができない。異質な他者との「協力」によって開かれた社会・公共体を創出できる人間の育成は現代の道徳教育の主要課題であろう。

第3節　多層的な公共体における〈協力の仕方〉

■1 多次元的な「自己─他者─公共世界」観

　また，それぞれの公共体にふさわしい〈協力の仕方〉も学ばなければならないだろう。

　人間は，多層的な公共体のなかで生きている。わたしたちは，家族の一員，地域の一員，企業・団体の一員，社会の一員，国家の一員，人類の一員として多元的に生きているのである。

　公共哲学者の山脇直司は，このような人間の存在のありようを捉える視点を「多次元的な『自己─他者─公共世界』観」と表現し，その全体像を次のように描き出している。「多次元的な『自己─他者─公共世界』観とは，自己が全地球と結びついているという『地球市民的自己』，国民的責任を担っているという『国民的自己』，何らかの文化的背景を担っているという『エスニックな自己』，地方自治体や企業，NGO/NPO，教会（あるいはそれに準じる協同体），学校，家族等に所属するメンバーとしての責任を負う『負荷ある自己』等々にわたる，自己の多次元性を認識・了解するとともに，『他者』の多次元性をも認識・了解し，さらに公共世界も，地球全体，トランス・ナショナルな地域共同体，国，地方自治体，宗教，学校等々というように多次元的にとらえていく世界観です。このような見方に立てば，一人の人間が地球市民であることと，国民であることとは，何ら矛盾しません。『私は地球市民でもあるし，日本人でもある。同時に○○県民でも，××市民でもある……』というふうに，多層的に自己のアイデンティティを語ることができます」[15]。人間は，このような多次元的な公共体を生きる存在として，それぞれの公共体にふさわしい〈協力の仕方〉を学び，実践していかなければならない。また，それぞれの公共体のありようも時代と共に変化することを踏まえ，その時代に対応した〈協力の仕方〉についても学ばなければならない。このような学びも道徳教育の課題となろう。

2 国家公共体における〈協力の仕方〉

　ところで，戦後日本では，教育基本法第 1 条において「平和で民主的な国家及び社会の形成者」の育成が理念として謳われているにもかかわらず，自己を国家公共体の一員として捉え，国民同士「協力」しながらいかに国家公共体を維持し，発展させていくかという，国家公共体における〈協力の仕方〉について学ぶための教育がほとんどなされて来なかったといえる。

　その原因は，戦前の国家主義の反動や，国家そのものの存在を否定的に捉える共産主義イデオロギーの影響などに求めることができるが，国家という公共体が現に存在し，それが多元的な公共体のなかでも重要な位置を占めて，人間のあらゆる活動に大きな影響をもっている以上，国家公共体における〈協力の仕方〉についても，他の公共体におけるそれと同様，適切なかたちで教育していかなければならない。「平和で民主的な国家」を「形成」するために必要な「国民」の倫理・道徳について学ばなければならないのである。

　そこで国家公共体における〈協力の仕方〉を主題とする道徳教育の具体的なイメージを描き出してみよう。

　まず前述のように，他の公共体と同様，国家公共体においても，その成員である国民相互の「協力」がいかに大切であるか学ばなければならないだろう。また国民として協力行動を行うためには，どのような「道徳的価値」を学び，実践しなければならないかという問いに取り組む必要がある。これらは，「道徳の本質」に関する学習である。

　次に，「実践の仕方」＝〈協力の仕方〉に関して，現代の国民国家が抱える具体的な問題と関連づけて学習することになるだろう。国家が直面する問題に対して，国民の一員としてどのようにアプローチするかという問いに取り組むのである。

　人間は，個性をもった存在として，自己の意志に基づいて生きている。しかし同時に人間は，他者の意志や社会の意志も考慮しながら生きていかなければならない。結局のところ，さまざまな公共体のなかで他者と「協力」しなが

156

ら，自己の個性を開花させていくのが人間の生き方であるといえるのではない
だろうか。そのような人間のありように目を向けさせるのが公共教育並びに道
徳教育の目的ではないだろうか。

・注・⋯⋯⋯⋯⋯⋯⋯⋯⋯⋯⋯⋯⋯⋯⋯⋯⋯⋯⋯⋯⋯⋯⋯⋯⋯⋯⋯⋯⋯⋯⋯⋯⋯

1）アリストテレス，著，高田三郎訳（1971）『ニコマコス倫理学』上巻，岩波文
　　庫：31。
　──山本光雄訳（1960）『政治学』岩波書店：35。
2）和辻哲郎（2007）『人間の学としての倫理学』岩波文庫：17。
3）和辻哲郎（2007）『倫理学』第1巻，岩波書店：22。
4）同上。
5）天野貞祐（1971）「道徳教育について」『天野貞祐全集』第6巻，栗田出版会：
　　16。
6）小寺正一・藤永芳純（2012）『三訂道徳教育を学ぶ人のために』世界思想社：
　　3-5。
7）Tomasello,M.（2016）*A Natural History of Human Morality,* Harvard
　　University Press: 9-14.
8）キーザーズ,C. 著，立木教夫・望月文明訳（2016）『共感脳──ミラー・ニューロ
　　ンの発見と人間本性理解の転換──』麗澤大学出版会，参照。
9）桂木隆夫（1966）『公共哲学とはなんだろう』勁草書房：3, 18。
10）貝塚茂樹（2001）『戦後教育改革と道徳教育問題』日本図書センター：109。
11）同上：104。
12）前掲天野論文：17。
13）松本美奈・貝塚茂樹・西野真由美・合田哲雄編（2016）『特別の教科道徳
　　Q&A』ミネルヴァ書房：51。
14）前掲天野論文：18-20。
15）山脇直司（2004）『公共哲学とは何か』ちくま新書：218-219。

・参考文献・⋯⋯⋯⋯⋯⋯⋯⋯⋯⋯⋯⋯⋯⋯⋯⋯⋯⋯⋯⋯⋯⋯⋯⋯⋯⋯⋯⋯⋯⋯⋯

アリストテレス（1960）『政治学』岩波書店
桂木隆夫（1966）『公共哲学とはなんだろう』勁草書房
山脇直司（2004）『公共哲学とは何か』筑摩書房
和辻哲郎（2007）『人間の学としての倫理学』岩波書店

第16章 人権と道徳教育

————小谷　由美

第1節　人権への取組と人権教育

2018（平成30）年度から「特別の教科，道徳」（以下　道徳科）が導入された背景には，深刻ないじめ問題への対応がある。文部科学省は，2015（平成27）年に施行された「いじめ防止対策推進法」のなかで，いじめの定義を改め，いじめがおきた際の学校の対処法を明確にするなどの法的整備を行った。「いじめ防止対策推進法」では，いじめによる被害を鑑み「児童等の尊厳を保持する」ことを目的としており，こうした取組の根本には，人権への深い理解がなければならないと考える。

人権への理解を深めることは，学校教育とりわけ道徳科においてきわめて重要な課題である。本章では，まず，人権にかかわるこれまでの日本の取組を整理する。そのうえで人権がもつ本来の働きを理解するために，人権を再定義し，道徳科の教育に生かすことを検討する。

1 「人権教育のための国連10年」と日本の取組

人権の尊重は，1948（昭和23）年の国際連合総会で「世界人権宣言」が採択されて以来，世界的な努力目標とされ，近年では持続可能な開発目標（SDGs）の基本理念となっている。戦後の日本でも日本国憲法第11条の「基本的人権の享有」，第13条「個人の尊重」，第14条の「法の下の平等」を基本理念としてその実現が目指されてきた。特に，国連が1995年から2004年までの10年間を「人権教育のための国連10年」と位置づけたことをうけ，日本政府は1997（平成9）年7月に「人権教育のための国連10年」に関する国内行動計画

を策定した。さらに 2000 年 12 月には「人権教育及び人権啓発の推進に関する法律」を施行し，国と地方公共団体にくわえ国民一人ひとりの人権教育及び人権啓発に関する責務を明示し，日本社会全体の課題として取り組む姿勢をみせてきた。

　こうした動きのなかで文部科学省は 2008 年に「人権教育の指導方法等の在り方について［第三次とりまとめ］」を公表し，「人権教育・啓発に関する基本計画」で報告された学校教育における人権教育の問題点[1]を指摘すると共に，その改善と一層の充実を求めた。

2 道徳教育と人権教育

　これまでの小中学校学習指導要領をふりかえると，1958（昭和 33）年の学習指導要領では道徳教育の目標を「人間尊重の精神を一貫して失わず，この精神を，家庭，学校その他各自がその一員であるそれぞれの社会の具体的な生活の中に生かし，個性豊かな文化の創造と民主的な国家および社会の発展に努め，進んで平和的な国際社会に貢献できる日本人を育成すること」としている。この目標は，1989（平成元）年に「人間尊重の精神と生命に対する畏敬の念を家庭，学校，その他社会における具体的な生活の中に生かし」と改められ，道徳教育が「特別の教科　道徳」として導入された 2017（平成 29）年の学習指導要領にも引き継がれている。ここで述べられている「人間尊重の精神」は，日本国憲法ならびに教育基本法を反映しており，子どもたちの人権意識を育む教育が道徳教育の基底をなすと共に，民主的な国家を支える人間の育成に欠かせないことを示していると考えられる。

　「人権教育のための国連 10 年」以前の日本の人権教育は，差別の撤廃を意図した同和教育が中心的であったが，そこからさまざまな人権を視野に入れた人権教育へと変わってきている。この変化について平沢安政は「これはある意味で『○○してはいけない』ともっぱら『否定形』で語る人権教育から，『○○しよう』という『肯定形』で語る人権教育への変化」だと述べている（平沢，2005：7）。つまり，変化した人権教育は，その対象を「差別の犠牲者である特

別な人びと」から「すべての人びと」へシフトさせ，さらに，「否定形」で語られる「現実に存在する具体的な差別を明確に否定する」人権教育に，「肯定形」で語られる「普遍的な人権文化の創造を呼びかける」教育を組み込んだものになっている（平沢，2005：7）。このほかにも，参加体験型学習を用いて学習者中心の人権教育が広がったこと，人権教育によって育むべき資質・能力が明確になったこと，人権を多数派にとっての「他人ごと」から「我がこと」として捉えること，それにより人権を捉える視点が広がったことなどが，人権教育の変化としてあげられる（平沢，2005：7-10）。

　道徳教育がそうであるように，人権教育もまた学校教育全体で取り組むべきものである。なかでも，先述した道徳教育の目標からは，道徳教育が特に人権に配慮するものであるということができる。

　次節では，人権教育が前提とする人権思想について考察する。

第2節　人権思想

1　近代における人権思想の展開

　フランスの哲学者マリタン（Maritain, J.）は，人権という主題について，1947 年にメキシコシティで開催された第 2 回ユネスコ総会に集まった各国の委員に対して行った挨拶が好個の例だと述べている。以下はその挨拶の一部である。

　　　ユネスコの目的は実践的な目的であるから，そのメンバーの間の合意は，共通の思弁的観念の上にではなく，共通の実践的観念の上に，すなわち，世界・人間・知識についての同一の概念の肯定の上にではなく，行動に関する一群の同一の信念の肯定の上に，自発的に築き上げられるのである（マリタン，1962：109）。

　つまり，人権という主題は，たとえ対立するイデオロギーの支持者間でも，行動上の同一の信念として築き上げることができる可能性をもっているということである。とはいえ，歴史を振り返ればそれが困難なことだということを示

す例は少なくない。しかしながら，民主主義体制の国々において人権は尊重するに値する価値とみなされ，その実現が課題とされている。

　こうした取組では，まず，人権を定義づけたうえでその追求が目指される。たとえば，「人権教育及び人権啓発の推進に関する法律」第7条に基づく「人権教育・啓発に関する基本計画」では，人権を「人間の尊厳に基づいて各人が持っている固有の権利であり，社会を構成する全ての人々が個人としての生存と自由を確保し社会において幸福な生活を営むために欠かすことのできない権利」としている。ここで定義されている人権は，社会で幸福に生きる権利（社会権）や，国家権力からの不当な干渉を排除し，自由を確保する権利（自由権）を「人間の尊厳」に基づくもの，それはつまり人間が生まれながらにしてもっている人間に固有の権利（自然権）と解している。

　一方，池田賢市は，人権を「アメリカの独立宣言やフランスの人権宣言等の歴史を見ても明らかなように，『獲得』されてきたもの」と定義している（池田，2018：10）。池田によれば人権とは，尊厳を踏みにじられてきた人びとが，権力側に対して人権を天賦のものであると主張し，闘争することで勝ち取ってきたものと解釈される。このように人権を定義した場合，人権教育の課題は「社会変革や構造的問題把握」と設定される（池田，2018：10）。この課題は，先述した「現実に存在する具体的な差別を明確に否定する」人権教育の前提となると考えられる。つまり，人権を獲得されるものと定義づけたとき，人権教育は「否定形」で語られる方向性をもつことが予想される。

　これまでみてきたように，戦後の日本の人権に関する取組は，世界の動きに応じて，日本国憲法や教育基本法をはじめとした人権に関する法や制度の整備，条約への加入にくわえ教育内容にも新たな展開をみせている。しかしながら，こうした取組が進む一方で，国民の人権意識が必ずしも高まってはいない現状がある。いじめ問題のほかにも，暴力で相手を痛めつける行為やハラスメント行為が日々報告され，情報化や高齢化に伴う新たな問題も生じている。また，ジェンダー平等の国際比較でも，日本はきわめて低位置に甘んじている。こうした課題を改善していくためには，われわれがもっている人権に対する認

識をいまいちど確認する必要があるのではないだろうか。

2 人権思想と自然法

　これまでいくつかの人権の定義についてみてきた。人種や性別，出自，職業，障がいの有無などによって区別されることのない自然権として人権を定義づけることや，たとえそれが権力側へのアピールであったとしても，人権が天賦のものであるという定義づけは，もっとも説得力のある定義づけに思える。そしてそう思うと同時に，「なぜそうなのか」と問うことは意味のないことのように思えてくる。

　マリタンは，かつてユネスコのフランス国内委員会で人権について討論した際，烈しく対立するイデオロギーの支持者たちが，人権のリストの草案について同意したことについて，「かれらはこう言ったのである。われわれはこの権利について，なぜと質問されないことを条件にして同意する。『なぜ』という質問とともに議論が始まるのである」（マリタン，1962：108）と述べている。先述したように，マリタンは理論的な対立が人権をめぐる行動上の合意を妨げることにはならないと主張していた。つまり，われわれが「人権を尊重する」といったときに生じる実践的結論—たとえば差別はしない，奪わないなど—においては，合理的な基礎づけは必要がないのである。

　しかし一方でマリタンは，「知性の見地から見るならば，道徳的価値および道徳的規範についての真の基礎づけを有することが本質的に重要である」と述べ，人権に関する哲学者の最大の関心事は「いかに人権を合理的に基礎づけるかという問題である」と述べている（マリタン，1962：113）。このマリタンの指摘に従えば，自明のものとされてきた人権の定義に合理的な基礎づけを与える，つまり人間が人権を生まれながらにして有していることについて，合理的な根拠の必要性が生じてくる。

　この点についてマリタンは次のような極めて明確な答え示している。

　　　人権の哲学的基礎は，自然法である。遺憾ながら，これ以外の言葉は見つからない（マリタン，1962：113）。

162

　自然法とは，すべての人間に共通の理性に基盤をおく道徳的な規範のことだとされる。また，それは人間が理性によって見出すことできるという意味において，人類に普遍の道徳的原理だということができる。くわえて，自然法は，人間がつくり出す実定法や慣習法に先んじて存在し，すべての法の淵源ともいわれる。それは，自然法に反する実定法は不正とみなされ，無効になるという自然法思想の伝統としてキリスト教思想に受け継がれている。[2]

　自然法の起源とされるのは，ソポクレースの悲劇で知られるアンティゴネが，王の法（実定法）に背き「神的な，不可変な法に従うことを宣言し」（稲垣，1998：89）兄を葬ったことにある。この不可変な法こそが自然法であり，このアンティゴネの宣言が自然法思想の伝統とよばれるものである。稲垣良典は，こうした自然法思想の伝統が，「人権思想の根本にある，いかなる強大な権力をもってしても奪うことのできない固有の権利が人間には生まれながらに具わっている，という確信を人々の心に定着させる力」となったと述べている（稲垣，2008：102）。

　こうした自然法思想を前提とすると，人権は，普遍的な道徳的規範に従うことで人間に等しく与えられ，誰からも奪われることのないものだとの解釈が成り立つ。またそれは理性的なものという意味において恣意的なものではないことが求められる。そして，こうした条件を備えた人権は，われわれの生活における共通のルールとして存在しうると考えられる。

第3節　人権思想を生かした道徳教育のために

　これまで述べてきたように，自然法思想は，人間が生まれながらにして人権をもつことに基礎づけを与える道筋を示す。くわえてキリスト教の人格概念も人権の理解についてひとつの示唆を与える。たとえば，教育基本法第1条「教育の目的」の冒頭部分には「教育は，人格の完成を目指し」とある。この部分の創案者であり自然法主義の法学者であった田中耕太郎は，人格について「人格は自己目的であるから，従って品位，尊厳をもっている」と述べている（田中，1961：75）。こうした人格概念を共有する稲垣は，人権の正しい行使の仕方

について次のように述べている。

> 人権は人間が「人格」としての尊厳を有することにもとづくものである
> が，その人権の正しい行使のためには，「人格」であるわれわれが絶えず
> 「人格」として自らを完成してゆくことが必要とされるのである。このよう
> な自らの「人格」を完成しようとする意図や努力のないところでは，人
> 権の主張や要求は容易に恣意的な「力」や「衝突」に堕してしまうであろ
> う（稲垣，1998：96）。

　教育基本法の教育の目的とも重なるこの指摘は，社会において人権を正しく
用いるためには，人権に関する教育の重要性を主張するものと受け止めること
ができる。そして，道徳科は，学校教育のなかで人権教育の実践の場として中
心的な役割を担うことを期待される。特に平沢が述べていた「肯定形」で語ら
れる人権教育を実践するには，「小・中学校学習指導要領」第3章第2に示さ
れている指導するべき内容項目をまんべんなく取り上げ，自己の（中学校では
「人間としての」）生き方に関する指導を行うことが基礎となるであろう。そう
した授業実践にくわえて，道徳的規範である自然法を前提とする人権の捉え方
が，社会の共通理念として共有されることがあれば，社会全体に「普遍的な人
権文化の創造を呼びかける」肯定型の人権思想が及ぶことが期待できる。

　繰り返しになるが，道徳科の導入はいじめ問題への対応がひとつの契機であ
った。道徳科がいじめ防止に対し期待される役割を果たすためには，教育に携
わる者の人権についての理解をより一層深めることが重要となる。

・注・‥‥

1）学校教育における人権教育の問題点として，子どもたちの人権理解が知的理解
　にとどまっており，人権感覚が十分身についていないことから，指導方法に問題
　点があること。また，教職員に人権尊重の理念について十分な認識が必ずしもい
　きわたっていない点があげられた。
2）稲垣は，キリスト教の人間観，歴史的事実からいって，キリスト教が人権を尊
　重したとはいえないという見解があるとして，主に以下の3点をあげている。①
　キリスト教の来世を重視する社会観からは人権の尊重という考え方は出てこな
　い。②キリスト教が教える人間の尊厳は「神の像」としての教えに基づき，そ

れは，人間を神に従属させ，神に秩序付ける神中心的な人間観である。③ 中世においては，キリスト教はさまざまな人権抑圧をひきおこし，すべての人間に人権が認められていたとはいえない。稲垣は，こうした見解に対し，「精神史あるいは思想史の流れの中では，人権意識の覚醒は自然法思想および人格概念を媒介として，キリスト教ないし福音のメッセージからインスピレーションを受け取った」と述べ，人権意識の根源をキリスト教に求めることの妥当性を主張している（稲垣，2008：104-106）。

• **参考文献** • ‥‥‥‥‥‥‥‥‥‥‥‥‥‥‥‥‥‥‥‥‥‥‥‥‥‥‥‥‥‥‥‥‥

池田賢市（2018）「道徳教育と人権教育との接合の可能性と危険性」『教育学論集』第 60 集，中央大学教育学研究会：1-19

稲垣良典（1998）「キリスト教と人権　真の政治的ヒューマニズムをめざして」『東洋学術研究』37(2)：82-100

稲垣良典（2008）「人権・自然法・キリスト教」『キリスト教と人権思想』：97-112

教皇庁国際神学委員会（2012）『普遍的倫理の探求—自然法の新たな展望』カトリック中央協議会

田中耕太郎（1961）『教育基本法の理論』有斐閣

林泰成（2018）『道徳教育の方法　理論と実践』左右社

平沢安政（2005）『解説と実践　人権教育のための世界プログラム』部落解放・人権研究所

マリタン，ジャック著，久保正幡・稲垣良典訳（1962）『人間と国家』創文社

文部科学省（2018）『小学校学習指導要領（平成 29 年告示）』東洋館出版社

文部科学省（2018）『中学校学習指導要領（平成 29 年告示）』東山書房

第17章 平和社会と道徳教育

————秋山　博正

第1節　平和社会の基盤としての共生体

　平和社会とは社会が平和だということである。つまり社会のある状況を形容する述語が平和である。平和という実体があるわけではない。社会は人びとが緩やかな相互関係にある集団である。その規模は2人関係から国際社会に至るまで多岐にわたる。なお，平和社会を成立させる基盤である社会を捉える際，その構成者を人だけに限る捉え方をしてよいかどうかを問う必要がある。なぜなら構成者を人だけだとし，人以外は構成要素として考慮しない限定的な捉え方は排除の論理を含み平和的ではないからである。

　私たち人間は過去・現在の人及び人以外の生物，水や空気や土地，ひいては地球や宇宙とつながり，それらによって支えられて生存している。だからつながりが断ち切られてしまえば，私たちは社会生活ができなくなるだけでなく生存ができなくなる。それにもかかわらず，私たちは人と人以外のものとを区別し，それを単なる物として都合よく利用している。その事実は一定地域での定住に始まる恣意的な自然利用，資源の消尽，地球規模での環境汚染・破壊など枚挙にいとまがない。それのみならず自分以外のものの生殺与奪権は自分にあるかのような私たちの見方は自他の人にも向けられる。その結果がいじめ，搾取，差別，奴隷化，自殺を含む殺人などである。つまり人以外のものとのつながりを断ち切って人だけを，さらには自分だけを特権化する心の働きはさまざまな弊害を生じる。

　したがって社会は人だけから成るとする見方は平和的ではない。それゆえ平和概念には過去から未来にわたる人どうしの，また人と人以外のものとの，さ

らには人以外のものどうしの「つながり」が含まれている必要がある。つまり平和社会の基盤である社会は人が過去・現在・未来を通じて人以外のものと緩やかにつながり，それにより支えられている「共生体」でなければならない。

　ちなみに人を人以外のものとの過去・現在・未来を通じてのつながりのなかで捉える捉え方は，後述する日本の学校教育での道徳教育において前提されている。というのは道徳教育が基づく「学習指導要領」は道徳教育で扱う内容として次のＡＢＣＤの４つの視点に含まれる項目を扱うからである。すなわち「Ａ　主として自分自身に関すること」「Ｂ　主として人との関わりに関すること」「Ｃ　主として集団や社会との関わりに関すること」及び「Ｄ　主として生命や自然，崇高なものとの関わりに関すること」が道徳教育の内容として扱われているのである。このことが意味するのは「自分（私）自身がまず身近な人々と，次に見知らぬ不特定多数の人々と，さらに自然環境等と過去・現在・未来を通じてそれぞれつながっている」という世界観が道徳教育においては前提されているということである。

第２節　暴力の不在としての平和

　平和とは単に戦争がない状況ではない。冷戦時代のように戦争はないが平和ではない，という状況は実際ある。したがって平和は戦争がないだけではなく，人びとが政治，経済，文化，福祉などの多方面においてつながり充足しており，社会全体として安定した状況であろう。

　さらに平和を考える場合，手がかりとなるのが現代の平和学の創始者の一人であるガルトゥング（Galtung, J.）の見解である。彼によれば平和はまず「暴力の不在」を意味する。この場合の暴力とは身体への攻撃や健康の侵害という狭義の暴力だけではない。ある人が身体的精神的に一定の水準まで実現しえたもの（潜在的実現可能性）を，その水準まで実現させない影響力があったとしたら，それも暴力なのである。ある属性をもつ人びとの結核による死亡率が極端に高いとしたら，それも暴力によることなのである。そして暴力の主体が顕在的である場合，たとえば夫が妻を殴る場合，その暴力は「個人的暴力」とよば

れる。だからいじめや体罰は個人的暴力である。一方，富裕層の平均寿命が貧困層のそれの2倍であるように暴力の主体が潜在的である場合，その暴力は「構造的暴力」とよばれる。暴力が構造に組み込まれているからである。

　このような暴力概念の区別に応じて平和概念も二通りに区別できる。ガルトゥングは個人的暴力の不在を「消極的平和」とよび，構造的暴力の不在を「積極的平和」とよぶ。したがって積極的平和とは単に戦争がないだけでなく，国内外の社会構造に起因する教育機会の欠如，貧困，無秩序，飢餓，疾病，抑圧，疎外，差別などの構造的暴力がない状況をいう。そして平和社会とは消極的平和と積極的平和のいずれもが実現され，人びとが安心して安全に暮らせる社会なのである。

　平和社会は望ましいものでありながら，いまだに実現されていない。それを妨げるものがあるからである。それは何か。この問題の解明は次節で行う。

第3節　平和社会の実現を妨げるもの

　20世紀の両大戦を知り核兵器による人類滅亡の可能性を認識しうる現代の私たちにとっては，戦争は忌避すべきものである。だが戦争が質的にも量的にも現代のそれとは別物であった古代においては戦争観も現代とは異なっていた。プラトン（Platon）もアリストテレス（Aristoteles）もそれぞれの文脈において戦争を前提して勇気という徳を説いており，必ずしも戦争を否定していない。後にイエス（Jesus）は神と結びつけて平和の大切さを説いたが，それは抑圧された多くの民衆にとっては内面における平和でしかなかった。しかもギリシアにおける秩序ある状態であったエイレーネもローマにおける平和であったパクスも実際には，征服によって実現された一時的に戦争のない状態を意味するものにすぎなかった。

　その後は平和観も変化し，永久平和という概念が徐々に形成される。特にアメリカの独立（1776年）やフランス革命（1789年）により合議制の人民主権国家が出現した18世紀以降は永久平和が明確に意識される。そのなかでカント（Kant, I.）は個々の人民主権の共和制国家による国家連合という当時の平和論者

の思想を継承し，さらに諸国家が共通の強制的な法的秩序に順応することにより形成される「一つの世界共和国」を提唱する。それにより，従来はヨーロッパ内でのみ考えられていた永久平和が世界規模で考えられるようになった。

　とはいえ実現したのはせいぜい個々の主権国家の利害関係に基づく一時的な同盟である。国際連盟や国際連合もその延長線上にあるにすぎない。しかも国家に限らず主権をもつ社会単位が互いに接触して主権を行使し合えば紛争や戦争は必ず起こる。このような状況を回避するには，より高い主権を設定して個々の社会単位の主権をそれに委譲するしかない。そのように結論づけたのは20世紀中葉に一世を風靡したジャーナリストであるリーヴス（Reves, E.）である。そしてこの結論を実現するために彼は個々の社会単位の立法，司法，行政などに関わる主権をより高い組織体に委譲する必要性を説き，より高い組織体として「世界政府」を構想した。それは「個々の社会単位間の主権衝突を避けうる人類共通の世界主権は世界政府でしかない」という構想であった。

　以上の古代から現代までの平和実現のための思索や営みの歴史を概観すると，それらはある一定の方向に進んでいることが窺える。その方向とは，端的にいえば国家などの社会単位の「一体化」である。平和実現のための個々の社会単位の一体化には当然人びとの一体化も必要であり，その努力もなされてきた。なのに平和が実現しないのは，社会単位や人びとの一体化を妨げるものがあるからである。それが諸社会単位間や人びとの間でのつながりの不在，分裂，対立などであるのは明らかである。そして人びとにおいてつながりの不在などを主として惹起するのは人間における「対象化」という心の働きである。

　というのは対象化という働きにより人間は自分と，人であるか否かを問わず他者とを分離し他者を向こうに置き客観的に観察できるようになった。他方，対象化により自分自身へのこだわりが生じて他者を恣意的に扱おうとするようにもなった。かくして自他の分離はほぼ分裂へと深まり，分離・分裂は差別や分かれて争う分争に至りうる。むろん人間は対象化により自然を客観化できたがゆえに今日の文明を築きえた。だが対象化は自他を引き裂き相手を思い通りになる物にしようとする（物化）。それと共に他者を物化する自分自身も物と

なり下がる。その一例がいじめである。いじめが行われている場には【被害者＜加害者＜観衆＜傍観者】という４層構造がある。いじめの加害者，観衆及び傍観者は被害者を対象化してつながりを切断しているが，自らもつながりを失っている。だからいじめの加害者は容易に被害者に転じる。人びとがつながっていれば，いじめは生じない。

　それならば対象化という諸刃の剣を前にして私たちは道徳教育によって何ができるのであろうか。この問題は次節で論考する。

第４節　道徳教育の実績と可能性

　人びとの間のつながりの不在などに対して人は無策であったわけではない。太平洋戦争後の日本に限ってみても，対象化への対策が意識されたかどうかは別にして，学校教育において道徳教育が行われ，「道徳の時間」が特設され，道徳科が新設された。それらの主要な理由は私たちが「他者と共によりよく生きる」ための基盤となる道徳性の育成にある。そのためにさまざまな取組がなされてきたが，再考すべきことがある。それは児童生徒間のつながりを養うための教師による指導支援の多くが前述の「Ｂ　主として人との関わりに関すること」という視点で行われていることである。それらのなかでも多用されているのが「思いやり」を育もうとする指導支援である。その前提は児童生徒が思いやれるようになれば，つながりは自ずから生じて深まるという考えであろう。

　というのは思いやりを始めとする「Ｂ　主として人との関わりに関するすること」への指導支援は単独で行われているのではなく，それを支える「Ａ　主として自分自身に関すること」への指導支援と共に行われている。Ａの視点での指導支援により児童生徒は自己のあり方を自分自身との関わりで捉えて自己の充実を図ることができる。そして自己の充実により他者との関わり方も充実させられる，と考えられているからであろう。とはいえ，すべての児童生徒が万人を思いやれるような聖人君子になれるわけではない。

　万人を思いやることは困難であるし，親密な相手さえ思いやれないこともある。また思いやりは関係が疎遠な人より親密な人に発動しやすい。さらに思い

やりは余裕があるときしか発動しない傾向があり，自分より恵まれた人には発動しにくい。そのような不安定な弱点が思いやりにはある。したがって万人への思いやりを育もうとする試みは期待したほどには成果が上がっていない。ちなみに，各学校での児童生徒間に思いやりを育むための取組が奏効していない一因は，児童生徒を友人どうしだと誤解している点にあるのではないか。少なからぬ児童生徒にとって級友は同僚にすぎず友人ではない。

　同僚との，ひいては見知らぬ人とのつながりを育むための道徳教育の手がかりとなるのは見知らぬ人との関わりを前提としている「C　主として集団や社会との関わりに関すること」という視点である。そのなかでも「公正」などの道徳的価値の理解に基づく指導支援が有効である。前述したように万人を思いやることは聖人でもない限り難しい。だが見知らぬ人，それどころか嫌悪する相手に対してさえ公正であろうと努めることはできる。そして公正がある程度実現された社会では，人びとはよりよく生きようという意欲を抱き得る。その結果，健全な競争が行われ，その社会は持続し発展できる。なお誰かと公正に接するには相手への好悪に関わりなく相手の承認が必要である。この承認が人びとの間にある種のつながりを生じさせる。だとしたら公正であることは見知らぬ人びととも共に生きなければならない私たちの道徳の必要条件であろう。

　「学習指導要領」は自然とのつながりも求めている。そして自然とつながるために「D　主として生命や自然，崇高なものとの関わりに関すること」という視点に基づく指導支援が示されている。だが求められているつながりは主体としての人間の立場からの客体としての自然への「対象的相関関係」とでも名づけられるつながりである。振り返ってみると，Bの視点の思いやりもCの視点での公正に基づくつながりも対象的相関関係である。対象化に基づく活動である限り私たちと他者とのつながりは対象的相関関係でしかない。

　しかし私たちが他者を対象化しようがしまいが，私たちは他者と自ずからつながっている。それは事実である。むろんそれぞれの人は分離・独立して存在しているように見える。常識的にはそうである。だが人や物は孤立して存在しているわけではなく，ものはすべてつながり合って生じ存在している。つなが

りなしに単独に存在するものはない。そうすると，すべてのものはつながり合っているのだから，つながって，つながって，果てしなくつながり合っているという面に注目すると，すべては「ひとつ」としか形容できなくなる。この事情は「宇宙」という言葉を使って表現すれば，私も他者も「ひとつの宇宙」の部分として存在していることになる。そして私たちがこの事実に基づいて生きられれば対象化の弊害を乗り越えられるだろう。その例は，左手が傷つけば思わず右手を当てるように，意識せずに自然に誰かを助け，助けたことも意識されないようなあり方にみることができよう。

　前述の世界観に基づくあり方を道徳教育に導入できたら私たちの他者をみる見方は変わるだろう。つながりに目覚めて対象化の弊害を乗り越えるために有効なのが西田幾多郎のいう「行為的直観」である。西田によれば画家は対象をみることによって画境が生じ，それにより制作という行為に駆り立てられる。つまりみることが描くことになり，直観が行為となる。一方，制作された絵は画家とは別個の独立した作品である。だがその絵は画家の本質が反映されたものという意味で画家の分身である。それはいわば画家自身であるので，画家はその絵のなかに自分自身をみることができる。だとすれば画家は絵画制作を通して自分自身をみるのであり，行為により直観が生じることになる。こうして直観が行為を生み，行為が直観を生む。この関係が「行為的直観」である。

　行為的直観が成立するのは画家が対象である物になりきったときである。一般的にいえば自己が物の外から物をみるのではなく，物のなかに入って物のなかから物を見たとき自己は行為へと駆り立てられる。この「物となって見，物となって行う」と表現されるあり方は自己が否定され自己が物になりきることをいう。ただし自己が物になりきれば自己がなくなる。自己がなくなれば自己に対立する世界もなくなるから，かえって世界が自己となる。すなわち一即多・多即一である。そこには自己と世界（他者）という二元的対立はない。これが対象化を超えた境地である。

　この境地は坐禅の達人のような人しか到達できない類いのものであり，道徳教育には直結しがたい。だが西田の思想をあえて道徳教育に応用するなら，

172

「環境倫理学の父」とよばれるレオポルド（Leopold, A.）の「対象の身になって考える」という態度が手がかりになる。彼は森林監督官であった若き日に狼の駆除に精励した。鹿の天敵である狼を根絶すれば鹿の数が増えると考えたからである。ところが狼がいなくなると鹿が増えすぎて餌不足となり，結局鹿の総数は激減した。この出来事からレオポルドは自己の側からではなく，世界（生態系）全体から考えることの重要性を学んだという。それは人間（私）を世界に対峙する者ではなく，その単なる一構成員として位置づけなければならないことを含意している。

　この見方は対象化を脱するものではない。だが日常においてこの見方を意図的に反復すれば，たとえば常に他者の立場でできるだけ多くの情報を収集し，それに基づいての判断を習慣化すれば，つながりへの理解を深めることはできる。それだけでも私たちの他者をみる目は変わるであろう。だがその見方は日常化しなければ効果は上がらない。そして「対象の身になって考える」という態度の日常化を促進するのが「見知らぬ人との関わりの充実」を目指すCの視点である。しかもCの視点は他のＡＢＤの３つの視点と密接に関係している。それゆえ「対象の身になって考える」態度の日常化は道徳教育によって促進されうるのである。だからこそ他者とつながり平和社会を実現するためにも，道徳教育は私たちにとって毎日の，そして生涯にわたる課題なのである。

• 参考文献 •

Kant,I. (1968) Zum ewigen Frieden, in: *Kants Werke VIII*. Walter de Gruyter & Co.（小倉志祥訳〔1988〕「永遠平和のために」『カント全集13』理想社）
岡野守也（2012）『唯識のすすめ』NHK出版
越智貢（2013）「道徳授業の偏りと正義の問題」『日文教育資料［道徳］』
ガルトゥング，著，高柳先男他訳（2001）『構造的暴力と平和』中央大学出版部
西田幾多郎（1965）「善の研究」『西田幾多郎全集1』岩波書店
西田雅弘（1998）「平和」中山愈編『現代世界の思想的課題』弘文堂
文部科学省（2018）『中学校学習指導要領解説　特別の教科　道徳編』教育出版
リーヴス,E.著，稲垣守克訳（1950）『平和の解剖』毎日新聞社
レオポルド,A.著，新島義昭訳（1997）『野生のうたが聞こえる』講談社

第18章　宗教と道徳教育

───小池　孝範

第1節　宗教と道徳，教育の関係について──歴史的視点から──

　「教育」の営み自体は学校誕生以前から存在していたが，いま私たちがイメージする教育の中心は，学校教育であろう。学校を表す"school"などは「閑暇」を意味するギリシア語の"scholē"に由来するとされ，また，学校の原初形態も古代ギリシアの修辞学校やアカデメイアなどに求めることができる。ただし，それらは自由な時間（閑暇）を使って，自発的に個人のニーズによって学ぶ場であり，現在の「学校」とは，異なった意味合いをもっていた。

　現在の「学校」につながる学校としては，古代ローマ時代末期のキリスト教教会における司教座聖堂学校や修道院学校があげられる。これらの学校は，のちに宗教改革などをへて世俗化され，グラマースクールなどの中等教育学校につながっていった。初等教育についても，国民すべてを対象とする学校構想は，宗教改革による新しい信仰を伝道する手段として，ルターによって構想された「自国語学校」がその嚆矢としてあげられる。したがって，その当初の学校は宗教と密接な関係にあり，また，その教育内容も，道徳教育も含め宗教教育として，あるいは宗教のための教育として行われていたといえる。

　一方，近代公教育においては一般に，① 義務制，② 無償制，③ 中立性の3つが原則とされ，中立性には宗教的中立性も含まれている。この三原則は，フランス革命後の立法議会でコンドルセ（Condorcet）が報告した「公教育案」が，近代公教育の端緒をなしたとされている。コンドルセは，この報告のなかで「あらゆる教育の第一条件は真理のみを教えること」にあり，公教育は「あらゆる政治的権威から可能な限り独立していなければならない」としている。

174

さらに公教育においては,「学校や学院で教えられる道徳の原理は, 自然的感情と理性にもとづく万人に共通の原理」であり,「道徳をすべての特定の宗教の原理から切り離し, 公教育においてはいかなる宗教的信仰の教育も認めないことが絶対に必要」であるとしている（コンドルセ他, 2002：13, 49）。コンドルセは, 理性に基づく啓蒙の理念と, 旧体制（Ancien régime）下における政教一致体制に対する批判から, 政治的, 宗教的中立性を主張している。

　こうしたコンドルセの構想が実現し, 宗教的中立性が実現するには百年近くまたねばならなかったが, その背景には, 公教育における道徳教育の位置づけが深く関係していた。フランス革命期の公教育には, 第1に啓蒙主義の思想に基づいた自由主義と知育主義を原則として人間の完成を目指すこと, 第2に,「祖国愛を媒介とする徳性の涵養」を重視し, 国民の育成を目指すことの2つの役割が期待された（梅根, 1975：204-205）。コンドルセの構想では前者に重心が置かれていたが, フランス革命後の政治的, 社会的混乱のなかで, 次第に後者が重視されていくことになった。ただし, いずれの立場においても, 旧体制を支えていたカトリックの影響を排除し, 道徳原理も, 宗教の影響を排した新たな道徳原理に依拠しようとした。しかし, この「新旧道徳の交替は, 宗教的道徳から非宗教的なそれへの転換」, すなわち「信仰の領域から理性の世界への転向を意味する」非常に大きな転換であったにもかかわらず, 理論的にも未整理で形式的にも不十分であった「新道徳」によって性急に行われたため, 社会から, 特に子どもを学校に通わせる親たちから強く忌避され, カトリック的な旧道徳への回帰をもたらすことになったとされる（梅根, 1976：156-157）。このことは結果的に, 教育と宗教の, 特に道徳との密接な関係を浮き彫りにしたといえるだろう。

　こうした教育と宗教, 道徳との「微妙」で,「複雑」な関係は, 日本でも公教育を整備しようとする過程においてさまざまな形で顕在化し, 形を変えながらも現在に至るまで, 教育と宗教, 道徳の関係には課題がみられる。そこで以下では, 日本の事情について概観してみたい。

第2節　日本における道徳教育と宗教教育

　近代以前においては，日本においても学校，教育と宗教は，密接な関係をもっていた。日本における民衆一般も対象とする教育機関の嚆矢としては，空海によって創設された綜芸種智院 (828年) があげられる。その後，中世では，武士の子弟教育も宗教，特に仏教と深く関係し，寺院の世俗教育は近世の寺子屋での教育や郷学などの庶民への教育へとつながっていく。近世に入ると，私塾・家塾，藩校・郷学，寺子屋・手習所など，多様な教育機関が存在し，その内容も多岐にわたるが，道徳教育は，儒教，仏教などの宗教思想を背景として展開されていた (笹田・山口・相澤，2018：13-18)。

　日本の近代公教育は，1872 (明治5) 年の「学制」の頒布からはじまるが，文部省を中心として「学制」のもとで実施される学校教育と，教部省を中心として，「神官と仏僧」が「国家公認の教導職」として行う国民教化とが併存する教育体制であった (末木，2006：182)。功利的・実学的教育観と，教育の「機会均等」に基づく「学制」下の学校教育には，主に知育が期待され，「修身科」で実施された道徳教育も，翻訳教科書を用いた近代市民社会倫理に基づいたものであった (笹田・山口・相澤，2018：20-22)。一方，道徳教育を期待された，大教院を中心とした宗教諸派による国民教化は，1875年の大教院解散，1877年の教部省廃止などによって十分には機能せず，不首尾におわることとなった。

　結果的に，急激な近代化政策は教育界にさまざまな混乱を招き，1879 (明治12) 年に示された「教学聖旨」では，学校教育の方針が徳育を中心とする伝統的な儒教主義的教育へと転換されることとなった (笹田・山口・相澤，2018：20-22)。その後，明治20年代初頭には，道徳教育の方針をめぐる「徳育論争」がおこったが，教育現場でのさらなる混迷をひきおこすことになり，1890 (明治23) 年の地方長官会議では「徳育ノ涵養ノ儀ニ付建議」が出されるなどしたが，同年に「教育勅語」が渙発されたことによって収束していった。

　「教育勅語」は，1889 (明治22) 年に発布された大日本帝国憲法に示された体制を国民道徳の面から支えるものとして，「世俗主義を表に出した尊皇愛国

の道徳」であるとされる。近代の天皇は,「立憲君主制における有徳の君主という世俗的側面と,古代以来の国の最高の祭祀長という宗教的側面という二側面」をもつが,教育勅語は世俗的側面の関わるものとして,学校での道徳教育も世俗的なものと位置づけられていた。しかし,教育勅語を「奉戴する方法は,宗教儀礼」「伝統的神道儀礼」としての側面を有しており,そうした点では,「宗教性」を帯びていたとも指摘されている(頼住,2010:18-19)。

この宗教性を帯びつつも世俗的である教育勅語の理論的根拠として,いわゆる「国家神道」が体系化されていった。「国家神道」では「国家の神話と祭祀の体系」が構築され,「国家神道」は「非宗教化されて政治の領域の問題」と位置づけられると共に,「非宗教性を表に立てるために,祭祀という面と同時に道徳論と密接に関連する」こととなったとされる。道徳論との関連では,「儒教的」倫理に基づく「家父長制」が,教育勅語を通して「全国民(臣民)の共通の道徳」として普及した(末木,2006:186-187)。こうして学校教育においては,形式的には政教分離原則に基づいた世俗的な道徳教育がなされ,学校教育における宗教教育は原則として禁止されたものの,国家神道は「一般宗教とは別である」との姿勢がとられ,国家神道に基づく教育は学校教育のなかで実施された。その後,大正デモクラシー社会主義や自由主義の台頭などに対する「思想善導」の要求や,新教育運動などの影響によって「宗教教育」への期待が高まり,1935(昭和10)年には文部次官通牒「宗教的情操ノ涵養ニ関スル留意事項」などの宗教的情操教育推進の方針が示された。ただし,戦時体制の強化によって,宗教教育が「本来の意義を発揮」することはなかったとされる(頼住,2010:24)。

戦後,新しい教育の方針として,「教育基本法」が1947(昭和22)年3月に公布・施行され,「第9条(宗教教育)」で,宗教の尊重と,憲法の政教分離の原則に基づいた国公立学校での宗教的中立性,また,中立性を担保するための方途として第2項には「宗教教育の限界」が示されている。

戦後の宗教教育をめぐる議論では,「宗教的情操」の位置づけが中心となってきた。教育基本法案が初めて公となった1945(昭和20)年9月の「教育基本法要綱草案」では「宗教的情操の涵養」の重視が示され,「現行条文以上に宗

教教育の積極的な展開が意図」されていた（大崎，2004：42）。最終的に，教育
基本法で「宗教的情操」の語は用いられなかったものの，1947 年 3 月の『学
習指導要領一般編　試案』で，教育の一般目標のなかに「宗教的な感情の芽生
えをのばしていくこと」が掲げられたり，1948 年 7 月の教育刷新委員会第 71
回総会では「宗教心に基ずく敬虔な情操の涵養」を「民主国家の建設に欠くこ
とのできない精神的基礎の一つ」に位置づける「教育と宗教の関係に関する教
育刷新委員会の建議」が採択されたりするなど，昭和 20 年代の前半には，教
育における宗教の役割に対する高い関心や熱意がみられた。

　しかし，昭和 20 年代の後半になってくると次第に宗教に対する関心は薄れ，
昭和 30 年改訂の学習指導要領では，小学校社会科から「宗教単元が消滅し
た」。また，戦後の混乱期には，青少年のさまざまな道徳的問題に応えるため
の道徳教育の充実が喫緊の課題とされ，そのひとつとして昭和 33 年度から小
学校・中学校に「道徳の時間」が特設された（鈴木，1985：115-116）。このなか
で宗教的情操教育は，芸術的な情操と並ぶ情操教育のひとつとして議論されて
いる（貝塚，2010：42-43）。

　この後も，1966（昭和 41）年の中央教育審議会答申の別記「期待される人間
像」のなかで，「畏敬の念」と関連づけられた「宗教的情操」や，教育基本法
改正の議論のなかで「宗教的情操」を中心とした，道徳教育としての宗教教育
の可能性について議論されてきた。しかし，その議論は，「宗教的情操」や
「畏敬の念」をめぐるものであり，宗教と教育，道徳との原理的，根本的な関
係などについては，必ずしも主題的には論じられてこなかった。そこで以下で
は，宗教と教育，道徳との関係を，原理的・根本的な視点から検討することを
通して，道徳教育における宗教教育の可能性と限界について検討してみたい。

第 3 節　道徳教育における宗教教育の可能性と限界について

　これまでみてきたように，宗教と学校教育はその成立の過程において密接な
関係をもっていた。一方，政教分離を理念のひとつとする近代公教育は，教育
の世俗化，脱宗教化を進めてきたが，その過程においては，さまざまな混乱，

特に道徳教育において混乱がみられた。この世俗化，脱宗教化は，学校教育のみならず，社会全体で進行していったが，その流れを後押ししたものとして，啓蒙思想の宗教批判の影響を看過することはできないだろう。

　では，啓蒙思想の宗教批判は，教育にどのような影響を与えたのだろうか。森田伸子は，「教会一般に対する，その社会的機能をめぐる批判」と，「神学と一体化した形而上学に対する理性の立場からの学問的な批判」の２つをあげている。前者は，フランス革命期の「旧体制」に対する批判などに典型的にみられるが，後者は，神学が本来的にもつアポリアのゆえに[1]，「神学と形而上学の亀裂」を生じることになったとする。その結果，宗教は「理性の領域よりも感情の領域に属するものとみなされる」ようになったが，今日の日本の教育において，宗教教育ではなく，「宗教的感情の涵養」が求められているのも，こうした背景に由来するとしている（森田，2013：15-17）。

　しかし，啓蒙思想が依拠した「理性」もまた，19世紀後半から20世紀初頭にかけての「科学の危機」，さらには，「人間諸科学の危機」にさらされ，動揺することになった（木田，1991：24-25）。この時期，道徳についても，ムーア（Moore,G.E.）が，倫理学は「である」（事実）から「べき」（義務や価値）を導き出すという誤り，「自然主義的誤謬（ごびゅう）」を犯しているとして，両者の峻別（しゅんべつ）の必要性を説いた。こうして倫理や道徳は，存在の「学」としての近代的な科学によっては根拠づけられないことになった。

　さらに，20世紀の後半に入って，教育そのものも，アリエス，フーコー，イリイチらの問題提起を契機として，近代教育のもつ「抑圧」性への批判を中心とした「近代教育学批判」が展開され，とりわけ道徳教育は，「価値の押し付け」という「抑圧的」な側面に対する批判にさらされることになった。こうした時代の特徴として「個人化」があげられ，個人化によって「伝統的な規範がいっそう拘束力」を失ったり，「集団的統制」や「家族の統合」が弱体化したりするなど「連帯の基盤が掘り崩されていく」ことになる。そうしたなかで「宗教」でも「個人化」が進み，宗教のもつ「集団統合の機能」が衰退していくことになるだろう（島薗，2007：275-276）。

　では，こうした状況のなかで，道徳教育は何にその根拠を求めていけばいい
のだろうか。歴史を振り返れば，これまでは「宗教」，あるいは「宗教的な何
か」に求めてきたといえようが，そこに回帰し，特定の「宗教」にそれを求め
ていくことは，現状ではきわめて困難である。ドイツの教育学者ブレツィンカ
(Brezinka,W.) は，こうした現在の「価値」に対する危機は「価値判断への確
信の無さによって」引き起こされていると分析した上で，危機から脱出するた
めには「価値の方向づけ」が必要であり，したがって「宗教や神話や世界観
(ないしはイデオロギー) のような信条の体系が，現代社会においても依然とし
て不可欠である」としている (Brezinka, 1992 : 17, 29-31)。新型コロナウイル
スの世界的な感染拡大は，グローバリズムや効率化など，私たちがこれまで
「共通価値」とみなしてきていたもののあり方に再考を促すものでもあり，そ
うした意味では，新たな「信条の体系」の構築に迫られているといえる。
　20世紀後半に入り，宗教については，これまでの近代化＝世俗化の進行と
する見方に反して，「再聖化や公共宗教の興隆」が論じられるようになってき
た。ただしそれは，これまでのような集団的宗教の再興ではなく，社会の個人
化の結果として，「宗教の個人化」がもたらされた結果であり，さらに，「宗教
の個人化」は，脳死・臓器移植などを契機とする死生の危機に際して，「スピ
リチュアルな次元」が浮上したことによって「個人の宗教化」につながってい
ったとされる。こうした「宗教の個人化／個人の宗教化」は，「現代の公共空
間に宗教的な要素を持ち込もうとする志向性」を含んでいるため，ナショナリ
ズムとの連動や環境・生命倫理問題など，多くの政治的争点に宗教性やスピリ
チュアリティが関与する可能性が高まり，その結果として「再聖化や公共宗教
の興隆」が生じていると分析されている (島薗, 2007 : 276-277, 284, 305)。し
たがって，「宗教の個人化／個人の宗教化」を前提とする公共宗教の興隆は，
価値の統合化の方向にではなく，むしろ多様化の方向へと向かわせるであろう
し，宗教のもつ公共性も，従前のような社会一般に広く共通の価値を提供する
基盤の役割を果たすものでは必ずしもないだろう。
　道徳教育における宗教の議論は，とかく「宗教的情操」の位置づけに収斂し

がちであった。しかし，教育基本法の改正によって，宗教教育に関しては「宗教に関する一般的な教養」の文言が追加された。この「教養」を「幅広い知識」と捉えるのか，あるいは，その原義である Bildung の意味を踏まえつつ，「人間性への形成」の意味で捉えるのかによって，宗教教育の射程は大きく変わってくる。現代的状況は，道徳と宗教の関係を再構築するのか，あるいは，一層の分離を進め，非宗教的な新たな「信条の体系」の構築を目指すのかの岐路に立っているといえる。「教養」を「人間性への形成」の意味を含む広い立場から，包括的に宗教と道徳教育との関係を捉え直していくことが必要なのではないだろうか。

• 注 •

1）神学がもつアポリアは，「神」を「言葉と理性」で論証せんとする点にあり，それは「信仰という跳躍によってのみ超えられる」としている（森田，2013：16）。

• 参考文献 •

梅根悟編（1975）『世界教育思想体系9　フランス教育史I』講談社
梅根悟編（1976）『世界教育史体系38　道徳教育史I』講談社
大崎素史（2004）「占領下の宗教教育論争（前期―占領軍内の宗教教育論争）」杉原誠四郎・大崎素史・貝塚茂樹『日本の宗教教育と宗教文化』文化書房博文社
貝塚茂樹（2010）「『宗教を考える教育』における『宗教的情操』」宗教教育研究会編『宗教を考える教育』教文館
木田元（1991）『現代の哲学』講談社学術文庫
コンドルセほか，et al. 著，阪上孝編訳（2002）『フランス革命期の公教育論』岩波文庫
笹田博通・山口匡・相澤伸幸編著（2018）『考える道徳教育』福村出版
島薗進（2007）『スピリチュアリティの興隆』岩波書店
末木文美士（2006）『日本宗教史』岩波新書
鈴木康之（1985）「近代日本における宗教教育の歩み」日本宗教学会「宗教と教育に関する委員会」編『宗教教育の理論と実際』すずき出版
ブレツィンカ，W. 著，岡田渥美・山崎高哉監訳（1992）『価値多様化時代の教育』玉川大学出版部
森田伸子（2013）「近代教育と形而上学―啓蒙思想再論」森田尚人・森田伸子　編著『教育思想史で読む現代教育』勁草書房
頼住光子（2010）「近代日本における宗教と教育―公教育における宗教教育の歴史」宗教教育研究会編著『宗教を考える教育』教文館

第19章　ESD，SDGs と道徳教育

――――大杉　住子

第1節　ESD，SDGs と学習指導要領

1 SDGs とは何か

　SDGs とは，2015 年 9 月の国連サミットにおいて全会一致で採択された持続可能な開発のための目標（Sustainable Development Goals）の略称であり，2030 年までに持続可能でよりよい世界を目指す国際目標である。貧困や飢餓，教育，エネルギー，気候変動，平和といった 17 の目標から構成され，地球上の「誰一人取り残さない（leave no one behind）」ことを誓っている。

　SDGs は，2001 年に策定されたミレニアム開発目標（MDGs）の後継として採択されたものであるが，MDGs が開発途上国向けの開発目標であったのに対し，SDGs は先進国であるか開発途上国であるかを問わず取り組むべき普遍的な目標として設定されているところに特徴がある。

　この SDGs の実現には，官民問わずすべての部門の関係者が担い手として参画することが期待されている。ESG 投資（国連責任投資原則に基づき，社会的課題に取り組む団体に投資を行う仕組み）も，社会全体での

図表 19-1　SDGs の 17 の目標

出所）国際連合広報センター

182

SDGs 実現に向けた取組を大きく後押ししており，企業が社会的課題の解決に貢献することで，経済的価値のみならず，CSV（共通価値の創造）を同時に実現しようとする流れにも大きく影響している。

2 ESD とは何か

　持続可能な開発のための教育（Education for Sustainable Development：ESD）は，2002 年に開催された持続可能な開発に関する世界首脳会議（ヨハネスブルグ・サミット）における日本の提案に基づき開始されたものである。2005 年からの 2014 年までは「国連 ESD の 10 年」とされ，それ以降も，国連教育科学文化機関（ユネスコ）を主導機関として世界中で取組が実施されてきた。

　ESD が目指すのは，持続可能な社会の創り手を育むため，現代社会における地球規模の諸課題を自らに関わる問題として主体的に捉え，その解決に向け自分で考え，行動する力を身に付けると共に，新たな価値観や行動などの変容をもたらすことである。日本では環境教育として理解されることも多いが，国際理解，環境，文化多様性，人権，平和などの個別分野を持続可能な開発の観点から統合した分野横断的な教育である。

図表 19-2　SDGs 実現の基盤となる ESD のイメージ（文部科学省）

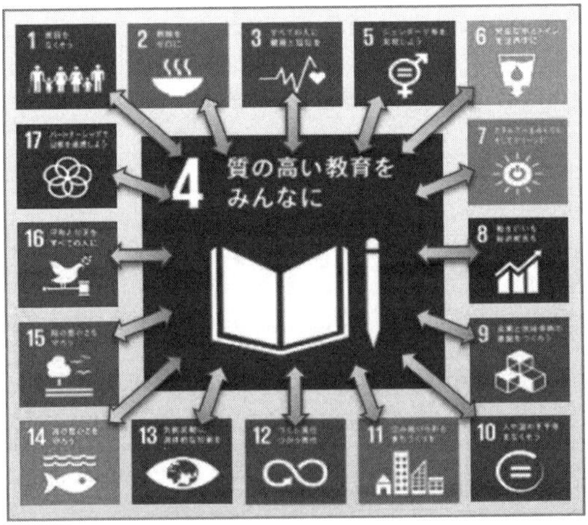

出所）文部科学省（2018）「ESD（持続可能な開発のための教育）手引」（改訂版）

　SDGs との関係では，ESD は教育に関する目標 4「すべての人に包摂的かつ公正な質の高い教育を保証し，生涯教育の機会を促進する」のなかのターゲット 4.7 に，「2030 年までに，持続可能な開発のための教育（中略）を通して，すべての学習者が，持続可能な開発を促進するために必要な知識及び技能を習得で

きるようにする」と位置づけられている。

　したがって，ESD は SDGs のターゲットの一部を構成する要素であるが，効果の面では，持続可能な社会をつくるために必要な力を一人ひとりに育むことを通じて，SDGs の 17 すべての目標の実現に貢献するものである。国連総会においても，ESD が「質の高い教育に関する持続可能な開発目標に不可欠な要素であり，その他のすべての持続可能な開発目標の実現の鍵」であることが確認されている[1]。2019 年には国連総会において「持続可能な開発のための教育：SDGs 達成に向けて（ESD for 2030)」が採択され，SDGs 目標年である 2030 年を目指し，SDGs の実現を担う「持続可能な社会の創り手」を育むための取組が一体的に推進されているところである。

3　学習指導要領との関係

　2016（平成 28）年の中央教育審議会答申「幼稚園，小学校，中学校，高等学校及び特別支援学校の学習指導要領等の改善及び必要な方策等について」では，持続可能な開発のための教育を「次期学習指導要領改訂の全体において基盤となる理念である」としている。子どもたちの現状と未来を見据えた視野からの教育課程の改善を目指すなかで，「我が国のカリキュラム改革は，もはや諸外国へのキャッチアップではなく，世界をリードする役割を期待されている。特に，自然環境や資源の有限性等を理解し，持続可能な社会づくりを実現していくことは，我が国や各地域が直面する課題であるとともに，地球規模の課題でもある。子供たち一人一人が，地域の将来等を自らの課題として捉え，そうした課題の解決に向けて自分たちができることを考え，多様な人々と協働し実践できるよう，（中略）先進的な役割を果たすことが求められる」と述べている。

　また，現代的に諸課題に対応して「世界とその中における我が国を広く相互的な視野で捉えながら，社会の中で自ら問題を発見し解決していくことができるようにしていくことも重要となる。国際的に共有されている持続可能な開発目標（SDGs）等も踏まえつつ，自然環境や資源の有限性，貧困，イノベーショ

ン等，地域や地球規模の諸課題について，子供一人一人が自らの課題として考え，持続可能な社会づくりにつなげていく力を育んでいくことが求められる」とし，育成を目指す資質・能力の具体例として「自然環境の有限性の中で持続可能な社会をつくるための力」をあげると共に，資質・能力の３つの柱のひとつである「学びに向かう力・人間性等」に含まれるものとして「持続可能な社会づくりに向けた態度」をあげた。

　こうした「持続可能な社会をつくる力」の育成には，「教科等横断的なテーマであることを踏まえ，それを通じてどのような力の育成を目指すのかを資質・能力の３つの柱に沿って明確にし，関係教科等や教育課程全体とのつながりの整理を行い，その育成を図っていくことができるようにすることが求められる。各学校においては，子供の姿や地域の実情を捉え，学校教育目標に照らした重点化を図りながら体系的に育成していくことが重要である」としている。

　これをうけ，新しい学習指導要領においては，前文と総則において「持続可能な社会の創り手」を育むことがこれからの学校教育や教育課程の役割としてあげられた。これにより，SDGs の実現を担う「持続可能な社会の創り手」を育むという ESD のねらいが，学校種や学年，教科などを越えた教育課程全体の基盤となる理念と重なることになった。

第２節　「考え，議論する道徳」と SDGs

1　道徳教育の充実と SDGs

　SDGs の実現を支える「持続可能な社会の創り手」として求められるのは，現代社会における地球規模の諸課題を自らに関わる問題として主体的に捉え，その解決に向け自分で考え，行動する力を身に付けることである。また，身近なところから問題の解決に取り組むなかで，新たな価値観や行動などの変容がもたらされることも重要である。

　ESD がねらいとするこうした力の育成や価値観の形成には，道徳教育がき

わめて重要な役割を果たす。「持続可能な社会の創り手」として必要な資質・能力の基盤として，道徳教育の目標である「自己の生き方を考え，主体的な判断の下に行動し，自立した一人の人間として他者と共によりよく生きるための基盤となる道徳性」の育成を意識することにより，SDGs の目標やターゲットの達成を表面的に追い求めるのではなく，よりよい社会のあり方やよりよい人生のあり方を主体的に考え，協働し実践していく教育の実現につなげることができる。

　このように，道徳教育の目標と SDGs の実現を関連づけながら推進することは，道徳教育の充実にもつながる。形式的な指導にとどまりがちであることが課題として指摘される道徳教育であるが，SDGs の観点を取り入れることにより，道徳的な課題を現代社会の課題に結び付け，自分事として考えたり議論したりしやすくなる。道徳科における指導の配慮事項としても，「児童の発達の段階や特性等を考慮し，例えば，社会の持続可能な発展等の現代的な課題の取扱いにも留意し，身近な社会的課題を自分との関係において考え，それらの解決に寄与しようとする意欲や態度を育てるよう努めること」（小学校学習指導要領第 3 章第 3 の 2(6)）とあり，道徳教育と SDGs とを関連づけることのメリットが意識されているところである。加えて，同じく課題として指摘されている家庭や地域社会との連携強化についても，企業活動の質的変化をもたらすほど社会に浸透してきている SDGs を共通言語とすることにより，各学校における道徳教育の目標や重点を家庭や地域社会と共有することが容易になる。

2　道徳科の内容項目と，持続可能な社会づくりを捉える概念

　国立教育政策研究所は，持続可能な社会づくりを捉えるための要素となる主要な概念として，① 多様性（いろいろある），② 相互性（かかわりあっている），③ 有限性（限りがある），④ 公平性（一人一人大切に），⑤ 連携性（力を合わせて），⑥ 責任性（責任を持って）の 6 つをあげている（国立教育政策研究所（2012）『学校における持続可能な発展のための教育（ESD）に関する研究〔最終報告書〕』）。「持続可能な社会の創り手」には，こうした概念を基に物事を捉え，持続可能

な社会の実現に向けた課題発見・解決を図っていくことが求められる。

　これらの概念は，道徳科の内容項目とも深くかかわっている。たとえば，①多様性は，「相互理解，寛容」や「国際理解，国際親善」において，多様さを相互に認め合う関係を築くことが不可欠であるとされていることなどにあらわれている。②相互性は，「友情，信頼」における人間関係のつながりや，「家族愛，家庭生活の充実」における家族との関わり，「伝統と文化の尊重，国や郷土を愛する態度」における地域社会とのつながり，「国際理解，国際親善」における国際社会とのつながり，「生命の尊さ」における多くの生命のつながり，「自然愛護」における人間と自然との関わりなどとしてあらわれている。③有限性は，「生命の尊さ」における生命の有限性，「自然愛護」における自然との共存，「節度，節制」における欲望を抑えた望ましい生活習慣などにあらわれている。④公平性は，「公正，公平，社会正義」における差別や偏見を排し公正，公平にふるまうことなどにあらわれている。⑤連携性は，「よりよい学校生活，集団生活の充実」や「勤労，公共の精神」における仲間との協力，「伝統と文化の尊重，国や郷土を愛する態度」における地域社会の連帯，「国際理解，国際親善」における，国際的な連帯などにあらわれている。⑥責任性は，「善悪の判断，自律，自由と責任」における自律的で責任ある行動や，「希望と勇気，努力と強い意志」における，より高い目標を立て，やりぬくことなどにあらわれている。

　持続可能な社会づくりを捉える概念と道徳科の内容項目の関係は，ここにあげたものだけに限られないが，両者に関連性をもたせながら授業を工夫することは，持続可能な社会づくりに関わる課題を見出し，そうした課題に照らして道徳的価値を理解するために効果的であると考えられる。

３ 経済，社会，環境の調和と道徳的価値に関わる葛藤

　SDGs の主要原則のひとつに「統合性2)」があり，経済，社会及び環境の三側面を，不可分のものとして調和させる統合的取組が求められている。現実社会においてこの三側面を調和させる過程では，経済的影響と環境負荷，社会的価

値をめぐる葛藤や対立が生じ得る。こうした葛藤や対立のある事象を取り上げ，道徳的価値を実現する上での迷いや葛藤を大切にした展開を工夫した指導を行うことは，答えの定まらない問題について，道徳的価値と関わらせながら理解を深め，多面的・多角的に考えることができる力を育むために重要である。道徳科における指導の配慮事項についても，「持続可能な発展を巡っては，環境，貧困，人権，平和，開発といった様々な問題があり，これらの問題は，生命や人権，自然環境保全，公正・公平，社会正義，国際親善等様々な道徳的価値に関わる葛藤がある。このように現代的な課題には，葛藤や対立のある事象等も多く，特に『規則の尊重』『相互理解，寛容』『公正，公平，社会正義』『国際理解，国際親善』『生命の尊さ』『自然愛護』などについては現代的な課題と関連の深い内容であると考えられ，発達の段階に応じてこれらの課題を取り上げることが求められる」と解説しているところである（小学校学習指導要領解説　特別の教科道徳編第 4 章第 3 節 6(2)）。

第 3 節　「社会に開かれた教育課程」の実現と SDGs

　道徳教育も含めたこれからの時代に求められる教育を，教育課程を通じて実現していくためには，学習指導要領前文にあるように「よりよい学校教育を通してよりよい社会を創るという理念を学校と社会とが共有し，それぞれの学校において，必要な学習内容をどのように学び，どのような資質・能力を身に付けられるようにするのかを教育課程において明確にしながら，社会との連携及び協働によりその実現を図っていくという，社会に開かれた教育課程の実現が重要」となる。

　各学校において育成を目指す資質・能力のあり方を議論したり，家庭や地域社会と教育課程の理念を共有したりするにあたっては，社会全体の目標として浸透し，分野や部門などを超えた共通言語となっている SDGs を軸に理解を図ることも有益である。SDGs の実現と，各教科などの教育目標・内容との関係や，学校・家庭・地域社会それぞれに期待される役割との関係を意識することは，教科等や学年を越えた教育課程全体のカリキュラム・マネジメントの円滑

188

化や，社会との連携・協働による教育課程の実現に資することになる。

　また，SDGs は国内にとどまらず，世界の共通言語である。ICT 環境の充実に伴い，日本と海外の教室をつなぎ，それぞれの地域の課題と地球規模の課題をつなげながら子どもたちが議論するような，グローカル（グローバル＋ローカル）な学びも実現しやすくなってきている。高校生自身が，海外の生徒とオンライン上でSDGs について議論し行動するような活動を企画する例も生まれてきている。

　SDGs は 2030 年を目指した目標であるが，よりよい社会をつくるための目標や今後の教育のあり方に関する議論はこの先も続いていく。こうした将来の議論をリードし実現していくのは，今の子どもたち自身であり，国連のさまざまな政策立案の際にも，若者世代の意見がより重視されるようになってきている。日本の若者たちが「持続可能な社会の創り手」として，よりよい未来を主体的につくり出していくことができるよう，SDGs の実現を目指した取組と道徳教育の充実とを両輪で進めていくことが期待されている。

・注・‥‥

1）国連総会決議 A/C.2/72/L/45（2017 年 11 月）参照。
2）政府の持続可能な開発目標（SDGs）推進本部が定めた「持続可能な開発目標（SDGs）実施指針改定版」（2019）では，実施のための主要原則として普遍性，包摂性，参画性，統合性，透明性と説明責任をあげている。

・参考文献・‥‥‥‥‥‥‥‥‥‥‥‥‥‥‥‥‥‥‥‥‥‥‥‥‥‥‥‥‥‥‥‥‥‥‥

北村友人・佐藤真久・佐藤学編著（2019）『SDGs 時代の教育』学文社
国立教育政策研究所（2012）『学校における持続可能な発展のための教育（ESD）に関する研究〔最終報告書〕』
文部科学省（2018）「ESD（持続可能な開発のための教育）推進の手引」（改訂版）

日本の伝統的な思想と道徳

概要　日本の伝統的な思想と道徳

高島　元洋

1 義務教育（道徳教育）と高等学校（公民・倫理）

　今日，義務教育「特別の教科　道徳」では「自己の生き方についての考えを深める学習を通して，道徳的な判断力，心情，実践意欲と態度を育てる」とあり，対応して高等学校には「人間としての在り方生き方についての自覚を育て，平和で民主的な国家・社会の有為な形成者として必要な公民としての資質を養う」とする（『学習指導要領』）。ここに「自己の生き方」とか「人間としての在り方生き方」という言葉があり道徳教育と倫理（公民）の関係を示す。「生き方」とは，日常生活の具体的な行為において何をなすべきで何をなすべきではないかという規範を問題にする。また「在り方」とは，「生き方」を個々人の内面において捉え直し，行為を生みだす存在のありようそのものを課題とする。

2 道徳教育と倫理学

　「在り方生き方」という考え方は，端的には次のような議論である。倫理学の問いは，まず「私は何をなすべきか」という行為への問いである。この問いは，それ自体は単純であるが，解答の実際は複雑で，そこにさまざまな倫理学が成立する。とりあえず2つの考え方がある。ひとつは，「何を」（行為の価値・目的）について答える立場，たとえば功利主義や価値倫理学である。もうひとつは「べき」（行為の規範）を問題にする仕方，道徳法則の普遍性を問う義務倫理学が相当する。価値・目的を求めまた義務を考えることは倫理学の重要な課題であるが，倫理学にはさらに根本的な問いがある。「私は何をなすべきか」という問いが行為を問うことであるとすると，行為の主体である「私」が最後に問題になる。行為を問うことは，最終的には行為者そのものを問い，

「私とは何か」という存在に対する問いが課題となる。

❸ 和辻倫理学

　倫理学における和辻哲郎の業績は画期的であった。和辻は，西洋の倫理学を徹底的に理解し，そのうえで日本文化を考え，より普遍的な人間観を提示した。問題は，「私とは何か」という倫理学の根本が，西洋と日本では異なるということであった。

　西洋の近代哲学は，デカルトのコギト（自我）に代表される「個人意識」から「私」を理解する。「私」は，コギト（自我）である。これを前提として世界を受け止め構築する。一方，和辻はこれを批判して，「私」は「人間」（間柄）であるという。人間は，人と人との間にあってはじめて人間として存在する間柄的存在である。「倫理問題の場所は孤立的個人の意識にではなくしてまさに人と人との間柄にある。だから倫理学は人間の学なのである。」（『倫理学』）。

❹ 伝統・文化（神道・仏教・儒教など）と西洋近代思想

　「学習指導要領」では［伝統と文化の尊重，国や郷土を愛する態度］という標語があり，つづいて生命観・自然観・美意識・宗教的情操が取り上げられる。

　和辻『倫理学』は「倫理」を議論し「間柄」に到達するが，その後の『日本倫理思想史』では，普遍的「倫理」に対して「倫理思想」という特殊な現象を問題にする。ここに日本文化の伝統が語られる。普遍なる「倫理」は，普遍それ自体として存在するわけではなく，特殊な「倫理思想」として現象する。「倫理思想」は，歴史的時間と地理的空間の限定をうけた多様な「伝統・文化」であり，そこに同時に普遍的に機能する構造として「倫理」が存在した。

第20章 古代における道徳教育の原理

――――大久保　紀子

第1節　古代の人びとの世界観

　古代社会では一般の人びとのための教育制度はいまだ設けられておらず，国政を司る官吏養成のための教育制度はあったにしても必要な知識や教養を授けることが目的とされていたため，心の教育の形跡を見出すことは困難である。そこで本章では教育という言葉にとらわれずに，古代の人びとがどのような心のあり方を，またはどのような行動をよいと考えていたかを明らかにする。

1 原始的心性

　古代の人びとが自分をとりまく世界をどのように捉え，どのような心の状態を理想としていたかを知るためには，時代を遡って，ようやく稲作が始まったころの人びとの心のあり方を心得ておくことが必要であろう。古代の人びとは原始的な心性をいまだ色濃く残していたと思われるからである。

　現代に生きる私たちは，自己と他者ないしは自己をとりまく世界を峻別し，また，自己を自律的な存在であると考えている。自己や自律性，主体性ということを前提として人というものを捉える。しかし，原始の人びとは，自己と自己をとりまく世界とを峻別するよりもむしろ，自己がそのまま世界であり，世界がそのまま自己であるという即融的な存在であった。主体的に意志をもって行動することに価値を置くのではなく，世界と融合していたと考えられる。

　私たちとは比べものにならないほど鋭敏な感覚の持ち主であった原始の人びとは，見えない力を世界全体から，また世界に存在するあらゆるものや事象から感じとることができた。原始の人びとにとって世界とはそうした見えない力

の波動に満ちた世界であり，生きるとは五感全体でその力を感覚することにほかならなかった。見えない大きな力やそれぞれのものにやどる力が交わり，共鳴しあうことによって成り立つ世界のなかで，この身にもまた同じ見えない力がやどり，世界のさまざまな力と響き合い共鳴しあっていると考えられた。原始の人びととはその身にやどる見えない力によって世界と一体であった。この見えない力を超越的な力とも，神とも，また霊力ともよぶ。

原始の人びとには心のあり方を反省して善悪を見極めようとしたり，あるいは行為の善悪を問うというような道徳的な意識は希薄であった。原始の人びとにとってもっとも重要だったのは見えない超越的な力との関係である。人びとはその力の安定を願って，身をつつしんで祈り祭った。そうすることによって生活がとどこおりなく営まれ秋の収穫が豊かであれば，それはそのままよいことであり，逆に，天候の不順や災害，身におこる不調などがあればそれは超越的な力の変調としてひたすら畏れられたのである。

2 『万葉集』にみる世界と人との関係

『万葉集』の舞台のひとつである大和平野は，当時多くの沼沢が広がる湿地帯で，昼なお暗き原始林が四方の山野にまで連なっていたことが知られている。このような森林に囲まれた湿地帯は稲の栽培に適してはいたが洪水や台風などによる被害をうけやすく，人びとは自然の脅威にさらされて生きていた。

ざわざわと木々をゆする大風やにわかに増水して逆巻く川の流れは，どれほど人びとをおびえさせたことであろう。荒々しい自然に身をさらす生活が独特の鋭い感覚を原始の人びとの内部にはぐくんでいった。人びとは見えないものを敏感に，身体全体で感覚して生きていた。

夜の深い闇に覆われた世界にやがて再び陽の光がさし込んでくるのも，時を忘れずに芽吹き，花をつけては実を結ぶ草木の姿も，みな見えない，超越的な力がこの世界にはたらいているしるしと思われた。荒れ狂うように吹きつける風や予期せぬ洪水もそのあらわれであった。古代の人びとは，鋭敏な感覚によって，人間はもちろん木や草，山や海など世界のあらゆるものに目に見えない

超越的な力を認め，感じとることができた。

　見えない力を感じとるとは，その力をうけ，それと同調し共鳴して一体化することにほかならない。見えないものを鋭敏に感覚し，身体をとおして一体化していくあり方は，『万葉集』の歌に読みとることができる。[1]

　ぬばたまの　夜さり来れば　巻向の　川音高しも　あらしかも疾き

（巻七・1101）

　夜がやってくると巻向の川音が高い。山おろしの風が激しいのだろうか。

　歌人はひとりじっと夜の闇に耳を傾けている。闇にとざされ視覚がさえぎられているがゆえに川波の音はよりはっきりととらえられ，嵐がもうそこまでやってきていることを全身で感じとっている。自然の動きと共鳴し一体化しているのである。次の歌でも，嵐を告げる自然と歌人が一つとなっている。[2]

　あしひきの　山川の瀬の　鳴るなへに　弓月が岳に　雲立ち渡る

（巻七・1088）

　山川の瀬が鳴り響くにつれて，弓月が岳に雲が立ち渡ってゆく。

　川波がどよめき雲がむくむくと立ちのぼる，そのにわかな荒々しい動きと歌人の心が同調したところに，この歌が生まれた。歌人の心が瀬音や峰の雨雲と共鳴して，不穏な胸騒ぎが高まっていく。嵐を起こす見えない大きな力と歌人の心身が共振しているのである。

3　超越的な力との関係

　目に見えない，超越的な力は，人間の意志を超えた思いもよらない作用をこの世界に及ぼす。人びとの生活は，幸いのみならず生命を直接脅かすほどの災いをももたらす超越的な力と共にあった。人びとの生活の根底に，見えない超越的な力に対する畏れがあった。

　たとえば，日々の糧を得るための農作業は，私たちが考えるような人が計画し，統制して遂行される作業ではなかった。作業の経過もその結果である秋の実りもすべて超越的な力のあらわれであり，その力によるものと考えられた。

　したがって，予期せぬ日照りや大風などがあれば，人びとはそれを自分自身

を含めた世界全体の異変であると捉え，安定した状態の回復をこいねがう儀式を執り行った。超越的な力に祈る儀式であるから，日常の生活とは次元の異なる聖別された時と場が必要とされ，人は畏れとつつしみをもって身を清めなければならなかった。人びとは穢（けが）れに触れることのないよう日常生活から離れた場所にこもり，禊（みそぎ）をして身を清めて儀式に臨んだ。そうして祈り，こいねがうことによってこそ世界の安定がとり戻されると考えたのである。安定した状態が，すなわちよいことなのであった。

　身の清らかさはその儀式を成立させるために不可欠の条件である。もし，穢れが侵入すれば，安定した状態が回復されるどころか超越的な力がさらに荒れすさび，災いをもたらすと考えられた。荒れた不安定な状態は悪であった。

　万葉の歌人たちがせせらぎや月の光の清さを詠んだ時，そうした特別な儀式における清らかさが脳裏をかすめていたにちがいない。古代の人びとが理想とした「清明心」の清らかさの背景には，こうした宗教的な清らかさがある。

第2節　清明心

1 透きとおった明るさ

　古代の人びとが理想とした「清明心」とは，清く澄んだ穢（けが）れのない心の状態をいう。透き通った水の流れのような，あるいはくもりなくさやかに照りわたる月の光のような透明度の高い心を古代の人びとは理想とした。

　『万葉集』には，水の流れや月の光の清らかさを歌った次のような歌がある。[3]
　落ち激（たぎ）つ　走井水（はしりゐ）の　清くあれば　おきては　我は行きかてぬかも

（巻七，1127）

　たぎり落ちる走り井の水が清いので　見捨ててわたしは行けないことだ。
　雨はれて　清く照りたる　この月夜（つくよ）　また更にして　雲なたなびき

（巻八，1569）

雨がやみ，清く照っているこの月に，またあらためて雲よたなびいてくれるな。

　先に述べたように，万葉の歌人たちは自然と一体となって融合していく感覚を強くもっていた。万葉の歌人がせせらぎの清らかさに，また月の光のさやけさに魅了されて詠う時，その清さとはすなわち詠み手の心の清らかさそのものであったろう。「清明心」とは水底まではっきりと見透かせるような流れの透明感を，また，煌々と照る月のような明度の高さをもつ心のことなのである。

　このように「清明心」が五感で感覚される透明感や明度の高さからなる清らかさ，明るさであるとすれば，その反対語である「邪心(きたなきこころ)」が私たちが考えるような抽象的な悪ではないことは明らかである。『古事記』で「清き明き」心の状態と対比される「邪心」[4]は「きたなきこころ」とよみ，『日本書紀』には「黒心」[5]と書いて「きたなきこころ」とよむ例が出てくる。「きたない」というよみ，あるいは「黒」という字面からわかるように，手でぬぐいとることができるような具体的な汚れ，また目で感じることのできる具体的な暗さが古代の人びとにとっての悪なのである。古代の共同体において人に求められたのは端的に透明な明度の高い心であった。

2 明るさと暗さ

　「清明心」のもつ明るさと「邪心(きたなきこころ)」の暗さとの対比は天照大御神(あまてらすおおみかみ)が須佐之男命(のをのみこと)の悪行をみておそれ，天の岩屋戸にさしこもる場面に象徴的に表現されている。[6]太陽神である天照大御神が隠れてしまうと高天原も葦原中津国もいつ明けるともしれない夜の闇に覆われる。五月蠅(さばえ)の不気味な羽音を思わせる妖声が世界に満ち，暗闇が内包する災いが世界に放出され蔓延していくのである。暗さは即座に悪，災いを生む。

　これに対して，天照大御神が岩屋戸を出てこの世に再び光が戻ってくる場面は「日神(ひのかみ)の光，六合(くにのうち)に満(いは)みにき」[7]と記され，晴れやかな喜びに満ちている。そもそも天照大御神はその誕生の時，すでに「此の子，光華明彩(ひかりうるは)しくして，六合(くに)の内に照り徹(とほ)る」[8]と記され，月読命と共に「質性明麗(ひととなりてりうるは)し」[9]とされていた。明るさはそれだけで「うるはし」い，よいことを意味するのである。

3 清らかさと穢れ

　この明るさと暗さの対比を生と死の対比として捉えることもできる。『古事記』『日本書紀』では，死者のゆく黄泉の国が暗く穢れた世界として描かれている。[10] 伊邪那岐命は亡くなった伊邪那美命をもう一度この世に連れ戻そうとして死者の国に赴くが，伊邪那美命は既に穢れた姿に変わり果てていた。

　その姿を垣間みておそれた伊邪那岐命はほうほうの体でこの世に逃げ帰るが，暗い穢れに満ちた死の国から明るい光の生の国に立ち返るためには，身に付着した黄泉の国の穢れを濯ぎ落とさなければならなかった。伊邪那岐命は，穢れが染みついた衣類や装身具を川の流れに投げ棄てて，冷たい清らかな水中に飛び込み，身を振るうようにして身体に付着した穢れをはらい去って明るい日のもとに立ち返る。清冽な水の流れによって穢れを濯ぎさることによって「清明心」に立ち返ったのである。

　「清明心」の清らかさは反省や省察によって獲得される内面的なものではなく，また，恒久的に保持することや蓄積を前提とするものでもない。「清明心」とは端的に透明な明るさを意味し，それをくもらせる穢れや暗さをそのつど即物的に洗い流すことによって獲得されると考えられていた。「清明心」は人が主体的に獲得し，保持し得るものではないのである。

第3節　「清明心」の特質

　『古事記』のなかから「清明心」が具体的に記述されている部分をさらに抽出し，その特質を明らかにして本章の結びとする。

1 受動的な態度

　「清明心」は人の主体的な営為によって獲得されるものではないということが，古代の人びとの態度や行為の性格を規定する。『古事記』には人間の意志や判断によって行為が導き出されるのではなく，きわめて受動的に，超越的な何かによる判断に従って行為する例が頻出する。

　たとえば，伊邪那芪命と伊邪那美命は２人で生んだ子がよく育たない理由を天つ神に問うが，天つ神は太占（ふとまに）によってさらに上位の神にその理由をたずね，伊邪那美命が柱廻りの儀式において先に声をかけたことが原因であることがようやく明らかになる[11]。伊邪那芪命と伊邪那美命でさえ自らの行為の因果関係を知らず，主体的に行為を選択することができないのである。

　また，崇神天皇は悪疫に対処する方法を求めて，夢で神託をうけるために神床をしつらえて眠りにつく。その神託のとおりに大物主神を祭ると祟りは止み，国は平安を取り戻した[12]。

　このように，行為は人間の意志や主体的な内省や人倫関係における一定の規準によって定められるのではなく，占いや夢を通してえられる神託によって定められる。人の力をこえた，超越的な何ものかに問うことによって人はその行為の是非を知り，また，なすべきことを知らされる。人間の意志を越えた超越的な力が絶対的なものとしてあったからである。

　「清明心」が人間の内面的な善悪ではなく即物的な明るさと清らかさを意味したのも，超越的な力の絶対性を前にしては人の意志や判断や反省といった心のはたらきが作用する余地がまったくなかったからである。

　逆をいえば，「清明心」は人間の内面の正しさによってではなく，超越的な力によってのみ証明されるということになる。『古事記』で，天照大御神が弟である須佐之男命に心が「清く明き」状態であることを証明するように迫る場面がある[13]。須佐之男命は「あは邪き心（きたなきこころ）なし」と弁明し，「なが心の清く明き」証拠を示せという天照大御神に対して，互いの持ち物である剣と玉を交換して神意を問う呪法を行って謀叛の心がないことを明らかにする。「清明心」は超越的な何ものかによって保証されるのである。

　「清明心」がこのように超越的な力を前提とし，それによって保証されている以上，「清明心」から派生するのは主体的で積極的な行動ではなく，超越的な力に対してひたすら受動的に従って生きる態度であるということになる。

2 純粋さ

　「清明心」の受動性が徹底したところに非常な純粋さが生まれる。たとえば，『古事記』に，倭建命が西国の征伐を終えて間もないのに父景行天皇から東国の征伐を命じられたことを姨倭比売命に嘆く場面がある。そこでは，倭建命の感情の高ぶりが表現されているにもかかわらず，自我や自己意識がまったく感じられないばかりか，嘆きの原因である人間関係さえ背景に遠ざかり，倭建命の純粋な悲しみがあらわれている。

　泣いて嘆き訴えるうちに，「天皇，すでにあを死ねと思ほすゆゑにか」という疑いが「これによりて思惟はば，なほ，あれすでに死ねと思ほしめすぞ」という断定に変わり，悲嘆はつのっていく。父と父を凌ぐ息子との対立は普遍的な主題であるが，それにふさわしい血肉の争いはここでは成立しない。倭建命は父の仕打ちに対して反逆するのではなく，ひたすら嘆き悲しみ，あくまでも従順である。そこに「清明心」の特質である純粋さをみることができる。

• 注 • ……………………………………………………………………………

1) 小島憲之ほか校注（1972）『日本古典文学全集　万葉集　第二巻』小学館：211。
2) 同上：207-208。
3) 同上，1127番の歌は217頁，1569番の歌は344頁。
4) 『古事記』：46。『古事記』『日本書紀』についてはそれぞれ以下の文献を参照した。西宮一民校注（1979）『古事記』新潮社，坂本太郎ほか（1967）『日本書紀上』岩波書店。
5) 『日本書紀　上』：104。
6) 『古事記』：50以下。『日本書紀　上』：112以下。
7) 『日本書紀　上』：118。
8) 同上：86。
9) 同上：88。
10) 『古事記』：37，『日本書紀』：92。
11) 『古事記』：30。
12) 『古事記』：134。
13) 『古事記』：46以下。
14) 『古事記』：161-162。

第21章 中世における道徳教育の原理

第1節 中世仏教にみる道徳教育の原理

1 中世仏教にみる道徳教育の原理──「禅」の思想を手がかりとして

————頼住　光子

1 仏教の基本道徳としての「慈悲」

　開祖である釈迦が，次期国王の地位を捨て修行の道に入ったことに象徴されるように，仏教は，出世間の教えとして，帰依者に虚仮なる世俗世界からの離脱を教えた。しかし，仏教が，世俗の人びとに何も道徳的示唆を与えなかったのかというと，決してそうではない。仏教では，さまざまな理由から出家できない人がいることも認めており，彼らには五戒（不殺生戒・不偸盗戒・不邪淫戒・不妄語戒・不飲酒戒）を守り，正しい生活を送ることが勧められた。五戒のなかでももっとも重要なのが，生きとし生けるものの命を奪うことを戒める不殺生戒である。命を奪うことを戒めるのは，仏教に限らず，さまざまな宗教や道徳教説の基本的規範だが，仏教の場合は，不殺生を，あらゆるものがつながり合っているという世界観，人間観から説くことに特徴がある。輪廻転生の考え方（ただし仏教の場合は無我輪廻説）に基づき，仏教では，生きとし生けるものは輪廻転生を繰り返すと説く。仏教が，人間のみならずあらゆる生きものの命を奪うことを禁じるのは，それが，前世，前々世，さらに遡ったどこかで，自分の親兄弟のような親しいものであった可能性を考えるからだ。つまり，仏教では，命あるものすべてを現在見えているのを超えた，時間・空間の果てしないつながりのなかで捉え，だからこそ命を奪ってはならないと制する。

　このようなつながりの自覚は，仏教の基本感覚といってもいい。たとえば，

最古の経典とよばれる「スッタニパータ」にも収録されている「メッタ・スッタ」(「慈経」)の「一切の生きとし生けるものは，幸福であれ，安穏であれ，安楽であれ。(中略)あたかも，母が己が独り子を命を賭けて護(か)るように，そのように一切の生きとし生けるものどもに対しても，無量の(慈しみの)意(こころ)を起すべし」(中村，1984：37)という一節は，まさに仏教の「慈悲」の教えをよく表している。仏教では「慈悲」の「慈」(マイトリー)を「他者の喜びを自己の喜びとすること」(与楽)とし，「悲」(カルナー)を「他者の悲しみを自己の悲しみとすること」(抜苦(ばっく))と捉えている。そして，この「慈悲」は，自己と他者との根源的な一体性に基づいて説かれている。仏教の道徳の基盤をなす「生きとし生けるものとのつながり」の感覚がここには息づいている。仏教の「慈悲」とは，自己と他者とを明確に分けた上で，優位者が可哀そうな劣位者に対して同情して施しを与えるというものではない。「慈悲」とは，自己と他者との一体性(自他一如(じたいちにょ))に基づくものであり，それを支えるのが仏教の基本的な考え方「空─縁起」なのである[1]。次項では，釈迦の「直伝(じきでん)」を標榜した日本の禅者，道元の教えを手がかりとしてさらに考察したい。

2 仏教道徳の基底としての「空─縁起」 ──『正法眼蔵』「現成公案」巻

　本項では，日本中世の禅者で大乗仏教の透徹した思想家でもある道元の主著『正法眼蔵(しょうぼうげんぞう)』「現成公案(げんじょうこうあん)」巻の次のような一節を取り上げ，仏教の基本教説であり，仏教における道徳思想の基底をなす「空─縁起」について考えてみたい。

　　仏道をならふというは，自己をならふ也。自己をならふといふは，自己をわするるなり。自己をわするるといふは，万法に証(しょう)せらるるなり。万法に証せらるるといふは，自己の身心および他己(たこ)の身心をして脱落せしむるなり(水野，1990：54-55)。

　上掲の引用では，まず，仏道修行とは，自己の真相を見極めることであり，さらにそれは，「自己を忘れる」ことだといわれる。仏教では「無我」を主張

し，あらゆるものは固定的な本質などもたないと説く。それに対して，日常の生活は，「自己」という何か固定的なものがあるという漠然とした思い込みの下で営まれる。しかし，仏教からすれば，固定的な単位としての自我とは，あくまでも世俗世界を構成するために仮構されたものに過ぎず，本来そのような固定的な自我もないし，さらに存在するものはすべて固定的な本質などない。「自己を忘れる」ということは，固定的な我（アートマン）があるという捉われから脱すること，すなわち，「無我」に目覚めることを意味する。つまり，自己を追求して，自己とは実は固定的なものとしては存在しないということがわかる。自分だと思っていたものは，実は，自分ではないのだ。

　そして，この「自己を忘れる」ということは，「全ての存在」（万法）によって，「証される」（確かなものとしてあらしめられる）ことであると道元はいう。この「すべての存在によって確かなものとしてあらしめられる」ということは，まさに「空―縁起」に基づく事態である。

　「空」とは，その字面からしばしば誤解されるように「空っぽ」などではなく，永遠不滅の実体としては何ものも存在しないということ，すなわちあらゆるものは移り変わる「無常」のものであり，固定的な不変の本質をもたない「無我」なるものだということである。では，「無常」で「無我」なるものがどのようにひとつの存在として成立するのかというと，それは「縁起」（他とのつながり合い）によると考えられている。「縁起」とは，すべての存在（「万法」）との関係のなかで，自己がこのように成立しているということである。つまり，相互相依関係のなかで，このようにあらしめられていることが，「証される」ことなのだ。

　そして，道元は，「証される」とは，自己と「他己」の心身を「脱落」させることであるという。この「他己」とは，道元が多用する言葉である。他の存在について言い表す際に，他の存在と自己とが切り離され対立したものではなく，つながり合って密接な相関関係にあることを示すために，「他」に「己」という字をつけて「他己」とするのである。この場合の「他己」とは，人間に限らず山川草木を含めすべての存在者をさす。

　自己が悟ること（身心の脱落）により，「他己」すなわち全存在が悟る，すなわち，自己と「他己」の「悟り」とが連動すると，道元はいう。「身心の脱落」とは，「悟り」の瞬間に，身も心も捉われ——その捉われの背景にあるのは，自己や他の存在を固定的な要素として二元対立的に捉える見方なのであるが——から解放されることを意味する。「悟り」において，人は，自己と世界の真相である「空」を体得する。「空」の体得とは，すべてが関係し合って成立し，本来，固定的な「我」などないと実感することなのである。

　この「空」なる相互相依関係の総体を道元は，「遍（法）界」（真実なる全世界）や「尽（十方）界」（全方位を含む世界）などと言い表す。道元が『正法眼蔵』でしばしば引き合いに出す言葉に「尽十方界是一顆明珠」がある。「一顆明珠」とはひとつの明るく輝く珠玉ということで，世界全体をひとつの透明な玉と見立てて「空」を表現している。自己と「他己」との「悟り」が連動するのは，全存在がひとつの全体として結び合い，連関をなしているからである。世界全体の全存在が結び付き合っているからこそ，ひとりの悟りが全世界へと波及する。

　仏教，特に禅宗においては，ひとりが修行し悟ることによって，全世界が悟るということが強調される。たとえば，道元が『正法眼蔵』の他の箇所で言及する「花開世界起」（花開いて世界起こる）という言葉も，ひとりの「悟り」の花が開くことによって，世界全体も悟るということを意味している。「悟り」とは，自己と世界の真相である「空」の自覚である。修行によって，自己も，そして自己と相互相依関係にある世界の諸存在も「空」であると自覚し，そのことによってみずから「空」の次元を顕現させるのであり[2]，これこそが仏教の道徳の基盤なのだ。

1）本項で言及した初期仏教に関する詳細については頼住（2010）を，また仏教と道徳との関係については頼住（2008，2017）を参照。
2）『正法眼蔵』にみられる道元の思想構造の詳細は，頼住（2014）を参照。

• 参考文献 • ……………………………………………………………………………………

中村元訳（1984）『ブッダの言葉　スッタニパータ』岩波文庫

道元著（水野弥穂子校注（1990））『正法眼蔵』㈠岩波文庫

頼住光子（2008）「仏教における心の教育」尾田幸雄監修『日本人の心の教育』官公庁文献研究会：137-177

頼住光子（2010）『日本の仏教思想——原文で読む仏教入門』北樹出版

頼住光子（2014）『正法眼蔵入門』角川ソフィア文庫

頼住光子（2017）『さとりと日本人』ぷねうま舎

2　法然の浄土思想

———斎藤　真希

１　仏教の特徴

　鎌倉時代は日本の仏教が盛んであり，いわゆる鎌倉新仏教とよばれる各宗派が生まれ，華厳宗や律宗においても教理研究や社会救済事業が活発に行われた。そのような時代に活躍し，専修・易行などの特徴をもった鎌倉新仏教の先駆者と位置づけられる人物が法然である。法然は専修念仏による極楽往生を説いたことで知られ，その教えの影響をうけて独自に浄土思想を展開した者に親鸞や一遍がいる。以下，こうした法然の浄土思想の特徴について説明する。

　仏教では生き物は自らの行為によって，永遠に輪廻転生を繰り返すとされる。輪廻を繰り返す境遇の本質は，「火宅」に譬えられるような迷いと苦しみの状態であり，そこに留まることは生きものすべてにとって望ましいことではない。仏教で理想とされるのは仏の境地である。仏は輪廻転生の境遇を超え出た存在であると共に，輪廻のうちで迷い苦しむ衆生を救うために絶えず活動する。こうした仏になることこそが，仏教の主要な目的である。そのために仏教では多様な成仏の方法が説かれる。基本となるのは自力で持戒や禅定など各種の修行を行い，輪廻の要因となる悪業（貪り・瞋り・愚痴などの煩悩，十悪・五逆などの望ましくない行為）を断つことで，自らを仏へと向上させることである。

　法然もまた，仏教徒として輪廻からの超出を目指す。ゆえに彼が説くのは，

現世の内部でのみ完結する生き方や行為の仕方ではない。たとえば，現世のなかで，社会をよりよいものとすることや，親子・君臣・夫婦などの人間関係においてよく生きることは，第一義的な目的ではない。法然にとってもっとも重要なことは，現世のうちにありながらも，現世から超えた領域と関わり，現世から超え出ていくための生き方や行為の仕方である。

2 浄土思想

　法然が前提として抱いていたのは，自らは末法の悪人であるという自覚であった。彼によれば，現在は釈迦の死後長い年月が経ち，仏教が衰退した最悪の時代（末法）である。そのような時代に生きる人間は皆悪人であり，絶え間なく煩悩を起こし続け，自ら修行し悪業を断って成仏することができない。仏教では基本的に，自らの悪を自力で克服していくことが要求される。しかし法然は自らの抱える悪を，自力では克服できないものと位置づける。したがって法然は，末法の悪人は成仏のために，自力で修行する道（聖道門）を取るべきではないと考える。その代わりに法然が提唱したのが，阿弥陀仏の力（他力）によって，極楽往生を遂げる道（浄土門）である。

　仏教のうちにはその歴史の過程で，仏を超人的な救済者として信仰し，その力によって救いを求める思想が登場した。そのような仏として，古くから信仰を集めてきたのが阿弥陀仏である。『無量寿経』などの浄土経典によれば，阿弥陀仏は成仏する以前，法蔵菩薩という修行者であり，自ら仏となって迷い苦しむ一切衆生を救おうという志をもっていた。そこで法蔵菩薩は理想的な環境をもった国土をつくり，その国土へ一切衆生を生まれさせようと考えた。法蔵菩薩はこうした手立てを四十八の誓い（四十八願，本願）として具体化し，膨大な期間の修行を行った。その結果，阿弥陀仏という名の仏になると共に，極楽浄土という理想世界を作り上げ，そこに一切衆生を迎え入れているという。

　浄土思想は以上の経典の説に基づき，阿弥陀仏の極楽浄土へ死んでから生まれ変わること（往生）を目的とする。浄土を目指すのは，理想的な環境のもとで修行を積み，速やかに仏になるためである。浄土思想は，衆生自身の自力で

はなく，超人的存在である阿弥陀仏の他力に頼ることで，成仏を目指すものといえる。法然の立場はこうした浄土思想の系譜に位置づけられる。

❸ 法然における念仏

　古来，極楽往生のための行は多種多様であった。だが，法然は他力に与り極楽往生を遂げるための方法は，ただ念仏することのみであると主張する。その根拠として彼があげるのが，『無量寿経』で説かれる四十八願中の第十八願である。第十八願とは「たとひ我仏を得たらむに，十方の衆生，心を至し信楽して，我が国に生ぜむと欲して，ないし十念せむに，もし生ぜずといはば正覚をとらじ」（法然，1997：40）という誓いであるが，法然はこの願において念仏の選択が行われたと考える。つまり，法蔵菩薩は第十八願の誓いを立てることで，布施や持戒，禅定などの多様な行を往生のための行として選び捨てる一方，称名念仏を選び取り，極楽往生のための唯一の正当な行として定めたのだという。ゆえに法然は，称名念仏を行うならば，他力がその者に働きかけ，往生を遂げさせると主張する。念仏とは法然において，阿弥陀が自らの力を輪廻する衆生に及ぼす媒介として選び取った行であり，衆生にとっては他力の働きに与るための唯一の通路である。

　それでは阿弥陀仏が選び取ったものが，なぜ他の行ではなく念仏だったのか。法然は易行であるという念仏の特性からその理由を説明する。法然によれば，念仏以外の諸々の行は実践が難しく，すべての者が実践することはできない。男であるか女であるか，富貴であるか貧困であるか，智慧があるか否かなど，輪廻のうちの衆生は個々別々のありようをもつ。こうした衆生のありように応じて，どのような行為がなされるかが決まってくる。たとえば，造像起塔という行であれば，富貴の者には実践できるが，貧困の者には実践できない。また，持戒という行であれば，戒律を守りとおせるような人はごくわずかで，多くは戒を破ってしまう罪深い人である。このように，念仏以外の諸々の行とは，多様な衆生のうち相応しいありようをもつ者にしか行うことができない。そのため，もしもこれらの行が往生の行として定められてしまったら，往生で

きる者は多様な衆生のうちの一部に限定されてしまう。

　これに対して，南無阿弥陀仏と口で名号を称える念仏は，きわめて容易な行である。そのため，どのような者でも，たとえ末法の悪人であっても実践できる。このような念仏の特性は，「貧窮と富貴とを簡ばず，下智と高才とを簡ばず，多聞にして浄戒をもつを簡ばず，破戒にして罪根の深きをも簡ばず」（法然，1997：54）と表現される。念仏はその実践に際して衆生のありようを問題にしない行である。そしてこのような特性をもつからこそ，念仏であれば多種多様な衆生をすべて平等に往生させることができる。ゆえに，法蔵菩薩は一切衆生を救うための行として，念仏を選び取ったのだと法然は考える。以上のように，法然において，念仏は他力の媒介となる唯一の行であると共に，他力による救済のあり方を規定する要因であった。念仏という行を媒介とするために，阿弥陀仏の他力は多様な衆生を平等に救う働きとして成就されているのである。

　念仏は法然以前から，極楽往生のための方法として広く実践されていた。だが法然に至って，念仏は衆生の行う行為のうちのひとつではあるが，他のあらゆる自力の行為からはまったく異質なものとして位置づけられることとなった。自力の行為は実践する者のありように依存する。境遇の差異や能力の有無によって，実践される行為の様相は変化する。このように自己のありように基づいて行われる行為が，未来の自己の境遇を多種多様に形づくる。成仏に向かうことであれ，輪廻を繰り返すことであれ，自力の行為の如何によって決定される。

　これに対して法然における念仏は，多種多様な衆生の差異を無化し，平等に往生と成仏に向かわせる他力の媒介である。念仏をして阿弥陀仏の救いに与るならば，いかなる者であれ等しく往生を遂げさせられる。ゆえに念仏する限りにおいて，貧窮か富貴か，下智か高才か，善人か悪人かなど，衆生の側の差異は一切意味をもたなくなる。そして，このような唯一の往生の行である念仏に専念し，貧窮か富貴か，下智か高才か，善人か悪人かなど，現世の自己のありようを顧みないこと，これこそが法然の勧める現世から超え出るための生き方

であった。

・参考文献・……………………………………………………………………………
法然著（大橋俊雄校注（1997））『選択本願念仏集』岩波書店

第2節　中世芸道にみる道徳教育の原理

———————大持　ほのか

1　芸道の始まり

　今日，「芸道」という語は，たとえば茶道や能楽などにみられるような，あらゆる日本の伝統的な芸術・芸能を総括して表現する際に用いられる。単なる芸能ではなく，「芸の道」としての芸道が確立したのは，日本の中世頃のことである。

　鎌倉時代から室町時代にかけて，作善や仏教を元にした教訓書などの普及により，仏教は僧侶たちの間だけではなく，民衆へと広まった。仏教的な立場から日常倫理が説かれるなど，仏教は日常生活とも密接な関係をもつようになる。その影響は芸術・芸能方面にも及び，中世日本において「芸道」としての自覚が芽生えた。

　そもそも芸道の「道」の捉え方は，仏教における道に由来すると考えられる。仏教における「無常」，すなわち人間を含めすべてのものは消滅流転し，永遠に不変ではないという考え方に基づき，人びとはものごとに執着しない境地，無執着な生き方を理想とした。人間の悩みの種とされる，あらゆるものに対する執着を超越して，真理を体得する・悟りの境地に至ることが，仏教の「道」である。人間が追求する究極の境地としての道の思想は，仏教が盛んとなった中世において浸透していき，やがて芸術や芸能方面へと広まっていく。そのため，芸を極めることは，芸術のなかに人間としての道を見出し，芸術そのものを「道」とすることと捉えられた。したがって，普遍的な究極の境地を

自覚できるように人びとを導くものの一種として，芸道も発展した。

　芸道は，芸の技術を向上させるだけでなく，人間の根底に基づく普遍性への追求を目指す。むしろ，芸そのものの美しさやその技術の高さ，表現への工夫に対して，人びとが魅了される理由はこの人間性への追求にある。つまり，人間としてのあり方を追求する道が，芸術・芸能においてあらわれ，工夫やわざという形でもって独自の発展を遂げたものこそ「芸道」である。

2 芸道における特色

　仏教，特に禅では，道元が心身共にひたすら坐禅修行に打ち込むところに悟りがある（只管打坐）と説いたように，修行は重要なものとして捉えられた。芸道も同様に，心身一体の稽古修行を通じて技芸・技術を究めることが，同時に仏教的な悟りの境地へと自己を高めることとされる。

　芸を極めた者というのは，芸を修する際の作法や身体の動作といった形だけでなく，その芸をするための精神性も習得した者を指す。世阿弥は，芸の理念を「花」と表す。その稽古論における「まことの花」とは，身体的な稽古を超えたところに，精神的な心の稽古によってあらわれる芸と考えられる。つまり，芸の身体的技術と自己の精神鍛練とを双方向的に高め合うことによって，初めて芸の本質としてのコツを体得し，芸を極めた者として認められる。その習得への唯一の方法は，たとえば茶道における千利休（1522-1591）や，能における世阿弥（1363-1443）のような芸のコツをえた師の技芸・型を真似て繰り返し稽古・修行することにより，師の経た過程を追体験することだ。

　さらに，道元が修行と悟りは一体不二のものである（修証一等）と説くように，芸道においても，芸の習得を目指すと同時に，会得するまでの過程そのものも重視される。なぜなら，稽古のなかで自分自身と向き合い，その精神性を高めることは，人間としてのあり方，すなわち道を会得することでもあるからだ。

　そして，修する人自身を成長させる修行であり，人としての道を体得させるものとして，独自の道を発展させた芸道は，仏教の無常観から「幽玄」や「わ

び」といった日本独自の美的理念をも生み出した。

　世阿弥は「ただ美しく柔和なる体，幽玄の本体なり」（『花鏡』「幽玄之入堺事」）として，言葉・音曲・舞・物まねの美しく柔和な姿を「幽玄」と表す。観客は，演者の芸において気品ある優美さ，幽玄が表現されるところに心惹かれる。また，世阿弥は，花が散り再び咲くように，時の流れと共に変化し続けるという無常観に，人びとは魅了されると説く。能は，年齢に伴う身体的変化や演者・観客の関係性の変化に併せて，その時々に適った稽古や工夫を凝らし，舞台において理想とされる姿を追求し続ける。

　茶道における「わび」は，本来「さびしい」「ものをもたない」など消極的な意味をもつ語であった。しかし，執着を超越したところに絶対的自由を求める禅の思想により，ものをもたぬところに，かえって精神的な豊かさがあるとして，わびは積極的な意味へと転換した。「一物も持たず，胸の覚悟一，作分一，手柄一，此の三箇条の調いたるを佗数奇と云々」（『山上宗二記』）においても，道具の所有の有無ではなく，茶道に対する禅的精神や心持ち，茶道における創意工夫と手腕こそ重要であると示している。

3 芸道と道徳教育

　中世の日本において，芸能は仏教の影響をうけ，諸芸の芸を通じて自己の内面にある普遍性を見出していく芸道として発展した。そして，諸芸において極められた芸の技術や型は，習得した者一人がその芸を発揮するに止まらず，稽古修行を通じて，芸道の本質と共に代々継承された。さらに，芸を磨くことで自己を省みつつ，芸でもって相手となる他者へと働きかけるという相互的な関係性がなければ，芸道は成立しない。

　諸芸においては芸の演者だけでなく，その観客もまた重要な役割を担う。「申楽も，人の心に珍しきと知るところ，すなはち面白き心なり。花と面白きと珍しさと，これ三つは同じ心なり」（『風姿花伝』「別紙口伝」）に表現されるように，世阿弥は能には観客の視点が必要不可欠とする。この「花」，すなわち観客が珍しい，あるいは面白いと感じる心の動きを生み出すために，芸を磨く

稽古や工夫が重要なのだ。

　また，茶道においても，点前をする亭主のみならず，参加者である客にも準ずるべき作法が存在する。「客人ぶり事，一座の建立に在り。(…) 常の茶の湯なりとも，路地へ入るより出るまで，一期に一度の会のように，亭主を敬畏すべし」（『山上宗二記』「又十体」）に示されるように，人びとが心を通わせ合い，ひとつとなるために必要な客としての心構えがあることを説く。世俗から隔絶された茶室という空間において，喫茶という行為を通じて，一期一会の出会いのなかに，亭主と客との間に精神的な繋がりが生じる。その空間全体あるいは参加者全員がひとつとなり，そこに自己本来のあり方としての道を見出す。ひとつの共同体²⁾としての自覚が生じることにより，そこでは両者はお互いを一体のものとして捉えるようになる。

　ここに，諸芸の行われる場には，芸を行う者と見る者との関係を超越した，人間関係の平等性がみられ，宗教に基づく人倫の道が形成されたといえよう。

・注・‥‥‥
1)「茶道」という語自体は，近世初期以降になって用いられるようになったため，中世における茶事を表現する語としては，「喫茶」や「茶湯」などの方が適切であろう。しかし，本節では，「道としての茶湯」を強調する観点から，あえて「茶道」という語を用いる。
2) 世阿弥の「この芸とは，衆人愛敬をもて，一座建立の寿福とせり」（『風姿花伝』「奥儀云」）にみられるような芸能集団や寄合の座は，観客も含む主客一体の座，共同体と捉えられる。

・参考文献・‥‥
　桑田忠親（1976）『日本茶道史』河原書店
　相良亨（1987）「日本の『道』」『文学』55(8)：95-108
　田中裕校注（1976）『新潮日本古典集成（第四回）世阿弥芸術論集』新潮社
　林屋辰三郎ほか編注（1971）『日本の茶書1』平凡社

第22章 近世における道徳教育

第1節　近世儒教にみる道徳教育の原理

1　日本朱子学

―――――斎藤　真希

1 藤原惺窩

　中国宋代には従来の訓詁学を中心とした儒教に対し，宋学と総称される新たな儒教の学説がさまざまに唱えられた。なかでも南宋の朱子が，北宋の諸学説をうけて大成したものが朱子学である。朱子学は日本近世の思想史を形づくる大きな要因のひとつである。ここでは近世儒教の先駆けとなった藤原惺窩および，日本で朱子学の本格的な受容を行った林羅山，山崎闇斎について概説する。

　宋学は中世の日本にもたらされると，五山の禅僧により中国の新しい文化として受容された。しかし五山僧は儒教を直接的に理解したのではない。儒仏道の三教一致，あるいは禅儒一致・儒仏不二という形で儒教を受容した。藤原惺窩は僧侶として相国寺で修学したが，しだいに宋学に傾倒し後に還俗した。五山において禅宗の付属物であった儒教は，藤原惺窩において仏教から独立する。『羅山先生文集』には藤原惺窩の言葉として「聖賢の書を読みて，信じて疑はず。道，果してここにあり，あに人倫の外ならんや。釈氏は既に仁種を絶ち，また義理を滅ぼす。これ異端とたる所以なり」（石田・金谷，1975：191）という文がある。この言葉は，彼の関心が人倫，すなわち人間関係にあったことをよく示している。

　人間は現世のうちで多様な人間関係のうちで生き，現世の人倫のうちの行為

の規範として仁義などの道徳が成立する。しかし仏教の立場では，現世の生は輪廻転生を繰り返し，果てしなく迷い苦しむ境遇である。したがって仏教では基本的には，現世の人倫に安住するのではなく，家族や地位，財産などを捨てて人倫の外へ出て行くことが求められる。これを出家という。出家者は修行を実践する。修行によって目指されるのは，煩悩を断ち切り，輪廻を繰り返し迷い苦しむありよう自体から超え出るという，仏教の究極の理想（成仏）である。

　仏教が問題とするのは，人倫において営まれる現世の生がどうあるべきかではない。現世の生それ自体からの超出こそがもっとも中心的な課題である。こうした仏教の立場に対し，藤原惺窩は批判的な目を向ける。彼によれば，人倫にこそ人の人たる道がある。ゆえに人倫を否定する仏教の立場は誤りである。このように人倫を中心的な課題とする態度は近世儒教の基調となる。近世儒教における思想的な主題とは，人倫における人間の生き方の探求である。

2 林羅山

　林羅山は初め建仁寺で学んだが，藤原惺窩の弟子となって朱子学を学び，徳川幕府に仕えた。彼において，朱子学は日本で初めて本格的に受容されたといわれている。ここでまず朱子学の概要について述べる。朱子学では世界の様相を説明するために，理と気の2つの概念を用いる。気はガス状の物質と考えられるもので，その絶え間ない生生の活動から宇宙の万物が生み出される。これに対して，理とは形而上的な宇宙の根拠であり，宇宙がそうあるべき規範である。宇宙の万物は各々が理を備えている。つまり，個々の存在にもそれぞれのあるべき規範がある。個々のものに備わる理を性とよぶが，人間の性は五常（仁義礼智信）である。宇宙のあるべき規範が，人間においては五常という行為の規範であるという意味で，両者は相似の関係にある。

　朱子学では人間の情を，人間に宿る理（性）が，気によって発現した現象であると考える。情には惻隠・羞悪・辞譲・是非の四端の心と，喜怒哀懼愛悪欲の七情がある。気による現象はしばしば性という規範から逸脱し，必ずしも

あるべき形で発現しない。たとえば情の場合，喜ぶべきことを喜び，怒るべきことを怒るのなら，情は理というあるべき規範に従っているが，喜ぶべきではないことを喜び，怒るべきではないことを怒るのなら，情は理から逸脱している。このように理から逸脱した情を「人欲」「私欲」とよぶ。

　情の発現を制御し，理を実現する機能をもつ主体が「心」である。情が理という規範からずれるとき，こうした心の機能によって，情をあるべきありように制御する必要がある。このことを「人欲を遏めて天理を存す」という。また，外界の事物についても，そのあるべきありよう（性）は，人の心によって実現されねばならない。そのための修養法として提示されるのが，居敬・窮理の実践である。居敬とは心を呼び覚まし，その主体としての機能を発揮することをいう。窮理とは外部の事物の理を究めることをいう。これら内面と外面の修養の両立により，宇宙の運行のあるべき姿（理）を実現する者が聖人である。聖人になることが朱子学の目的である。

　朱子学の立場に則って，林羅山もまた「人欲を遏めて天理を存す」べきことと説く。林羅山は宇宙の理を「上下定分の理」とよぶ。『三徳抄』に「天ハ上ニアリ，地ハ下ニアルハ，天地ノ礼也。此天地ノ礼ヲ，人ムマレナガラ心ニエタルモノナレバ，万事ニ付テ上下・前後ノ次第アリ。此心ヲ天地ニヲシヒロムレバ，君臣・上下，人間ミダルベカラズ」（石田・金谷，1975：179-180）とあるように，理は自然界においては，天地が上下にあるなどの秩序を指し，人間社会においては上下の身分秩序を意味する。林羅山が求めるのは，このような上下定分の理を万物のうちに把握し（窮理），情や外形にあらわれる視聴言動がこの理を踏み外さないよう制御する（居敬）ことである。こうした修養の様は『春鑑抄』では戦いと表現される（石田・金谷，1975：124）。つまり自己のうちで理と，理から逸脱する私欲との戦いが行われている。この戦いにおいて，私欲に勝利して理にかえること，つまり自己の内面の敵と間断なく戦い，それに打ち勝ち支配することが，羅山における「人欲を遏めて天理を存す」ことであった。

3 山崎闇斎

　林羅山が没する前後，藤原惺窩・林羅山とは異なる系統の朱子学が，山崎闇斎から新たに興った。日本朱子学は居敬・窮理のうち，居敬を重んじる傾向があると指摘されるが，特に山崎闇斎は「敬」（「居敬」の敬）を修養の根本として徹底して理解したことで知られている。先述のとおり朱子学の居敬とは，理を実現する心の機能を確立するための修養法であり，外部の理を知るための修養法である窮理と並行して実践されねばならない。ここにおいて問題とされるのは，いかにして心の機能を高め，人欲を制御し性を保持するか，つまりいかにして聖人になるかということであった。

　ところが，山崎闇斎は朱子学の概念を使いながらも，その概念の理解には本来の朱子学からはずれがある。山崎闇斎における理は，朱子学の理のような規範ではなく働きをもつ実体として把握される。それは万物をあるべき姿に自ずから生生展開させる世界の根源である。生生の働きをもつ理は，人間の心中の空虚に宿る。こうした心は朱子学が説く理を実現する主体ではなく，理の宿る単なる場である。心には別に「気」という物質が充満している。気自体に働きはないが，理は気と混ざり合うことで，その働きを発揮するようになる。

　以上のような理・気・心の理解を前提に，『敬斎箴』で闇斎は敬について「人之一身，五倫備リテ，身ニ主タル者ハ心也。是ノ故ニ，心敬スレバ，則チ一身修リテ，而五倫明カナリ」（西・阿部・丸山，1980：74）と述べる。闇斎において，敬とは心のうちに宿る理を自覚し，その働きを活性化させることを意味する。敬によって活性化した理の働きは，心から身へと及び，身をあるべきありようへと確立させ充実させる。さらに，その働きは他者にまで波及し，五倫という人の身を支える社会のあるべき秩序を確固たるものとする。このように，闇斎における課題とは聖人になることではなかった。いかにして存在は充実するかということであった。山崎闇斎自身は厳格に朱子学の受容と実践を行ったことで知られている。しかし，山崎闇斎の思想は単純な朱子学の継承ではない。そこには本来の朱子学とは異質な展開があらわれている（高島，1992）。

• 参考文献 • ⋯⋯
石田一良・金谷治（1975）『藤原惺窩　林羅山　日本思想大系28』岩波書店
高島元洋（1992）『山崎闇斎　日本朱子学と垂加神道』ぺりかん社
西順蔵・阿部隆一・丸山真男（1980）『山崎闇斎学派　日本思想大系31』岩波書店

2　古　学

———徳重　公美

　近世初期に藤原惺窩や林羅山，山崎闇斎らを嚆矢として深まった朱子学研究は，その日本化を進める一方で，朱子学の儒教解釈を批判する「古学」とよばれる学問的立場を形成した。古学とは，儒教理解において後儒（主として朱子学）の解釈を排し，直接経書に接することによって儒教本来の精神を明らかにしようとする，儒教の復古運動を提唱する立場である。早くは山鹿素行（1622-1685）が『山鹿語録』や『聖教要録』においてこの立場を表明しており，朱子学が観念的議論に走って現実性・実践性を欠いていること，人欲の否定を通じて人間本来の情緒を無視してしまっていることを批判しながら，朱子学の克服を試みている。そして，素行と直接交流をもったわけではないが，同じ朱子学批判の立場に立ち，独自の儒教理解を確立した代表的な古学派の人物として，伊藤仁斎（1627-1705）や荻生徂徠（1666-1728）があらわれる。

1　伊藤仁斎

　伊藤仁斎は京都に生まれた町人である。堀川で私塾「古義堂」を営みながら多くの門人を教えつつ，生涯，市井で暮らした。学問においては，はじめは朱子学に没頭し，仏教への関心も深めて白骨観法（執着を断ち切るため，静座をして自己の身体も結局は白骨に帰することを観ずる）を修するも，日常を離れ，人倫を捨てる境地を実感すると，むしろそれを拒否する態度をとり，朱子学批判の立場に転じた。そのなかで，儒教理解においては『論語』『孟子』に立ち返るべきであるとし，人間関係（「人倫」「人道」）の充実を説く学問を形成した。

　儒教の根本概念である「道」は，天道，地道，人道など広く用いられるが，仁斎はまず，儒教が主に対象としたのは人道であると指摘する。その上で，人道とは，生き生きと活動する「活物」としての人間が離れられない場所であるとした。仁斎は，鳥が空で生き，魚が水中で生きるように，そして木が大地に根をはることなくしては生きられないように，人間は「道（人道）」に生き，それは人間関係（人倫・五倫五常）のなかで生きるということだと強調したのである（『中庸発揮』）。自身の活動の場としての人道を自覚すること（学問）の重要性を説いた仁斎はさらに，その実践（拡充）について考察する。

　仁斎は孟子の性善説にのっとり，人間には生来，善の心（惻隠・差悪・辞譲・是非）が備わっていると考えた。この心を一部の人にのみ向けて他には向けないということがないように，広く実践していく方法が「拡充」である。そうして，「慈愛の徳，遠近内外，充実通徹，至らずというところ無き」という状態になることを「仁」と定義し，これを人間のあるべき姿として示した（『語孟字義』）（吉川・清水，1971：38）。市井に生きる者の視点から人間の日常生活に着目した仁斎は，他者を思いやる人間本来の心を人間関係のうちに広く及ぼしていくという道徳的主体性の育成を，儒教の本質として捉えたのである。

2 荻生徂徠

　朱子学に対する批判的な態度や，活物としての人間の捉え方など，いくつかの思想内容において仁斎の影響を大きくうけながらもそれに満足せず，仁斎学をも批判することによって独自の解釈を追究したのが荻生徂徠であった。

　徂徠は，館林藩主徳川綱吉の侍医・方菴の子として江戸に生まれた。主君の不興を被った父の流罪に伴って，一時は房総半島（上総国長柄郡）へ移るも，後に江戸にもどって柳沢吉保に仕え，将軍となった綱吉や吉宗と知遇をえるなど，仁斎が生涯仕官しなかったことと，境遇を異にする。

　儒教解釈においては，『論語』『孟子』を重視した仁斎よりもさらにさかのぼって六経を重んじ，「道」の政治的側面を強調して重視した。たとえば『弁道』で「孔子の道は，先王の道なり。先王の道は，天下を安んずるの道なり」（吉

川・丸山他，1973：12）と述べ，さらにその具体的な内容を「礼楽制度」（『太平策』），「礼楽刑政」（『弁道』）とも説明して，儒教本来の目的を治国平天下とのかかわりにおいて考えた。たとえば「徳」をめぐって次のような考察がある。

　社会を治める方法として「道」を理解した徂徠は，「徳」を治国という一大事業（道）に参与するための，個々人の側からの手段として位置づける。徂徠の考える「徳」は技能や職能に近い内容において理解されており，人間は各々に異なる生来の性質（性）を伸長させて，能力（徳・材）を身につけ，社会に役立てることで「道」（治国平天下）を助けると考えた。さらに徂徠は，各人が獲得する徳の多様性を重んじた。徂徠は道を，春夏秋冬で成り立つ四季や，大工が数ある道具を駆使することで完遂する建築作業に例える。異なる特徴をもつ季節，効用の異なる道具が，各人の徳に類比されるのだが，各々の働きが異なっていてそれぞれに錬磨されていないと，一年という期間の実りも建築作業も成り立たないとするのである。朱子学が一様に聖人（人格的完成者）になることを求めることに対し，目に見えて多様な人間のありさまを寛容に認めようとした徂徠は，むしろその多様性を活用することで「棄材なく，棄物なし」となる（『学則』）（吉川・丸山他，1973：195）と考えたのである。その上で，人材育成の必要性や家長の被扶養者に対する責任，政治制度の及ばない場所における道徳（孝悌忠信・中庸の徳）を論じることで，「道」が単に能力を要求するだけの仕組みであるのではなく，子どもから老人を含めた人間全体を養い育てる仕組みでもあるとした。

　仁斎において思いやりの心が充溢する人道の達成とされた「仁」は，徂徠においては政治的達成であるところの「天下を安んずる」ことだと定義された。また，朱子学のように個人の生き方や内面の問題として考えるのではなく，社会全体の枠組みと実践として捉えなおすことで，徂徠はその独自性を際立たせた。

● 参考文献 ●
相良亨（1992）『相良亨著作集 1　日本の儒教 I』ぺりかん社

吉川幸次郎・丸山真男・西田太一郎・辻達也校注（1973）『日本思想大系 36　荻生徂徠』岩波書店

吉川幸次郎・清水茂校注（1971）『日本思想大系 33　伊藤仁斎伊藤東涯』岩波書店

3　そのほか特筆すべき思想家・教育家

—————清水　真裕

1 中江藤樹

　中江藤樹（1608-1648）は近江国髙島郡小川村に生まれた。9歳のとき米子藩に仕える祖父の養子となり，翌年には転封のため伊予国大洲へ移った。27歳のとき脱藩して生母と妹のいる故郷へ帰り，以降，学問や門人の教育に勤しんだ。

　その主著のひとつに，人間の道徳について独特な見解を示した『翁問答』があげられる。『翁問答』はもともと藤樹に教えを乞う大洲の同志のために書かれたもので，架空の師と弟子の問答形式をとる。藤樹はここで，すべての人の身に具わる至徳であり，かつ，宇宙全体を貫く普遍的原理を「孝」とした。孝といえば通常は子がよく親に仕えることを指すが，藤樹の「孝」はそのような意味に限定されない。「孝」のあらわれは「愛敬」であり（「愛」「敬」はそれぞれ，深く心より親しむことと，上をうやまい下を軽んじないこと），これは親子のほか兄弟・夫婦・君臣・朋友といった人間関係においても，望ましいをあり方を実現する。さらに，「孝」徳に基づく行動は，天子から庶人まであらゆる立場の人びとが行うべき「道」とされる。「その徳をあきらかにして，それぞれのすぎはひ（筆者注：生業のこと）の所作を，精に入てつとむるが，かうかう［孝行］の本意」（上巻之本）（山井他，1978：30），つまり，たとえば武士が君主や傍輩を愛敬して，立ち居振る舞いを整え，武功をたて禄位を守ることは「孝行」とされるのである。

　藤樹は，「天下無双の霊宝」とも評するこの徳を，時（時節）・所（地理的条件）・位（自己の分）および人事・天命を踏まえながら，心に守り身に行うこと

こそ真の学問の目的であり，元来の心の安楽を明らかにする方法であると説いた。

2 貝原益軒

　貝原益軒（1630-1714）は筑前国福岡藩に仕えた儒者，本草学者，教育家である。特にその晩年において，一般の人びとを対象とし，その生に資することを目的とした多数の書物を著した。

　そのなかのひとつ『大和俗訓』は，儒教道徳を基礎としながら，学問の方法，心の姿勢，とるべき行為などを示した教訓書である。ここで益軒は，「愚［益軒］おもへらく，人と生れて学びざれば生れざると同じ，まなんでも道をしらざれば学びざると同じ，道をしりても行はざれば，しらざるに同じ」（巻之一）（益軒会，1911：51）と述べ，あらゆる人間は「道」を学んで実践すべきであると主張した。「道」とは，つまるところ「仁」（「人をめぐみ物をあはれむ徳」）を発揮することであるが，これはもともと，万物をはぐくむ天のはたらきが人間に分与されたものとされる。益軒は，人は天に養われ，また，天の徳（はたらき）を優位的に与えられていることを自覚し，この恩に報いるよう「道」を行うべきであると説く。

　また，『和俗童子訓』には，幼児教育の在り方や重要性が書かれている。ここでは，児童が周囲の人びとや環境からうける影響の大きさを論じつつ，「心もちやはらかに，人をいつくしみ，なさけありて，人をくるしめあなどらず，つねに善をこのみ人を愛し，仁を行なふを以，志と」（巻之一）（益軒会，1911：172）するような人間に育てよとの教育の根本指針が与えられる。また，年齢に合った難易度・ペースでの段階的学習，読書や手習いに関する細やかな指示など，益軒が学識と自己の知見・経験から導き出していった具体的な指導案も注目される。

3 吉田松陰

　吉田松陰（1830-1859）は，長門国の萩郊外の松本村に生まれ，5歳で山鹿

222

流兵学師範である叔父の家督を継いだ。21歳より九州，江戸に遊学し，さらに東北へ旅して見聞を広めるが，このとき藩の許可をえずに出立したかどで士籍を剥奪された。ふたたび遊学の許可が下りて後，ペリーの再来航に際して渡米を試みるも不成功に終わり，萩の野山獄に収監された。松陰はここで，囚人たちを相手に『孟子』の教授を行った。出獄後，蟄居の身ながら主催した松下村塾では，高杉晋作，山縣有朋など，幕末・明治期にかけて活躍する人物たちを，各々の資質を重んじ切磋琢磨させながら，実直に教育した。

　1858年には勅許の無いままに日米修好通商条約が結ばれ，松陰の尊王攘夷思想は苛烈さを増していった。翌年，反幕派に対する弾圧を強める幕府は，悪謀について問いただすため松陰を江戸へ送るよう命じた。取り調べのなかで，松陰の言葉から老中・間部詮勝暗殺計画などが明らかになり，死罪が言い渡されることとなった。刑執行の前夜に書きあげられた『留魂録』には，このたび故郷を発つ折も，生涯常に座右の銘であった「至誠にして動かざる者は未だ之れ有らざるなり［誠を尽くすならば，必ず人を動かすことができる］」（『孟子』）の信念を胸に抱いていたこと，そして，死を目前にしての心境，後に残す同志への期待が綴られている。

● 参考文献 ●‥‥‥‥‥‥‥‥‥‥‥‥‥‥‥‥‥‥‥‥‥‥‥‥‥‥‥‥‥‥‥‥‥‥‥‥‥
　益軒会編纂（1911）『益軒全集　巻之三』益軒全集刊行部
　奈良本辰也編（2013）『吉田松陰著作選　留魂録・幽囚禄・回顧録』講談社
　山井湧・山下龍二・加地伸行・尾藤正英校注（1974）『日本思想大系29　中江藤
　　樹』岩波書店

第2節　近世庶民思想にみる道徳教育の原理

―――小濵　聖子

1 近世庶民の生活と思想

　江戸の享保期の町人人口はおよそ60万人，居住地の人口密度は67,317人／

km^2 と推測されている（鬼頭，2000）。現代の東京都区部の人口総数 9,659,769
人，人口密度 15,392 人／km^2 に比べて，[1]江戸時代の都市部では人びとが大分
密集した空間で暮らしており，その生活は隣近所と日々晒し合うようなものだ
ったと想像できる。こうした人口増加と経済発展著しい近世社会は，たとえば
井原西鶴の作品に描かれたような庶民がさまざまな生業・職分や身分，男女の
役割分担をすることで成立していた。では，その役割分担をうまく機能させる
ための人びとの心構えや道徳の思想とはどのようなものとして説かれたのか。

2 石田梅岩と石門心学

　近世庶民の代表的な思想家とされる石田梅岩（1685-1744）は，当時物流の中
心であった大阪に近い丹波国桑田郡東懸村（現在の京都府亀岡市）に百姓の次男
として生まれた。彼は 11 歳の時に京都の呉服屋に丁稚奉公に出て，一度実家
に戻るが，23 歳で再び京都の商家へ奉公に出た。奉公のかたわら独学で学問
を修め，1727 年に在家の仏教者小栗了雲に師事し，45 歳の時に借家の自宅で
聴講無料の講席を開いた。最盛期には門人 400 名を数えたという。

　梅岩とその弟子たちによって説かれた石門心学の思想は，近世封建社会の転
換期とされる享保期において，新興の町人階級のための倫理を特に「商人の
道」として説いたものとされるが，実はそれにとどまらない。梅岩は四書五経
などの書物に含まれる聖人の，「其の心を知るを学問と云」（『都鄙問答』巻之四
「学者の行状心得難きを問の段」）とする。また「士の道をいへば農工商に通ひ，
農工商の道をいへば士の道に通ふ」（『斉家論』下）とあるように，彼の説く
「道」は町人に限定されない，普遍に通じる道だった。

　梅岩の思想の中心は「倹約」の徳である。彼は「倹約」と「正直」の徳を重
視し，特に前者については主著『都鄙問答』や『斉家論』のなかで具体的な人
びとの生活を論じながら度々述べている。梅岩の語録『石田先生語録』の冒頭
は，次のように「倹約」に関する問答から始まる。

　　　或問曰，倹約ハ如何心得テ勤ムベク候ヤ。今世間ニ吝コトヲ倹約ト申
　　候。然レバ物ヲ愛シテ容易不用コトニ候ヤ。／答，倹約ト云コトハ世俗ノ

説トハ異ナリ，我為ニ物ゴトヲ吝クスルニハアラズ。世界ノ為ニ三ツ入ル物ヲ二ツデスムヤウニスルヲ倹約ト云。（石田梅岩（＝柴田実校注），1971：34）

「倹約」は「吝嗇」とどう違うのか。これに対する梅岩の答えは明快で，私利私欲で出し惜しみすることは倹約ではなく，倹約は「世界の為」に行うことだという。他にも「天下公の倹約」（『都鄙問答』巻之一「商人の道を問の段」）と表現されるように，「倹約」は公共性（「天下公」）への志向を含む概念とされている。

さらに梅岩は，この公共心が人びとに生来そなわっているという。「正直よりなす倹約」（『斉家論』）というその「正直」とは「生まれながらの正直」（同前）であり，万民は天の子として本来私欲なき存在で，士農工商の職分は異なれどもその道は互いに通じる。そして「我物は我物，人の物は人の物。貸たる物はうけとり，借たる物は返し，毛すじほども私なく，ありべかゝりにする」（同前）という正直が行われることで「世間一同に和合」（同前）すると説く。

商人は自ら何かを生産するのではなく，生産された商品を右から左に移動することでその差益利潤を追求するという点で農工とは異なる。投機や詐欺行為が発生し，商法もつくられることになる（髙島，2008）。商人の道（道徳）にはこれらの特殊な事情があるため，梅岩も自ずと論じる機会が増えたのだと思われるが，その内容はすべての人びとの和を求めてのものだった。彼は己の学問を人に伝えることについて「ねがふ所は一人成とも五倫の交りを知り，君に事る者ならば，己を忘れ身をゆだね，苦労をかへりみず，勤むべき事を先とし，得る事を後にするの忠をつくす人出，又父母に事るに，親しく愛しまいらせ，常々よろこべる顔色あつて，身のとりまはしは，柳の風になびくがごとく，睦じくつかふるの孝をつくす人出来らば，これ生涯の楽也」（『斉家論』）という。

さて，このような梅岩と石門心学の思想は，平易で日用に役立つ実践的な内容を説くなかに儒教や仏教，神道，老荘などさまざまな思想を含んでいる。そのため従来の研究では，心学の由来する思想の特定，あるいは心学をさまざまな思想の妥協や折衷の世俗道徳とみなす傾向にあった（柴田，1971）。しかし，

ここでは心学についてひとつ別の見方を提示したい。すなわち，梅岩の学問の目的は「倹約」を中心とした徳の体系化を試みたものだったのではないかという見方である。儒教で伝統的に重要とされる「仁」や「孝」などに比べ，「倹（約）」は目立たないが日常の経済活動に親近性のある徳である。庶民として生活し，その職分に寄り添った道徳を求めた梅岩にとっては絶対的に重要な徳であった。そのように考えるならば，梅岩にとってこの「倹約」の徳が古典のなかでどのように説かれてきたのかを明らかにすることこそ，学問の目指すところとなろう。また石門心学は「倹約」を中心にした思想の発展として捉えることができよう[2]。

3　近世仏教と庶民道徳

　梅岩のように士農工商の職分の倫理を説いた人物として，禅僧の鈴木正三（1579-1655）がいる。梅岩の弟子手島堵庵（1718-1786）が後に正三の著作『盲安杖』に序文を付しているように，梅岩との思想上の類似性については当時から認識されていたと考えられる。正三は三河鈴木氏の一族に生まれた旗本で，ある時思い立って出家し，禅僧として修行するかたわら仮名草子を著した。代表作『万民徳用』は，正三が「世法即仏法」の立場から職分と仏行との一致を説いたもので（職分仏行説），士農工商の四民が各々職業に勤め励むことが衆生済度の仏行であるというものである[3]。

　その他，近世庶民の道徳と仏教との関わりについては，在俗の篤信者である妙好人とよばれる人びとの存在をあげることができる。日常生活のなかで仏教の信心をまもり念仏などの実践を心掛け，周囲の人びとから尊ばれた妙好人の伝記は，市井の人びとの思想を後世に伝える上でも貴重である。

・注・
1）東京都総務局統計部「東京都の人口（推計）」令和2年11月1日の推定 https://www.toukei.metro.tokyo.lg.jp/jsuikei/js-index.htm 最終閲覧日2020年12月19日。
2）梅岩の「倹約」が公共性を志向するものだったように，〈公共〉は近世日本思想研究において重要な概念である。近世の為政者にとって，人びとの私欲と公共心

との関連性をどのように見出すかという問題は，両者を調整（コントロール）するという政治的な関心対象だったと考えられる。こうした経世思想史のなかで梅岩の「倹約」を捉え直すとき，そこには従来の神・儒・仏の混交といった評価だけではなく，新たな庶民思想の意義を見出すことができるのではないだろうか。

　また近世日本は識字率が向上し，およそ50～60％であったと推定されている。経済活動の活発化と共に訴訟社会化も進んだことなどから，読み書きそろばんの能力の獲得は庶民にとって必須となっていった。庶民の学ぶ寺子屋や学問塾で用いられた教材には，古典や往来物のほか，『長者教』や西川如見の『町人嚢』があり，内容に「倹約」や「致富」を説くのは梅岩の心学と共通する。しかし梅岩が道徳の普遍性を追究した議論を展開したのに対し，前の『長者教』などは通俗的な処世訓や随筆にとどまっている感は否めない。

3）正三の禅思想の特徴については加藤みち子の研究（加藤，2009）を参照。

• 参考文献 • ···

石田梅岩著，足立栗園校訂（1935）『都鄙問答』岩波書店

石田梅岩著，柴田実校注（1971）「斉家論」「石田先生語録」『日本思想大系42　石門心学』岩波書店

加藤みち子（2009）『勇猛精進の聖―鈴木正三の仏教思想―』勉誠出版

鬼頭宏（2000）「人口調節機構」『人口から読む日本の歴史』講談社

柴田実（1971）「石門心学について」石田梅岩著，柴田実校注『日本思想大系42　石門心学』岩波書店

髙島元洋（2008）「庶民社会における心の教育」尾田幸雄監修，官公庁資料編纂会編纂『日本人の心の教育』官公庁文献研究会

第3節　近世近代の武士道にみる道徳教育の原理

————森上　優子

1 武士の精神―近世以前

　武士の精神を表わす「武士道」という語は，その最初期の例が『甲陽軍艦（こうようぐんかん）』に多く登場する。『甲陽軍艦』は甲州武士の心構えなどを記した江戸時代初期の軍学書であることから，「武士道」は，近世に登場した語とされる。「武士道」という語が使われる以前の平安末期から鎌倉時代では，「弓矢取る身の習」や「坂東武者の習」などの語が軍記物語のなかで使われている。その精神は，

たとえば，「坂東武者の習，大将軍の前にては，親死に子討るれども顧みず，弥が上に死に重なつて戦ふとぞ聞く」（『保元物語』）にみられるように，主君の前では自分の命をも顧みない，戦場での武士としての身の処し方をあらわした。それを和辻哲郎は「献身の道徳」と捉えている。その後，戦国時代では，戦闘に明け暮れる日々が続くなかで，「頼み」「頼まれる」関係（相良亨）を根底とする主従間の情誼が強化されると共に，死を覚悟する捨身の態度が武士の理想とされた。

2 近世における士道と武士道

　江戸時代の武士の思想は，儒教を思想基盤とするものと儒教に批判的なものとに分けられる。前者は士道，後者は武士道とよばれる。江戸時代は儒教が奨励されたため，武士の思想も士道が主流となった。

　武士の職分は本来戦闘者にあったが，江戸時代は戦闘がなく泰平の世となり，武士は為政者として位置づけられた。江戸時代初期の儒者である山鹿素行（1622-1685）は，武士のあり様について儒教を根拠に体系化した。『山鹿語類』巻21士道篇では，士としての自覚を「凡ソ士ノ職ト云フハ，其身ヲ顧ニ，主人ヲ得テ奉公ノ忠ヲ尽シ，朋輩ニ交テ信ヲ厚クシ，身ノ独リヲ慎デ義ヲ専トスルニアリ」と説く。素行は武士に儒教の徳目を日常生活で実践し，農工商（三民）に対して人倫の指導者となることを求めたのである。

　一方で，鎌倉時代以来の伝統的な「献身の道徳」を基盤とする武士道としては，その代表的文献に『葉隠』がある。『葉隠』は佐賀藩士の山本常朝（1659-1719）の口述を同藩士の田代陣基（1678-1748）が筆録したもので，1716（享保元）年に成立したとされる。全11巻からなる。『葉隠』は江戸時代では写本として主に佐賀藩の内で流通するのみであった。

　『葉隠』には「死」という語が散見される。「武士道と云は，死ぬ事と見付たり」（聞書1の2）は広く知られる言葉だが，その続きは「二つ二つの場にて，早く死方に片付ばかり也」とある。武士は生か死かという場面において迷わず死に突進することが肝要なのである。思慮分別することは生に執着する心が入

り込むということであり，生への執着は武士にとって堕落とされた。武士にとっての死の覚悟は，「毎朝毎夕，改めては死々，常住死身に成て居る時は，武道に自由を得，一生落度なく家職を仕課すべき也」（聞書1の2）とあるように，泰平の世にあっては「常 住 死身」という態度で主君への献身を第一とし，主従の間の情誼に生きるという奉公の心構えでもあった。相良亨は，「常住死身」について「死人」に徹し切った境地に到達することと解釈している。このような『葉隠』の主張には当時の士道に対する批判が込められている。

3 近代と武士道

　明治時代に入り武士は姿を消した。それは同時に武士の思想が衰退することを意味した。しかしながら，そのようななかで1900年前後には武士道に関する書籍が多数刊行され，武士道ブームが起こった。たとえば，新渡戸稲造（1862-1933）の『武士道』（1900），山岡鉄舟（1836-1888）の『武士道』（1902），教育勅語の解説書である『勅語衍義』を著した東京帝国大学教授の井上哲次郎（1855-1944）などが編集した『武士道叢書』（1905）などが一例としてあげられる。当時は，日本が近代国家として確立したことを対外的に示すと共に帝国主義的傾向を強めていく時代であった。

　井上は『国民道徳概論』（1912）のなかで，武士道を「畢竟忠君愛国といふことに帰着する」という。この解釈はさきに見た江戸時代までの武士道解釈と大きく異なる点であり，ここに国家主義者の主張する武士道の特徴がみられる。井上に代表される国家主義者が説く武士道は，挙国一致のもと，天皇と国家に対する国民としての義務と解釈され，国民に臣民としての自覚を促すものであった。菅野覚明は，明治の武士道の特徴を国民道徳であったと指摘している。

4 新渡戸稲造の『武士道』

　新渡戸稲造は近代日本を代表するキリスト者の一人であり，「太平洋の橋」として日本文化を海外に向けて発信したり，国際連盟事務次長を務めるなどし

た国際人としても知られる人物である。彼の主著に *BUSHIDO, The Soul of Japan, An Exposition of Japanese Thought*（和訳名『武士道　日本人の魂―日本思想の解明―』）がある。『武士道』は 1900（明治 33）年に英文で執筆され，当時，日本を知る資料として広く西洋に受容された。日本では，1908（明治 41）年に桜井鷗村（1872-1929）による翻訳本が刊行され，その後も矢内原忠雄（1893-1961）など現在に至るまで多くの翻訳が試みられている。

　『武士道』は，新渡戸がベルギーの法学者ド・ラヴレーとの会話のなかで，学校で宗教教育が行われていない日本においてどのように道徳教育が行われているのかという質問とアメリカ人の妻からの日本の風習に関する質問に対し，自らの正邪善悪の観念は武士道によって培われたという思いに至り，執筆された。

　『武士道』は 17 章からなる。第 1 章では倫理体系としての武士道を chivalry と訳し，「武人階級の身分に伴う義務」（noblesse oblige）と定義する。第 2 章では武士道の淵源として仏教，神道，儒教を取り上げ，その思想内容を説く。第 3 ～ 14 章までは武士道を構成する諸徳目として義，勇気，仁，礼，誠，名誉，忠義，克己などを論じる。15 章以降は武士道の感化とその未来について言及する。新渡戸は武士が存在しない明治時代以降に武士道の存続が困難であることを予測し，その精神がキリスト教により受け継がれていくことを願った。このような武士道からキリスト教への接続という見方は，キリスト者内村鑑三（1861-1930）にもみられる。

　『武士道』では古今東西の古典を駆使して，日本人の道徳とされた武士道の精神を西洋思想と比較考察し，その共通性を強調するところに特徴がある。言い換えるならば，『武士道』は西洋に比肩する精神として日本人の精神の普遍性を示す試みであったともいえる。『武士道』は武士道を歴史資料に基づいて解明していないとしばしば指摘されるところだが，武士道研究の書ではない。副題に「日本人の魂」とあるように，海外に向けて日本人キリスト者の視点から論じられた日本人論なのである。

● 参考文献 ●……………………………………………………………………………

笠谷和比古（2014）『武士道　侍社会の文化と倫理』NTT 出版

菅野覚明（2004）『武士道の逆襲』講談社新書

斎木一馬・岡山泰四・相良亨（1974）『日本思想大系 26　三河物語　葉隠』岩波書店

相良亨編（1973）『日本の思想 9　甲陽軍鑑・五輪書・葉隠集』筑摩書房

相良亨（2010）『武士道』講談社学術文庫

田原嗣郎・守本順一郎（1970）『日本思想体系 32　山鹿素行』岩波書店

新渡戸稲造著，矢内原忠雄訳（2009）『武士道』岩波文庫

新渡戸稲造著，山本博文訳（2010）『武士道』ちくま新書

古川哲史（1957）『日本倫理思想史研究 ② ―武士道の思想とその周辺―』福村書店

和辻哲郎（2011）『日本倫理思想史㈡』岩波文庫

第4節　近代の宗教と道徳：仏教，キリスト教

―――鈴木　朋子，森上　優子

1 明治時代の仏教と道徳

　江戸時代，朱子学者たちは，仏教は五倫五常を否定すると批判した。このような批判を背景のひとつとして，維新後には廃仏毀釈の嵐が吹き荒れ，また，現世の行為の結果による地獄・極楽への輪廻転生説は，近代の合理主義精神にあわないと論難された。さらに，1890（明治 23）年には，儒教道徳を尊王愛国の立場から再編成し，忠孝を道徳の中心とする教育勅語が発布された。このような明治時代において，仏教者たちは，厭世的・脱世俗的性格をもつ仏教が世俗道徳といかに関わるのかという点について論じた。

2 田中智学と井上円了の忠孝論

　田中智学（1861-1939）[1]は，仏教を世外の道とみなすこと，人生を厭うべきものとみなすことは誤りであるという。その論拠として，日蓮の著述のなかに，国が亡び人が滅したら仏教を信仰する者はいなくなってしまうのだから，「先づ国家を祈りて，須て仏法を立つべし」「世を安んじ国を安んずるを，忠と為

し孝と為す」と述べられていることを挙げている。

　井上円了（1858-1919）[2] によると，仏教は万物の本体である真如について説く一方，真如が展開し各々区別をもつ万物としてあらわれていると説かれているという。そして，仏教が厭世的とみなされるのは，前者のみに目を向けたものであり，仏教は君主と臣下，親と子という区別がある現実の社会に背を向けているわけではないと主張する。

　また，成仏した者には，人びとに利益を与え，国家社会の幸福を祈り，君主と父母の心に安らぎをもたらす義務があるとし，さらに，自力によって成仏を目指す聖道門では善行を実践することが必要とされ，他力信仰を説く浄土門においては，仏の力によっておのずと善人となり，忠孝がそなわると述べている。このように，仏教はもっとも忠孝を重んじるものであり，儒教で説かれる五倫を尊ぶものである，と井上は述べた。

3 清沢満之の真俗二諦論

　清沢満之（1863-1903）[3] は，阿弥陀仏への帰依により浄土に往生できると安心して念仏を唱えることを「真諦」，天皇制国家に従属し世俗道徳を遵守することを「俗諦」とし，両者を真宗の教義であるとする当時の真宗教団に対して異論を唱えた。清沢によると，俗諦の教えが積極的に人道を守らせるものであるとか，国家社会を益するものであるという考えは見当違いであり，俗諦の目的とは，道徳の実行がいかに困難であるかを知り，信心が確立されていくという点にあるとされる。また，忠孝はもっとも大切なものであるとはいえるが，絶対のものではないと述べ，仏教が世俗道徳に背くものではないと主張する田中や井上とは異なる見解を示した。

4 明治時代とキリスト教の受容

　日本にキリスト教がもたらされたのは，イエズス会の宣教師フランシスコ・ザビエル（Francisco de Xavier, 1506-1552）が鹿児島に到着した1549（天文18）年である。一方，プロテスタントの多くの宣教師たちは，1858（安政5）年に

日米修好通商条約が調印され，それを機に来日した。当時の日本はキリスト教禁教政策下にあったが，西洋からの強い抗議により，1873（明治6）年にキリスト教禁制の高札が撤去された。その後，プロテスタント教会は飛躍的に増加し，教育や医療，社会事業などを通じて宣教活動を行った。

　近代日本におけるキリスト教は西洋文明の宗教として理解され，日本の発展という目的のもと，知識人たちを中心に受容された。その多くは儒教を思想的基盤にもつ士族出身であった。彼らは学問を通してキリスト教と出会い，そこで新たな道徳として神の前の平等や博愛などのキリスト教精神に触れたのである。

　日本のプロテスタントには3つの源流がある。札幌バンド，熊本バンド，横浜バンドである。札幌バンドは，札幌農学校で初代教頭を務めたW. S. クラーク（William Smith Clark, 1826-1886）の影響をうけた学生たちのグループで，メンバーには内村鑑三（1861-1930）や新渡戸稲造（1862-1933）などがいた。内村は無教会主義を唱え，聖書を信仰の拠りどころとした。新渡戸は主著である『武士道』を通じて日本文化を発信したり，人格教育に尽力した。ほかに熊本バンドには徳富蘇峰（とくとみそほう）（1863-1957）や海老名弾正（えびなだんじょう）（1856-1937），横浜バンドには植村正久（うえむらまさひさ）（1858-1925）や本多庸一（ほんだよういち）（1848-1912）などが属した。

5 女子教育への貢献

　1872（明治5）年に学制が公布され，その被仰出書に「幼童の子弟は男女の別なく小学に従事せしめざるものは其父兄の越度たるべき事」とあるように，男女の教育の機会が等しく与えられた。しかし，女子の教育機関の整備は遅れていた。そのような時期に外国人宣教師によるミッション・スクールは日本の女性に教育の機会を与えた。その起源は，宣教師の自宅や私塾を設立して語学や西洋の知識などを教授するものであり，最初期の1870（明治3）年には，A六番女学校（現女子学院）やミス・キダーの塾（現フェリス女学院）が設立されている。学校では，人格の尊重，神の前の平等，博愛の精神に代表されるキリスト教に基づいた人格教育がなされ，日本女性の生き方に新たな方向性を与えた。

6 キリスト教と国家主義—内村鑑三不敬事件—

　1889（明治22）年の大日本帝国憲法の発布，その翌年の「教育ニ関スル勅語」（教育勅語）の渙発，帝国議会の開設により，天皇制国家が確立した。教育勅語は国民教育の基本的理念となり，教育の淵源や守るべき徳目などが示された。そのような折，キリスト教が国家主義と相容れないことを象徴する事件が起こった。1891（明治24）年の「内村鑑三不敬事件」である。それは第一高等中学校の嘱託教員であった内村が，教育勅語の奉読式で天皇の署名に向かい「奉拝」することを躊躇したことにより，辞職に追い込まれた事件である。この事件は内村個人への攻撃にとどまらず，キリスト教が国家主義と対立するものとして攻撃の対象となった。東京帝国大学教授で教育勅語の解説書である『勅語衍義』を執筆した井上哲次郎（1855-1944）は，キリスト教を非国家主義であり忠孝を重んじず，出世間を重視し，無差別的な博愛を説くなどと指摘して国家主義の立場から批判した。その後，キリスト教界や仏教界を巻き込んだ「教育と宗教の衝突」論争へと発展した。

•注•……………………………………………………………………………………
　1）日蓮宗の僧侶であったが，還俗し法華経信仰の在家信仰団体である蓮華会（後に立正安国会→国柱会と改名）を結成した。
　2）浄土真宗大谷派の慈光寺に生まれるが，教団を離れた立場で仏教復興を目指すと共に，東洋大学の前身となる哲学館を設立し，教育者として尽力した。
　3）浄土真宗大谷派の僧侶・宗教哲学者。真宗大学（現大谷大学）初代学監に就任した。

•参考文献•……………………………………………………………………………
井上円了（1893）「忠孝活論　付講　仏門忠孝論一班」井上円了記念学術センター編『井上円了選集』（1992）第11巻，東洋大学
海老沢有道・大内三郎（1986）『日本キリスト教史』日本基督教団出版局
柏原祐泉（2000）『真宗史仏教史の研究Ⅲ近代篇』平楽寺書店
清沢満之（1902）「倫理以上の根拠」（大谷大学編（2003）『清沢満之全集』第6巻，岩波書店所収）
清沢満之（1903）「宗教的道徳（俗諦）と普通道徳との交渉」（同上）

久山康編（1993）『日本キリスト教教育史—思潮篇—』創文社
五野井隆史（1997）『日本キリスト教史』吉川弘文館
田中智学（1887）『仏教夫婦論』同盟舎

附　章

近代の道徳教育を創った人びと

第1節　福沢諭吉，西村茂樹，和辻哲郎

――――荒木　夏乃

　本節では，近代日本の思想家として，福沢諭吉，西村茂樹，和辻哲郎を取り上げる。

1　福沢諭吉

　福沢諭吉（1834-1901）[1]は，思想家・教育家として名高い人物である。彼は，独立自尊と実学の必要を訴えた。実学とは，いろは 47 文字を習うことや算盤（そろばん）の稽古，地理学や修身学などの，いわゆる「人間普通日用に近き実学」である。福沢は，この実学を貴賤の別なく皆が修めることにより，一身の独立，一家の独立，そして一国の独立が達成されるとした（福沢，2008：13-14）。

　福沢には，「天は人の上に人を造らず人の下に人を造らずと言えり」という有名な言葉がある（福沢，2008：11）。これは，『学問のすゝめ』の初編冒頭で登場したものである。彼は，本来であれば人間に貴賤などの差別はおきるはずがないのだが，学ぶか学ばないかという違いによって，現実の人びとには上下が生じている，と考えた（福沢，2008：11-12）。この書は，タイトルの通り学ぶことを勧めるものだが，ここでの「学問」とは，先述の実学を指す。つまり実学は，人びとを独立へ導くと同時に，現状にはびこる人間の差をなくす手立てとして提示された，具体策である。

　また福沢は，学問をするにあたり，他人を妨げないことや自身の自由を達することを求めた（福沢，2008：14）。この「自由」は，独立を表現する際にも用いられる（「自由独立」）など，福沢が重視していたものである（福沢，2008：

15)。彼は自由を，人の一身や一国にも必要なものと考えた（福沢，2008：17）。

　なお，実学のひとつにあげられた修身学とは，「身の行いを修め人に交わりこの世を渡るべき天然の道理を述べたるもの」とされるが（福沢，2008：13），これはまさに，道徳を指していると考えられる。自他の自由を尊重しながら修めるものであり，また独立自尊に通じるとされ，人間の差を埋めることを期待された実学の内に，福沢が道徳を見出していたことは興味深い。

2 西村茂樹

　西村茂樹（1828-1902）は，近代の倫理学者である。前項の福沢諭吉と共に，近代日本最初の学術団体である，明六社の創立メンバーとしても知られている。儒教による国民道徳の普及に尽力したとされ，著書には『日本道徳論』をあげることができる。

　西村は『日本道徳論』において，国の独立を保ち，国威を輝かせ，国中の人心を集合一致させて治安と隆盛を達成するには，国民の道徳を高進する必要があるとした（西村，1935：12-13）。道徳を説く教えを，彼は世教と世外教（宗教）の2つに分類する。世教とは，「支那の儒道」「欧州の哲学」であり，世外教とは「印度の仏教」「西国の耶蘇教」である（西村，1935：9）。西村はこの2つのうち，日本の道徳をたてるには，世外教ではなく世教を用いるべきだとした[3]（西村，1935：26）。世教については，さらに，儒教と哲学の「精粋」を採用して「粗雑」を破棄し，「精神」を採用して「形迹」を捨て去り，両者の「一致に帰する所」を採用して，「一致に帰せざる所」を棄てると主張した（西村，1935：34）。そして，上記のような日本の道徳に採用したいものを，西村は「天地の真理」（「儒道に言う所の誠」「天理」「天道」など）である，と述べた（西村，1935：34）。この真理は，事物の事実に合う，などの特徴によって，判別可能であるという（西村，1935：35）。彼は真理を確認した上で，世教，つまり儒教や西洋哲学の教義で真理に適うものを採用し，日本道徳の基礎とするよう訴えたのである（西村，1935：37-38）。西村は，当時の日本の道徳教育に採用すべきと考えたものを，具体的に説いた人物であるといえるだろう。

3 和辻哲郎

　和辻哲郎（1889-1960）は，近代日本の倫理学者である。主著に『倫理学』が
あり，人間を間柄的存在とする道徳論を提唱したことで知られている。『倫理
学』において和辻は，倫理問題を，「孤立的個人の意識」ではなく「人と人と
の間柄」にあるとし，倫理学を「人間の学」と表現した（和辻，2007：20）。和
辻によれば，倫理とは，「すでに実現せられた行為的連関の仕方」であると共
に，「当に為さるべき仕方」である（和辻，2007：23）。彼にとって倫理は，「人
間の存在の仕方」であった（和辻，2007：38）。

　また，和辻は人間を，「世の中」としての性格である「人間の世間性あるい
は社会性」と，「人」としての性格である「人間の個人性」という，2つの性
格の統一として捉えた（和辻，2007：34）。言い換えれば，人間は，対立的なる
ものの統一という弁証法的構造をもつのである（和辻，2007：28）。この人間の
二重構造は，一方が他方を否定することで成り立つという「否定の運動」を絶
えずし続けているため，「人間存在の根源」は，「否定そのもの，すなわち絶対
的否定性」に他ならないとみなされる（和辻，2007：40）。なお，この人間存在
の根源は，「絶対的全体性」や「空」とも表され，「空が空ずるがゆえに，否定
の運動として人間存在が展開する」と考えられた（和辻，2007：40）。

　和辻は，このような人倫の根本原理が把握されれば，良心や自由，善悪とい
った倫理学の根本問題が，これらに「含まれている」ことも明らかになるとし
た（和辻，2007：41）。そして，この主体的な人間観に基づいて，日常実践の場
に即した人倫組織論を展開していったのである。

　以上のような和辻倫理学に対する評価は，二分されている。高島元洋
（2000）によれば，まず，近年になって再評価が著しい点として，「『間柄的存
在』の議論」がある。これは，「日本文化論あるいは東洋的人間観の解明に有
効であると考えられている」ことによる。一方，批判の多い箇所としては，
「『間柄』から展開する『絶対的全体性』の考え方」がある。こちらは，和辻が
「個別性と全体性は相互否定の関係にあるとしながら，実際は全体性を重視し

ている」と解釈可能であることに起因する（高島，2000：238）。

　上記のように，和辻の倫理学，道徳論に対する評価はさまざまである。しかしながら，彼の提唱する間柄的存在という人間理解が，現実で他者と関わりながら生きるわれわれに対し，ひとつのまとまった視点を提示していることは確かであろう。

・注・

1) 以下，各思想家の生没年や，所属組織，思想などに関する一般的な説明は，『広辞苑』を参照する。
2) 支那，耶蘇教などの言葉遣いは原文ママである。
3) ただし西村は，この直後に，世外教の嘉言善行は採用して，道徳の教えの助けとする旨も，書き添えてはいる（西村，1935：26）。
4) 否定の運動の説明にて，社会性は全体性と表現された（和辻，2007：39-41）。

・参考文献・

清水正之（2014）『日本思想全史』筑摩書房
新村出編（2018）『広辞苑　第7版　机上版』岩波書店
高島元洋（2000）『日本人の感情』ぺりかん社
西村茂樹著，吉田熊次校（1935）『日本道徳論』岩波書店
福沢諭吉（2008）『学問のすゝめ』改版，岩波書店
和辻哲郎（2007）『倫理学』㈠ 岩波書店

第2節　西晋一郎における道徳教育の理論と実践

──────衛藤　吉則

1 戦前を代表する倫理学者・西晋一郎

　戦前の日本の哲学界では，理論哲学の最高峰として西田幾多郎がおり，倫理学・実践哲学の最高権威として和辻哲郎とならび西晋一郎（1873-1943）が存在した。西は，鳥取の出身で，鳥取第一中学，山口高等中学校を経て，東京帝国大学文科大学哲学科に進み，同大学大学院を修了（1902）した。その年，彼は，広島高等師範学校創設に伴い，初代校長北条時敬の推薦で30歳の時に同

校教授（1927年から広島文理科大学教授）に就任し，徳育，倫理学，国体学の各専攻を指導した（西，2018：15-16）。

　大学以外でも西は講演活動を請われ，教育界に広範な影響力を与えた（東京帝国大学教育学談話会や，文部省・台湾総督府・国民精神文化研究所，大阪・京都・千葉・長野・岐阜・愛知・愛媛・長崎の県教育会，長岡女子師範付属小・富山女子師範富山高等女学校・大分師範附属小，製鉄所職員会での講演など）。加えて，西は，教育勅語の注釈書『教育勅語衍義』（朝倉書店1940）や，国体論や国民道徳の指導書『日本國體』（文部省1935），『国民道徳大意』（教学局編1941），さらには文部省検定の修身教科書（『模範中学修身』1930，『新制中学修身』1931，『新日本修身』1937，修文館）など多数の書籍を著し，わが国の道徳教育に尽力した。

　しかし，西は，1940年には大学をはじめ国家の要職を退き，戦局が悪化する1943年（70歳），「講書始御儀」において食や兵より民の信を第1とすべきとする孔子の言葉（『論語』顔淵篇子貢問政の章）を引用し天皇に全身全霊での御進講「政を為すの道」を果たし，その年に終戦を待たずに生を閉じることとなる（西，2018：81-82，106-107）。

2　広島高等師範学校による教育

(1)　西の評価

　「学園の魂」。西を語る際，教え子たちはかれをそう称した。1902年の広島高等師範学校創立以来，広島文理科大学時代を含め，西の教え子は数千人に上る。彼らにとって，西はたんに学問的な導きの師であるだけではなく，彼の人格そのものが学びと畏敬の対象となっていた。教え子の1人に，広島高等師範学校で西に学び，その後，京都帝国大学に進み西田幾多郎に師事し，「全一学」の哲学を提唱し，「立腰教育」を全国に普及させた哲学者にして教育実践家である森信三（1896-1992）がいる。彼は，西と西田を，わが国の哲学界に空前絶後の偉業を成し遂げた人物と評し，とりわけ，西については，「生をこの世に享けてよりこの方，五十有余年の歳月の間に，直接まのあたりに接しえた日本人のうち，おそらく最高にして最深なる人格ではないかと思う」（森，2004：1）

と，その人格の崇高さに最大の敬意を表している。

　こうした評価は，西の思想と生き方が重なりをもつものであることの一端を物語っており，その意味で，思想家西は倫理探求者（求道者）でもあったといえる。広島大学名誉教授の隈元忠敬もまた，西の哲学思索の根底には「学と人との一致」への確信があったとし，西田幾多郎の思想が西田哲学とよばれ，専ら形而上学的・宗教的であったのに対し，西の思想はむしろ実践的・道徳的で「西倫理学」とよびうるものであったと述べている（隈元，1995：129-131）。

⑵　西による教育

　では，当時，西は，広島高等師範学校においてどのような教育を行っていたのだろうか。卒業生の記録によれば，西の担当科目は，「国民道徳」「東洋倫理」「西洋倫理学史」「哲学概論」などであったことが理解される（西晋一郎先生廿周忌禁煙事業会編，1964：139）。当時の西による「東洋倫理」の講義録からいくつかの言葉を紹介してみよう（傍点筆者）（小南，2010：15-20）。

　『大学』
　　人間は妄想を逞（たくま）しゅうすることは寝込んでゐても出来るが，本当の所，真相実相は静坐端正，"静かなること専ら"でなくては得られない。得るまでは人にひきまはされる。真相は外にはなく，自己の裡にあるのである。
　　格物致知。格はそれにつきあたり，実地に知るのである。遠方から眺めて察するのではない。今日はこの遠方から眺めて察した知識が多い。
　　宇宙の本体がいかなるものかが解れば，自己の本体もわかり，自己の本体がいかなるものかが明かなれば，宇宙の本体もわかる。

　『中庸』
　　「中」は十字の街頭，どっちにも向いてゐないから，どっちも見えるのである。精神の静専なる時である。人にひき動されぬ。流行思想にひき廻されぬ。静専で十字路の真中に居れば真の活動が出来る。

　『書経』
　　全体を一貫して我々にインプレスする或るものが存す。それは，"天地方

物を貫く理法を観てゐる”といふことである。観るとは直観的である。
凡そ新たに事をなさんといふときは，きっと元にかへるものである。新た
に目を出さんとするものは先ず根を培はねばならぬ。

『孟子』

羞しき心は禽獣にはなし。……動物的本能・衝動を恥づ。これを超越せんと
する心がある。……礼節を以て美化する。礼節は精神を保つ為に必要なり。

『論語』

自己の精神が他の方向（野心・名利など）に向ふときは，親に対する昔日の
親愛の情は薄くなるなり。孝は……ただ自然の感情に於ては行はれざるな
り。孝は自己を捨てざれば真の孝にあらざるなり。……孝は一心より出づ
る為に，心だに本来を失はざるときには孝行自然に行はるるなり。敬の念
なかるべからず。……人の内面的な交通は恕（おもひやり）にて行はる。

　西が課した「国民道徳」の試験問題（1936）にも彼の講義の論点が示されて
いるので紹介してみたい（西晋一郎先生廿周忌記念事業会編，1964：91-92）。

　　一　倫理成形の種々なる所以を論述せよ。
　　二　国家統一者は国家生活に内在的且つ超在的なりといふ意味を説け。
　　三　全道徳の統一としての忠孝を説け。

　以上の西の講義・試験から，普遍内在的見方，知行合一，普遍［宇宙］と特
殊［個人］の即応関係，内観を通した宇宙の根源原理「虚（とらわれのない境
位）」への回帰，羞悪・礼節・親・孝・恕という儒教原理の重視が読み取れる。
では，これらの視点は，いかなる見方に基づいて構成されていくのだろうか。
最後に，西による道徳思想の構造と学問的スタンスを概説することで西理論の
エッセンスを浮き彫りにしてみよう。

3 西理論の構造と学問的スタンス

　まず，西思想を理解する要は，彼が採る「特殊即普遍・具体的普遍のパラダ
イム」と「虚の思想」の構造を知ることにある。ここにふみこまない限り，西
思想の理解に至ることはできない。西の思想は，「不完全な特殊（個人）世界」

と「真善美等の普遍世界」とを分断する近代西洋思想に対して，両者を一元的につなぐ試みといえる。近代西欧思想の多くが，〈認識主観の疑わしさ〉ゆえに両領域を分断するなか，西はそれらを〈意識変容〉という「垂直軸」的高まりにおいて架橋できるものと考えた。なぜなら西は，不完全な個々人の内部に普遍が宿るとする「普遍内在論」に立ち，特殊が特殊なまま〈具体的普遍〉に至りうるという見方を支持するからである。この理由について，西は，「もともと自らの中にないことを識りようがない」（西，1923：1），私たちが自他を含む現象の変化のなかにあってその変化を捉えることができるのは，自己意識の奥底に本質と即応する部分があるからだという。そこではつねに認識がもつメタレベルの重層的認知構造が想定されており，普遍との循環的感応体験を繰り返すなかで，ある認識はさらに内奥の認識によって破られあくなき更新をつづけ純粋知へと高まっていくと考えられた。

　加えて，西によってその自知運動の究極動因に位置づけられたのが，日本思想の内に成熟していった東洋的概念「虚」（中江藤樹や老子に負う）であった。「虚」とは，彼によれば実在の根源としての「空所」であり，「絶対自由性・無限定性」を本源的性質にもつ「意識の本」と解された（西，1931：10）。利己性を介しない「虚」に私たちの心が即応して初めて，深い因果に基づく新たな意識展開が可能になるという。

　このような意識変容を通した個人と真実在との合一という思想は，二元論が広く浸透する近代西洋思想全体においては異端的な位置づけがなされるが，近代日本思想においてはその異端性こそが理論の起点とされ，近代西洋思想が危惧する〈認識主観の疑わしさ〉そのものが「虚」への共振を経て自己超克されていく。そして，ここに実践と乖離しがちな近代西洋的知に対して日本思想に顕著な「知行一・知在一」としての実践知が構想されるのである。先に見た西の講義や試験もまた，これらの観点を軸に構成されていることがわかる。

　「明治維新前まで達せられた日本人の大いなる思想に現代の研究を内面的に接続すること」（西，1923：序）を生涯の課題とした西の思想は，今日，ゆきづまりをみせる西洋近代知を克服するひとつの有効な理論といえるだろう。

・参考文献・・・
衛藤吉則（2018）『西晋一郎の思想—広島から「平和・和解」を問う』広島大学出版会
木南卓一編著（2010）『西晋一郎先生遺墨遺教集』協和印刷
隈元忠敬（1995）『西晋一郎の哲学』渓水社
寺田一清編（2004）『人倫の道』致知出版
西晋一郎（1923）『倫理学の根本問題』岩波書店
西晋一郎（1931）『忠孝論』岩波書店
西晋一郎先生廿周忌記念事業会編（1964）『続清風録』西博士記念事業会

第3節　西田幾多郎
——————水野　友晴

　西田幾多郎の『善の研究』は，純然たる哲学書である一方で，専門を超えて幅広い読者を獲得し，現在にいたるまで読みつがれている。それはこの書の内容に，日本を含む「東アジア地域」の思想的・精神的風土の肝腎を穿ちえた部分が含まれているからであろう。以下，主として『善の研究』第三編「善」に注目して，この書が近代の道徳教育に対して有する意義について展望を試みたい。

1　『善の研究』の道徳論の概要

　「善」を語る際に西田が基本としたのは「自由」ということであった。西田は，「何らの理由なくして全く偶然に事を決する如きことがあったならば，我々はこの時意志の自由を感じないで，かえってこれを偶然の出来事として外より働いた者と考える」（西田，1911：150）として，「自由」とは原因や理由を破り出ることではないとする。彼が採用したのは，「我々が或る理由より働いた時即ち自己の内面的性質より働いた時，かえって自由である」（西田，1911：151）とする「必然的自由」（西田，1911：152）の自由論であった。

　『善の研究』の西田は，この立場から東西古今の道徳・倫理学説を広く批評の篩にかけてゆくが，最終的に彼が採用したのは，人間の内面的性質からの最深の要求は己の理想を実現しようと意志することにあるとする，「活動説」の立場であった。その上で彼は，人間の内面的性質とは何かを掘り下げることで，みずからの活動説にオリジナリティを付与してゆく。すなわち，「竹は竹，

松は松と各自その天賦を充分に発揮するように，人間が人間の天性自然を発揮するのが人間の善である」（西田，1911：191）といった発言からも窺えるように，西田は万物斉同的観点と「活動説」とを結びつけることを試みる。

　人間を人間へと仕立てあげる働きは，一面，人間を他の事物から区別して人間とするものであるが，他面それは万物を万物それぞれへと仕立てあげる働きの一環として，まさに実在全体を創造する働きでもある。前者の側面を指して「人格の実現」（西田，1911：201）ということがいわれ，後者の側面を指して「実在の根柢における無限なる統一力」（西田，1911：201）ということがいわれる。

　その上で「人格の実現」は，各人それぞれに個性やオリジナリティを獲得・発揮させることへと進まなければ充分でない。ただしそれは人間が人間たることを実現することの一環としてのものであるから，あわせてそこに，家族を成し，国家の一員となり，あるいは理想のために一身を犠牲にしたりすることなども含めて，人間の諸可能性が現出してくることが伴われなければならない。

　要するに，われわれ一人ひとりがそれぞれに固有性を獲得してゆく道のりは，同時に，人間がその可能性をさまざまに発揮顕現する道のりでもあり，さらには万物が万物たることを実現してゆく道のりでもある。したがってそこにおいては，個人性の追求という極微的事柄と，創造意志によって実在全体が創造されてゆくという極大的事柄とが，ひとつの働きの表と裏として重ね合わされていることになる。

　以上より『善の研究』の道徳論の要石は，各人がそれぞれに理想を追求する個的営みに，いかにして宇宙大の創造意志の働きを重ねみることができるかという点に置かれていることがわかる。この点を解決する鍵となるのが，「自他相忘れ，主客相没する」（西田，1911：216）と西田が形容する，「無私」（西田，1911：260）なる意識状態への注目である。

　「その人の最も真摯なる要求はいつでもその人の見る客観的世界の理想と常に一致したものでなければならぬ」（西田，1911：204）と西田はいう。こうした意識境地にあっては，己の内面からの「自由」なる意識活動は，周囲を我意でもって服従させようとすることではなく，周囲の働きによく目を配りつつ自分

からそれらと協働（協同）することを図ることで実現される。こうした文脈に基づいて，西田は「至誠」の徳について強調している（西田，1911：202-3）。

「至誠」を尽くすことは，己がもてる知識と能力を最大限に開発し活用して，相手との協働に踏み込むことで実現される。そこにあるのは自己放棄ではなく，むしろ徹底的な自己開発である。しかもそこでは，単なる自己開発にとどまらず，協働への参与として，周囲の働きへの合流もが実現している。『善の研究』の道徳論の要石となる，極微なる個人性の追求と，極大なる創造意志との合一という課題は，このようにして解決をみることとなる。

2 『善の研究』の道徳論が有する意義

『善の研究』の道徳論を以上のように概観したが，そこにおいて一見して明らかなのは，発展を肯定的に評価する西田の姿勢である。西田の脳裡には，自己と万物の両方がとどまることなく成長し，そのことで活動的に多様さを現出し続ける実在界のイメージがあった。「善」についての彼の見方も，このような見方から決定づけられている。

しかもそのことには，さらに別の意味合いが認められる。自己および万物の発展は協働して巨大な形成作用となり，実在界を形成する。このようにして現出する巨大な形成作用は，太古から実在を形成維持してきた創造作用と別物ではなく，むしろ実在はこのようにして太古から形成されてきたとみるのが適当である。その意味で西田が説く発展は，太古来の創造作用への帰入でもある。われわれが絶えず自己を開発して先へ先へと進む発展は，同時に，太古からの創造作用への復帰合一，すなわち遡源という事態でもあるのである。

いま，『善の研究』が説く道徳論の要部を，発展がそのまま太古からの創造作用への復帰合一でもあるという発展即遡源という事態に見たが，このことはまた，『善の研究』の道徳論が有する意義に対しても同様に当てはまる。要するにわれわれは，『善の研究』およびその道徳論が登場したという事件そのものを，上記のごとき発展即遡源のひとつの具体的体現例としてみることができる。

『善の研究』には，「自由」，東西古今の倫理学説の批評，さらに「人格の実

248

現」といった，西田と時代を同じくする関心についての考察が含まれ，したがってその道徳論は，日本が近代世界に触れる以前のものとは一時代を画している。その道徳論が所属するフィールドとしても，当然のことながら同時代の近代世界が意識されている。その一方で，『善の研究』の道徳論の要諦をなすのは，「無私」や「至誠」を通じて太古からの創造作用に復帰合一すること，換言すれば，太古からの創造作用を己の営為において働き出す主体となることであり，こうした論調は禅仏教，あるいは朱子学や陽明学といった新儒学の主張などにおいても伝統的にみられるものである。範囲をさらに広くとって，老荘的な無為自然の主張や，仏教の如来蔵思想，古代インドにおける梵我一如の思想などとの親和性をそこにみることも不可能ではない。『善の研究』の道徳論がこれら「東洋的伝統」と親近性をもつことは明らかである。

　これら「東洋的伝統」は，近代以前にあっては，日本，中国，朝鮮半島，さらにはインドも一部そこに加えた「東アジア地域」にその流通範囲が限られ，そこにおいてひとつの文明圏を築いてきたわけであるが，しかし『善の研究』の登場によって，それは近代世界の時空へと新たに移し入れられることとなった。『善の研究』の道徳論が「人格の実現」を求めるのは，日本や中国の人びとに限られるのではなく，近代に生きるあらゆる人びとであり，同様に『善の研究』が帰入を求める創造作用は，「東アジア文明圏」のみを形成するのではなく，世界一般を創造する創造作用である。

　その意味で『善の研究』は，近代の道徳教育一般に対してその基礎を新たに提供した書物である。そこにあっては，「東洋的伝統」と同時代的近代とが相互に出会いを果たし，協働して新たな道徳論を創造する発展が試みられている。そしてそのような発展は，「東洋的伝統」の「東アジア文明圏」への閉鎖的閉じ籠もりではなく，世界最大の規模で近代をリアルタイムに創造する本来的で純粋な創造作用に，「東洋的伝統」が刷新的に帰入してゆくという，より高次のレベルからの遡源の事態でもあったのである。

• **参考文献** •

西田幾多郎（1911）『善の研究』岩波書店（ワイド版岩波文庫355）2012

戦後の道徳教育を創ってきた人びと

——— 廣川　正昭

1 戦後道徳教育を方向づけた指導者

　戦後13年間空白が尾を引き，またその間イデオロギーの対立に巻き込まれ，純粋に教育問題として議論されることもなく，学校における道徳教育は，不振，低調なまま推移されてきた。しかし，この間にもあるべき道徳教育を模索し，真摯に取り組んできた研究者たちがいた。その代表者に京都大学教授，文部大臣の天野貞祐，京都大学，日本大学教授の高山岩男，京都大学教授の高坂正顕，麗澤大学創立の廣池千九郎（戦前に属する）らがいた。

(1)　天野貞祐—戦後教育改革と道徳教育の振興—

　戦後の道徳教育の歴史は，天野を抜きにして論じられない。特に文部大臣として行った「修身科」復活と「国民実践要領」の制定をめぐる発言は，戦後の道徳教育の在り方について抜本的な問題を提起したものであった。天野は，京都帝国大学を卒業後，第七高等学校，学習院教授を経て，京都大学教授となった。その間，カントの「純粋理性批判」の翻訳に全精力を傾け，全6巻の翻訳を完成した。その後，甲南高等学校長，第一高等学校長を歴任後，1950年吉田内閣の文部大臣に就任した。退任後，獨協大学長，自由学園理事長などを歴任する。一方，中央教育審議会会長として戦後の教育行政を牽引した。

　天野は道徳教育振興策として，いわゆる「修身科」復活と「国民実践要領」の制定を提唱している。この天野発言は，敗戦後の教育改革のなかで積み残されてきた課題でもある。また，天野は国家論として「静かなる愛国心」を提唱している。

(2)　高坂正顕――「期待される人間像」――

　中教審の第19回特別委員会で高坂正顕の執筆した「期待される人間像」が審議された。

　高坂は，京都帝国大学で西田幾多郎に師事し，主にカント哲学を学んだ。高山岩男と共に「京都学派四天王」の1人に数えられている。戦後は公職追放後，京都大学教育学部長，東京学芸大学学長，国立教育会館長などの要職を務めた。著作では，高坂正顕（1968）『大学問題と学生運動』南窓社など多数に及ぶ。

　なお，戦後教育の重要課題「期待される人間像」の執筆は，高坂の手によるものである。これは戦後道徳教育史を読み解くための重要な手がかりであることに間違いない。そして愛国心の対象となる国家を天皇と結び付けて説明しているところに特徴がある。

２ 日本道徳教育学会を設立し推進した指導者

　日本道徳教育学会が設立されたのは，1957（昭和32）年末である。その前身は長屋喜一（専修大学教授）を中心とする「道徳教育研究会」であった。この結成に中心的に働いた人びとに，勝部真長（お茶の水女子大教授）古川哲史（東京大学教授）山田孝雄（日本大学教授）などがいた。

　これらの人びとを長老の立場から支援したのが池岡直孝（明治大学教授）佐々木英夫（日本大学教授）原富男（東京教育大学教授）などであった。山田が中心となり学会は運営組織された。

　その後，代表理事に片山清一（目白学園研究所長）そして勝部真長（お茶の水女子大学教授）が会長に就任し，小野健知（日本大学教授）会長の時，現体制が整えられた。これらの指導者の外に霞信三郎（主任視学官，弘前大学教授），間瀬正次（東京都立教育研究所長）副会長尾田幸雄（お茶の水女子大学教授），副会長中川武夫（東京学芸大学教授），虫明凱（岡山大学教授），竹ノ内一郎（全小研道徳教育研究会長）などが学会をサポートした人びとで，その功績が評価された研究者である。なお，これらの外に，和辻夏彦（武蔵中・高校教諭），佐々木英夫（日本大学教授），牛山清一（日本大学），波多野述磨（東京学芸大），深作安文（東

京都立大），木宮乾峰（中央大），小山甫文（早稲田大），宮崎友愛（慶応大），佐藤俊夫（東京大），山田栄（東京教育大），筧泰彦（学習院大），小沼洋平（国立教育研究所），大島康正（東京教育大），桑木務（中央大），小牧治（東京教育大），高橋譲（学習院大），平野武夫（京都学芸大），水野忠文（東京大），石川伤男（東京学芸大）などがいる。これら大学の研究者の外にも学会に協力し，研究実践に努めた現場の実践者たちがいた。

(1)　山田孝雄―日本道徳教育学会の設立と初代会長―

　　山田孝雄は，青森県の出身で，青山師範を卒業後，東京都の公立小学校に勤務，その後日本大学法文学部文学科倫理学専攻を卒業，そしてイギリスのロンドン大学に留学したが，世界大戦のため帰国，日本大学予科講師，そして教授として母校の教壇に立つ。また，東京文理科大学研究科を修了する。そして日本道徳教育学会を組織し，代表理事となる。「ベンサム功利説の研究」で文学博士。その後，帝京大学教授を勤める。

　　1909年，道徳教育に関する研究及び普及を目的とする学会を設立しようと，同志が山田の斡旋により日本大学に集まり，学会が誕生した。代表理事が事務を司る，という組織で山田研究室に事務局を置いていた。学会誌『道徳と教育』の編集刊行，年2回の研究大会など，すべて尽力した。「私は功利主義をかく考える」―このタイトルは，第100号の記念号に執筆した論文の題名である。

(2)　勝部真長―日本の伝統思想と道徳教育―

　　勝部真長は和辻哲郎が主任教授である東京帝国大学倫理学科に進む。卒業後和辻研究室の副手を勤め，東京女子高等師範学校の修身担当の講師，教授となる。そして，お茶の水女子大学の哲学科の創設に尽力し，倫理学講座を担当する。退官後も精力的に上越教育大学，昭和音楽大学教授として活躍する。

　　勝部は，戦後の学校教育改革に伴う空白の時期に道徳教育の必要性を説き，その研究を推進した。その後，道徳教育の批判が多いなか，文部省の教科等調査研究会委員として，全国各地をまわってその普及と定着に尽くした。また，学

会においても，日本倫理学会会長，日本道徳教育学会会長などを務め尽力した。

　勝部の研究は多岐にわたる。道徳教育の著作は 1958 年『道徳教育ノート』（大阪教育図書），1992 年『勝海舟』（PHP 研究所）など多数に及ぶ。

⑶　小野健知─学会リーダーと渋沢栄一研究─

　小野健知は，岩手県の出身で北海道大学で倫理学を学び，日本大学文理学部で倫理学，道徳教育の教授として活躍した。そして日本大学で発足した日本道徳教育学会の初期から学会運営，研究推進にかかわり，理事，理事長，会長，顧問と生涯学会の中枢で道徳教育の研究にかかわった。今日，千名近い会員で名実共にわが国最大の「日本道徳教育学会」を組織，運営し，道徳教育の推進，発展に寄与した功績は計り知れない。

　会長時代は，北海道の道都大学教授（学部長）として大学生を指導し，そして北海道の地から学会をリードした。また，小野スミ子会員（奥様）の協力で事務局も合わせ受け持ち，家族ぐるみの学会運営であった。

　学会の新しい組織，支部活動，委員会活動などもこの時期に立ち上げられた。今日の組織，体制はここからはじまったといっても過言ではない。学会基盤の確立は，小野の手腕と情熱によるところが大きい。

　2019 年 3 月 31 日発行の学会報 56 号の巻頭言「日本人の倫理観について」執筆，その最後の文に「87 歳の現在に至るまで長きにわたりお世話になった道徳教育学会の皆様に心から有難うの感謝の言葉を記させていただき擱筆する」。これが小野元会長の最後の言葉となった。なお，広報創刊号（1 号）小野の巻頭言「道徳教育の現状と課題」から，学会の広報活動がはじまった。その最後に「……一途に自分の信じる目的に進む人間が日本には，いま，必要なのではないか。価値の多様化の時代と言われている今日，たしかに，目標とするものは定かでない。しかし，『なすべきこと』をなし，『してはならないことは断じてしない』という信念をもって行動してもいいのではないか。効率優先とか効果主義とか『モノ』『カネ』第一にする考えをもう一度検討し直してもいい時期に来ているのではないか」と説いている。

　次に小野の倫理学，道徳教育など，研究についてみると，学会あるいは大学での研究，指導はもちろん，教育現場での指導も精力的に行っている。著書では，1997年『渋沢栄一と倫理思想』，1995年『いまなぜ道徳なのか』大明堂など多数に及ぶ。なかでも渋沢栄一の生き方には強い思い入れがあり，生涯の研究テーマとして大切にしていた。

3　関西道徳教育研究会を設立し，推進した指導者

　戦後のいわゆる道徳教育の空白期，いち早く道徳教育の復活を叫び，道徳授業の方法原理として「価値葛藤論」を提唱し，長い間国内最大級の「関西道徳教育研究会」を主宰し，精力的に運営し続けたのが会長の平野武夫である。1950年12月，関西道徳教育研究会（当時京都道徳教育研究会）は，第1回大会を京都で開催した。以後第36回1985年まで続いた。この間，指導講師陣として次の研究者たちが活躍した。内藤巌（広島大学），藤田政雄（大阪学芸大学），長田新（広島大学），井上順理（鳥取大学），村上敏治（京都教育大学），井上治郎，青木孝頼（文部省調査官），泉保夫（京都外国語大学），池尾健一（信州大学），工藤将夫（秋田大学），田井康雄（奈良大学），瀬戸真（調査官），井上裕吉（東京都指導主事），大久保智（京都文京短大学），森岡卓也（大阪教育大学），市川良哉（奈良大学），大平勝馬（金沢大学），村田昇（滋賀大学），森昭（大阪大学），高橋進（東京教育大学），宮田丈夫（お茶の水女子大学）など。

(1)　平野武夫―関西道徳教育研究会と「価値葛藤論」―

　戦後いち早く道徳教育の復活を叫び，道徳授業の方法原理として，「価値葛藤論」を提唱し，長期にわたり関西道徳教育研究会を主宰した平野武夫の功績は偉大で，その影響をうけた人たちは計り知れない。会創設当時は，教育現場は戦前の修身へのアレルギーが満ちあふれ，日教組をはじめ，道徳教育反対運動が吹き荒れていた。この社会状況のなか，毅然と「価値葛藤論」を提唱し，研究会を設立し，大反響を起こした。平野の主張は，「価値葛藤の場」を道徳教育の根本的な方法原理に位置づけ，道徳授業は，価値の高低と強弱が反比例

254

する原理のなかで価値葛藤の山場を授業の中心に据えることが大切であるとの主張である。なお，E. シュプランガー，M. シェラー，N. ハルトマンなどの理論をその根拠に裏付けている。

なお，平野は京都の出身で，広島文理科大学を卒業，神奈川女子師範，青森女子師範学校教諭，宮城女子師範教授，京都師範助教授，京都教育大学教授，奈良大学教授などを歴任した。京都学芸大時代に文学博士を取得。この時期における日本で唯一の，道徳教育分野の研究での学位取得である。

(2) 宮田丈夫― 「実践教育学」の提唱と新価値主義―

教育学者の立場から「実践教育学論」を提唱し，また関西道徳教育研究会の指導講師をはじめ，全国各地で現場の教師を熱心に指導し，戦後の道徳教育に大きな足跡を残したのが，お茶の水女子大学教授の宮田丈夫である。いわゆる「関西道徳」では関東を代表する指導講師であった。宮田は，東京帝国大学を卒業後，長岡女子師範，福島女子師範学校教授，文部省事務官，東京学芸大学助教授を経てお茶の水女子大学教授を務めた。退官後は聖徳短期大学教授を務めた。また宮田は，道徳教育研究に関わる大学教授陣のなかで，数少ない現場教師の経験者であり，生涯現場教師の授業実践に関心をもち，教師たちの実践を理論的に整理することに力を注いだ。

また，全国学級教育研究会などを主宰し，現場の教師たちと研究活動を熱心に行ってきた。そこから多くの研究者が育った。

また宮田の著作は精力的で 60 冊に近い数の著書を出版してる。その数多いなかでも 1961 年『実践教育学』（明治図書）は，宮田の教育学を集大成したもので自身も大切にしている。

戦後の道徳教育（授業）の流れを歴史的系譜として捉え，生活指導主義的道徳教育（授業）から生活主義的道徳教育（授業），そして価値主義的道徳教育（授業）へ，さらに新価値主義的道徳教育（授業）へたどる。したがって「子供の生活」，授業での「生活化」が大変重要になってくると提言している。真に「実践教育学」論の提唱者である。

4　行政の立場から道徳教育を研究し，その実践を推進した指導者

　1960年代半ばを過ぎると「道徳」の特設に対して反論も影をひそめ，道徳の授業が一応安定してきた時期，道徳授業をどのような構想で，どう組み立てたらよいかなど，道徳の授業論に現場の教師たちの関心が集まった。

　道徳教育の指導は，この時期，現場教師たちに経験がない，あるいは先輩に経験者がいないなどの理由で，指導はもっぱら大学や研究所の道徳教育の研究者，または文部省の調査官，視学官たちであった。

　なかでも道徳担当の調査官の活躍は目を見張るものがあった。また現場の教師たちや研究会はこぞって指導を仰いだ。

　この歴代の文部省道徳担当の教科調査官，視学官活動はもちろんであるが，なかでも茂木喬，瀬戸真，金井肇，井沢淳，飯田芳郎，井上治郎，青木孝頼。また関係者として，内藤誉三郎（初中局長），奥田真史課長などが活躍した。こうしてこれらの行政の立場にあって，道徳教育の推進に情熱をそそいだ人たちにより，不振低調だった道徳教育，特に道徳授業は軌道に乗り，大変進展した。

(1)　井上治郎—「資料即生活」論を主張した文部省調査官—

　1960年代半ばを過ぎると，道徳指導が一応定着してきた時期，道徳授業で使用されている指導資料に疑問をもち，特に読み物資料を厳しく批判する人たちがあらわれた。この時期「資料を教えるか」「資料で教えるか」論争が学会，研究会などはなばなしく議論された。このきっかけは，井上治郎の「資料即生活」論に収束する。

　当時，井上の「資料を教える」主張は，初心者にも道徳授業を行いやすくするためのもので，現場の教師たちはこぞってその手法を取り入れた。文部省の行政指導の要職にあっただけに，その影響は大きく，現場の教師たちは資料中心主義の方向へ傾斜していった。井上が中学校担当だけに，とかく小学校より話し合い活動を組織するのが難しい中学校段階に，その傾向が強かった。

　こうして熱心な現場教師たちにより，井上の「資料即生活」論の研究や実践が進められた。また熱心な学校では，このすぐれた資料が蒐集され，自作の資料もつくられ，道徳教育に大きな成果を残した。

　しかし，道徳教育が，「生活から入って生活へ」返るという性格から離れ，しだいに教科的な論理主義の指導へと変貌し，実践力の育成あるいは生活化への観点から疑問が提起された。全国各地の学会や研究会などで，「資料を」か「資料で」かが論題の中心となり，はなばなしく議論された。なかでも論争が激しく行われたのに関西道徳教育研究会のパネルディスカッションがある。会場は「資料を教える」立場の井上対オールパネリストという観を呈した。

(2)　青木孝頼─「価値の一般化」論を指導した文部省調査官─

　1960年代になると「価値の一般化」論は各地の研究会などで盛んに取り上げられるようになった。その普及に青木自身は提言者でないと否定しているが，この指導に深く関わったのが，当時文部省調査官であった青木孝頼であった。青木は東京文理科大学を卒業，文部省調査官，主任視学官，筑波大学教授，埼玉短大教授など歴任した。著書は『道徳でこころを育てる先生』（日本図書文化協会，1988）など百冊に届くほどの数である。さて青木の論であるが，「学校教育の全面，特に生徒指導との関連を図りながら『価値の一般化』を図る試みが必要である」と指導している。教育行政の立場から，戦後の道徳教育の推進，そして授業理論構築に大きく関わり，その役割を果たしたのが青木である。真に現場教師にとっては忘れられない研究者であった。時には壇上で，不用意な発言に対して，叫声を発するほどの情熱家でもあった。

● 参考文献 ●‥‥‥‥‥‥‥‥‥‥‥‥‥‥‥‥‥‥‥‥‥‥‥‥‥‥‥‥‥‥‥‥‥‥‥‥‥
　行安茂・廣川正昭編著（2012）『戦後道徳教育を築いた人々と21世紀の課題』教育
　　出版

附3 道徳教育史　略年表

—————緒賀　正浩

日付に関しては全て太陽暦で記述した。
漢字については全て新字体で統一した。

年代			道徳教育に関する制度，政策的事項	教育に関する主な動向，及び，道徳教育に関連する主な出版物等
西暦	和暦	月日		
1868	慶応4／明治元	10.23		慶応から明治に改元
1871	明治4	9.2		文部省設置，大木喬任が初代文部卿に就任する。
1872	明治5	9.4	学制によって設置された下等小学の8級〜6級に修身科を設置	学制布告，日本の近代学校制度構築が始まる。
		10.10	「小学教則」「中学教則略」布達	福沢諭吉『学問のすゝめ』
1873	明治6	4.29	「小学教則」中の修身教科書として江戸期より使用されていた和漢3書追加	
1879	明治12	8月	元田永孚の起草した「教学聖旨」が明治天皇より提示	
		9月	井上毅の起草による「教育議」を伊藤博文が明治天皇に上奏	
		9月以降	元田永孚「教育議附議」を明治天皇に上奏	
1880	明治13	4月	文部省により『小学修身訓』が刊行される。	
		12.28	改正教育令公布，修身が筆頭教科に置かれる。	
1882	明治15	10.21		福沢諭吉，時事新報上に『徳育如何』を発表。以後，明治10年代を通して徳育論争が盛んになる。
		12月	『幼学綱要』下賜，爾後，各学校に配布される。	
1885	明治18	12.22		森有礼が伊藤博文内閣の下で初代文部大臣に就任する。
1886	明治19	3.2		「帝国大学令」公布
		4.10	「師範学校令」「小学校令」「中学校令」公布	
		5.10		「教科用図書検定条例」制定

		5.25	「小学校ノ学科及其程度」制定	
		5.26	「尋常師範学校ノ学科及其程度」制定	
		6.22	「尋常中学校ノ学科及其程度」制定，修身科に替えて倫理科が設置される。	
		7.1	「高等中学校ノ学科及其程度」制定，哲学科が設置される。	
1887	明治20	5.7		「教科用図書検定規則」制定，ただし，修身科については適用されず。
1889	明治22	2.11		「大日本帝国憲法」公布，同日，森有礼文相が刺殺される。
1890	明治23	2.27	地方長官会議にて「徳育涵養ノ議ニ付建議」が建議される。	
		10.30	「教育ニ関スル勅語」下賜	
1891	明治24	1.9		内村鑑三不敬事件発生
		6.17	「小学校祝日大祭日儀式規程」公布	
		7.24		井上哲次郎『勅語衍義』出版
		11.17	「小学校教則大綱」公布，その際，御真影及び教育勅語謄本の奉置につき訓令	
		12.17	「小学校修身教科用図書検定標準」告示。修身教科書の検定制が開始される。	
1894	明治27	8.1		日清戦争開戦（～明治28年4.17まで）
1899	明治32	8.3	文部省，教育と宗教の分離につき訓令	
1900	明治33	8.20		「小学校令」改正，義務教育の授業料が無償となる。
1902	明治35	12月		教科書疑獄事件発生
1903	明治36	4.13	「小学校令」一部改正，翌年より国定教科書の使用が開始される。第一期国定教科書	
1904	明治37	2.10		日露戦争開戦（～明治38年9.5まで）
1907	明治40	3.21		「小学校令」一部改正。翌年度より義務教育が6年間となる。
1908	明治41	7.14	「戊申詔書」公布	
1909	明治42	9.13	文部省，直轄諸学校に対し修身教育重視の訓令	
1910	明治43	4月	第二期国定教科書	
		8.29		大日本帝国，韓国を併合
1911	明治44	2.4		南北朝正閏問題発生

		8.24		「朝鮮教育令（第一次）」公布
1914	大正3	7.28		第一次世界大戦勃発（〜大正7年11.11まで）
		8.23		大日本帝国，第一次世界大戦に参戦
1917	大正6	9.21	臨時教育会議を内閣の直属として設置（〜大正8年3月まで）	
1918	大正7	4月	第三期国定教科書	
		4.12	東京高等師範学校専攻科修身教育部を設置	
		5.8	広島高等師範学校徳育専攻科を設置	
		12.6		「大学令」公布
1919	大正8	1.4		「台湾教育令（第一次）」公布
		6.28		ベルサイユ講和条約締結
1920	大正9	1.13		森戸事件発生
1921	大正10	4月		学校の開始年度が4月からとなる。
		8.1	東京高等師範学校にて八大教育主張講演会開催（〜8日まで）	
1922	大正11	2.6		「台湾教育令（第二次）」，「朝鮮教育令（第二次）」公布
1923	大正12	9.1		関東大震災発生
		11.10	「国民精神作興ニ関スル詔書」公布	
1924	大正13	4.15	文政審議会を内閣の直属として設置（〜昭和10年12月まで）	
		9.18	川井訓導事件発生	
1925	大正14	4.22		「治安維持法」公布
1929	昭和4	10.24		世界恐慌発生
1930	昭和5	6.5	高等学校高等科修身教授要目制定	
1931	昭和6	1.10	中学校，師範学校の「法制及経済」に替えて「公民科」を設置	
		9.18		満州事件勃発
1932	昭和7	5.15		5・15事件
		8.23	国民精神文化研究所設置	
1933	昭和8	3.27		大日本帝国，国際連盟脱退
		5.26		滝川事件発生
1934	昭和9	4月	第四期国定教科書	
1935	昭和10	2.18		貴族院にて菊池武夫議員により美濃部達吉の天皇機関説が非難される。（天皇機関説事件勃発）
		8.3		第1次国体明徴声明
		9.18		美濃部，貴族院議員を辞職

		10. 15		第2次国体明徴声明
		11. 18	文部省内に教学刷新評議会設置（〜昭和12年5月まで）	
1936	昭和11	2. 26		2・26事件
1937	昭和12	3月		文部省『国体の本義』発行
		5. 26	文部省内に文京審議会設置（〜12月まで）	
		7. 7		盧溝橋事件
		8. 13		第二次上海事変，大日本帝国と中華民国は事実上の全面戦争に突入
		11. 6		日独伊防共協定締結
		12. 10	内閣の直属に教育審議会設置（〜昭和16年10月まで）	
1938	昭和13	4. 1		「国家総動員法」公布
1939	昭和14	5. 22	「青少年学徒ニ賜ハリタル勅語」下賜	
		9. 3		第二次世界大戦勃発
1940	昭和15	2月	文部省『聖訓ノ述義ニ関スル協議会報告』作成（非公表）	
		9. 12	中等学校の教科書を検定制から文部大臣選定制に変更	
		10. 12		大政翼賛会成立
1941	昭和16	3. 1	「国民学校令」公布	
		3. 14	「国民学校令施行規則」制定	
		4月	第五期国定教科書	
		7. 21		文部省『臣民の道』発行
		12. 8		大日本帝国，真珠湾攻撃を以て第二次世界大戦に参戦（〜昭和20年8. 15まで）
1942	昭和17	3. 31		文部省『大東亜戦争とわれら』発行
1943	昭和18	4. 1	師範学校，中等学校での国定教科書導入開始	
		10. 21		出陣学徒壮行会開催（学徒出陣）
1944	昭和19	2. 16	「国民学校等戦時特例」公布	
1945	昭和20	5. 22	「戦時教育令」公布（10.5廃止）	
		8. 15		玉音放送
		8. 18		連合国軍（GHQ/SCAP），日本本土に進駐開始
		9. 2		大日本帝国，降伏文書に調印
		9. 15	「新日本建設ノ教育方針」発表	
		9. 20	文部省「終戦ニ伴フ教科用図書	

			取扱方ニ関スル件」通達（墨塗り教科書）	
		10.22		GHQ/SCAP「日本教育制度ニ対スル管理政策」指令
		10.30		GHQ/SCAP「教員及教育関係官ノ調査，除外，認可ニ関スル件」指令
		11.1	文部省内に公民教育刷新委員会設置	
		12.15	GHQ/SCAP「国家神道，神社神道ニ対スル政府ノ保証，支援，保全，監督並ビニ弘布ノ廃止ニ関スル件」指令	
		12.22	公民教育刷新委員会第一号答申提出（非公表）	
		12.29	公民教育刷新委員会第二号答申提出（非公表）	
		12.31	GHQ/SCAP「修身，日本歴史及ビ地理ニ関スル件」指令	
1946	昭和21	1.1		「終戦翌年頭ニ於ケル詔書」
		3.5	第一次米国教育使節団来日	
		3.30	第一次米国教育使節団報告書提出	
		5.7	「公民教育実施に関する件」通達	「教職員追放令」公布，教職追放始まる。
		6.30		文部省『新教育指針』発表
		8.10		教育刷新委員会設置
		10.5		文部省『国民学校公民教師用書』発行
		10.8	文部省「勅語及び詔書等の取扱いについて」通達	
		10.9	国民学校令施行規則一部改正。祝日大祭日の儀式規程を削除	
		10.22		文部省『中等学校・青年学校公民教師用書』発行
1947	昭和22	3.20	学習指導要領一般編（試案）発行	
		3.31	教育基本法，学校教育法公布	
		5.20	学習指導要領社会科編（試案）発行	
		6.8		日本教職員組合結成
		8.2		文部省『あたらしい憲法のはなし』発行
1948	昭和23	6.19	衆議院「教育勅語等排除に関する決議」，参議院「教育勅語等の失効確認に関する決議」同日決議	
1949	昭和24	4.1		検定教科書使用開始

1950	昭和25	8.7	第二次米国教育使節団来日	
		9.22	第二次米国教育使節団報告書提出	
		11.26	天野貞祐文相，朝日新聞紙上に「私はこう考える―教育勅語に代るもの」を発表（「修身科」復活構想）	
1951	昭和26	1.4	教育課程審議会「道徳教育振興に関する答申」	
		2.8	文部省，道徳教育振興方策公表	
		6.10	文部省『道徳教育のための手引書要綱―児童・生徒が道徳的に成長するためにはどんな指導がひつようであるか』発行	
		7.10	学習指導要領一般編（試案）改訂，道徳教育は教育課程全体で行われる事が提言される。	
		9.22	天野貞祐文相『国民実践要領』構想を公表	
		10.1		道徳教育研究会発足
1952	昭和27	6.6		中央教育審議会発足
		6.16		日本教職員組合「教師の倫理綱領」発表
		8.12		天野貞祐，文部大臣を辞任
1953	昭和28	3.10		天野貞祐『国民実践要領』を自著として出版
		8.7	教育課程審議会「社会科の改善，特に道徳教育，地理・歴史教育について」答申	
1954	昭和29	6.3		「教育公務員特例法の一部を改正する法律」，「義務教育諸学校における教育の政治的中立の確保に関する臨時措置法」（いわゆる教育二法）公布
		12.15	小学校学習指導要領社会科編改訂	
1955	昭和30	2.20	中学校学習指導要領社会科編改訂	
1956	昭和31	3.15	教育課程審議会に「小学校中学校教育課程ならびに高等学校通信教育の改善について」諮問	
		6.30		「地方教育行政の組織及び運営に関する法律」公布
1957	昭和32	9.14	教育課程審議会改めて「小学校中学校教育課程ならびに高等学校通信教育の改善について」を諮問	道徳教育研究会を改め日本道徳教育学会発足
		11.4	日本教育学会「道徳教育に関する問題点」発表	

		11.9	「小・中学校における道徳教育の特設時間について」として審議の現時点におけるまとめを公表	
		12.7	日高第四郎教育課程審議会会長より「道徳教育の基本方針」について発表	
1958	昭和33	3.15	教育課程審議会答申	
		3.18	文部省「小学校・中学校における『道徳』の実施要領について」通知	
		8.28	学校教育法施行規則の一部改正。学習指導要領が官報告示形式となる。小学校・中学校学習指導要領道徳編告示，併せて，小学校・中学校における道徳の実施について通達	
		10.1	小学校・中学校学習指導要領告示	
1962	昭和37	3.31		「義務教育諸学校の教科用図書の無償に関する法律」公布
1963	昭和38	7.11	教育課程審議会「学校における道徳教育の充実方策について」答申	
		12.21		「義務教育諸学校の教科用図書の無償措置に関する法律」公布
1965	昭和40	1.11	中教審「期待される人間像」答申中間草案公表	
		1.30	文部省通知「道徳の読み物資料について」通知	
1966	昭和41	10.31	中教審「後期中等教育の拡充整備について」答申において，別記として「期待される人間像」が答申される。	
1967	昭和42	10.30	教育課程審議会「小学校の教育課程の改善について」答申	
1968	昭和43	6.6	教育課程審議会「中学校の教育課程の改善について」答申	
		7.11	小学校学習指導要領告示（昭和46年実施）	
1969	昭和44	4.14	中学校学習指導要領告示（昭和47年実施）	
		9.30	教育課程審議会「高等学校教育課程の改善について」答申	
1970	昭和45	10.15	高等学校指導要領告示（昭和48年実施）	
1971	昭和46	6.11		中教審「今後における学校教育の総合的な拡充整備のための基本的施策について」答申（いわゆる

264

1977	昭和52	7.23	小学校・中学校学習指導要領告示（小：昭和55年，中：昭和56年完全実施）	
1978	昭和53	8.30	高等学校指導要領告示（昭和57年以降順次実施）	
1984	昭和59	8.8	臨時教育審議会を内閣の諮問機関として設置（～昭和62年まで）	
1985	昭和60	6.26	臨時教育審議会第一次答申提出	
1986	昭和61	4.23	臨時教育審議会第二次答申提出。徳育の充実が提言される。	
1987	昭和62	4.1		臨時教育審議会第三次答申提出
		8.7	臨時教育審議会第四次（最終）答申提出	
		12.24	教育課程審議会「幼稚園，小学校及び高等学校の教育課程の基準の改善について」答申。道徳教育の内容を視点別に再構成し，指導を重点化する事が提言される。	
1989	平成元	3.15	小学校・中学校・高等学校学習指導要領告示（小：平成4年，中：平成5年，高：平成6年完全実施）	
1992	平成4	9.12		学校週5日制導入開始（当初第二土曜日，平成7年より第二，第四土曜日）
1994	平成6	5.26	文部省「道徳教育推進状況調査」昭和58年，及び，平成5年分を公表。以後，平成12年，15年，20年，24年に実施	
1996	平成8	7.19	中教審「21世紀を展望した我が国の教育の在り方について」第一次答申公表	
1997	平成9	6.26		中教審「21世紀を展望した我が国の教育の在り方について」第二次答申公表
		6.30	中教審「幼児期からの心の教育の在り方について」答申	
1998	平成10	7.29	教育課程審議会「幼稚園，小学校，中学校，高等学校，盲学校，聾学校及び養護学校の教育課程の改善について」答申	
		12.14	小学校・中学校学習指導要領改訂告示（平成14年完全実施）	
1999	平成11	3.29	高等学校学習指導要領告示（平成15年完全実施）	

「四六」答申）

		7.16		文部科学省設置法成立，2001年1月6日より文部省と科学技術庁を統合して文部科学省となる。
2000	平成12	3.27	首相の私的諮問機関として，教育改革国民会議設置	
		12.22	教育改革国民会議報告書公表。道徳の教科化（小学校は「道徳」，中学校は「人間科」，高等学校は「人生科」の名称）が提言される。	
2002	平成14	4.1		学校週5日制完全実施
		4.22	文部科学省『心のノート』を全国の小中学生に配布開始	
2006	平成18	10.10	内閣直属の機関として教育再生会議を設置（～平成20年1月31日まで）	
		12.22		教育基本法全面改正公布，即日施行
2007	平成19	6.1	教育再生会議第二次報告書公表徳育の教科化が提言される。	
		6.27		教育基本法全面改正を受けて，教育三法（学校教育法，地教行法，教育職員免許法）改正公布
2008	平成20	1.17	中教審「幼稚園，小学校，中学校，高等学校及び特別支援学校の学習指導要領の改善について」答申	
		1.31	教育再生会議最終報告「社会総がかりで教育再生を最終報告」	
		3.28	小学校・中学校学習指導要領改訂告示（小：平成23年，中：平成24年完全実施）	
2009	平成21	3.9	高等学校学習指導要領改訂告示（平成25年完全実施）	
		9.11	文科省内に設置された「子どもの徳育に関する懇談会」が報告書を提出	
2011	平成23	10.11		大津市中2いじめ自殺事件発生。翌年7月頃より対応の不備が社会的に問題視されるようになる。
2013	平成25	1.15	内閣直属の機関として教育再生実行会議を設置（～令和2年末現在，継続中）	
		2.26	教育再生実行会議第1次提言提出・公表。その中で徳育の教科化が提言される。	
		3.26	「道徳教育の改善・充実に関する懇談会」を文部科学省内に設置	

				いじめ防止対策推進法制定
		6. 28		
		12. 26	道徳教育の改善・充実に関する懇談会「今後の道徳教育の改善・充実方策について（報告）―新しい時代を，人としてより良く生きる力を育てるために」報告	
2014	平成26	2. 14		文部科学省『私（わたし）たちの道徳』公表，4月より小中学校に配布される。
		10. 21	中教審「道徳教育に係る教育課程の改善等について」答申	
2015	平成27	3. 27	学習指導要領一部改正，「道徳の時間」に替えて「特別の教科 道徳」設置	
2016	平成28	7. 22	文科省内に設置された「道徳教育に係る評価等の在り方に関する専門家会議」が報告書を提出	
		7. 23	教科用図書検定調査審議会が「特別の教科道徳の教科書検定について」報告	
		8. 26	中教審教育課程部会「考える道徳への転換に向けたワーキンググループ」における審議の取りまとめについての報告	
2017	平成29	3. 31	小学校・中学校学習指導要領改正告示（小：令和2年，中：令和3年完全実施）	
2018	平成30	3. 30	高等学校学習指導要領改正告示（令和4年完全実施予定），公民科中の「現代社会」に替えて「公共」設置	
		4 月		小学校において，道徳の教科書使用が開始される。検定を通過した教科書は全8社
2019	平成31	4 月		中学校において，道徳の教科書使用が開始される。検定を通過した教科書は全8社
2021	令和3	1. 26	中教審「『令和の日本型学校教育』の構築を目指して―全ての子供たちの可能性を引き出す，個別最適な学びと，協働的な学びの実現」答申	中教審「『令和の日本型学校教育』の構築を目指して」答申

おわりに

貝塚　茂樹

　「歴史とは，現在と過去との間の対話である」と述べたのは，イギリスの歴史家，E. H. カー（Edward Hallett Carr, 1892-1982）である。過去とは現在に照らされた過去であり，過去も現在との対話のなかでその本質が明らかとなる。同時に過去を見通すことができなければ未来をも見通すことはできない。したがって，あるべき教育の姿を把握するためには，どうしても歴史的な視点からの検証を必要とし，理念との相互媒介（対話）的関係のなかで追究されることが求められる。リヒャルト・フォン・ヴァイツゼッカー（Richard Karl Freiherr von Weizsäcker, 1920-2015）が述べたように，「過去に目を閉ざす者は結局のところ現在にも盲目となる」からである。

　歴史は連続した時間の流れである。したがって，歴史の一部分を切り取って全体を論じることはできないし，それは危険である。しかし，私たちは時として歴史の出来事に目を奪われ，近視眼的に歴史を評価し，解釈してしまうことがある。特に，日本がかつて経験したことのない1945年の敗戦という経験は，社会と国民に大きな混乱と動揺を与え，それゆえにその歴史の意味を明確化し，実証的に捉えることを困難としたことも否定できない。

　一般に，日本の戦後史は，「戦前＝悪」「戦後＝善」として理解される傾向があると指摘されてきた。こうした二項対立の図式のなかで歴史を解釈しようとする傾向は，戦後教育史，とりわけ道徳教育においても例外ではなく，むしろ顕著であった。ここでは，戦前から戦後への変化は「教育勅語体制から教育基本法体制へ」と説明され，また戦後教育史の叙述は「国家の教育政策 VS 国民の教育」という枠組みが前提とされた。

　しかし，こうした二項対立図式での説明は，歴史の流れと変化をわかりやすく描写するという利点がある一方で，歴史の実態を覆い隠し，往々にしてイデオロギー対立の方便として利用されることになる危険性を内在化させる。なか

でも，歴史を二項対立図式に押し込めてしまうことの弊害は，歴史の事実を実証的かつ批判的に考え，そこから学ぼうとする姿勢を失うことである。教育史研究家の唐澤富太郎は，「いかに創造的な時代にあるにもせよ，その創造は決して過去から切り離しては考えることはできない。創造的な時代においてこそ却って過去を厳しく批判し，過去を否定的に媒介することによってのみ創造は可能となるのである」としながら，「たとえいかに誤った過去をもち，また悲しい歴史を担うにもせよ，そこにはどうしてもそれを正しく批判検討し，誤ったときには真に過去を懺悔し，これを否定契機としてより積極的に建設して行ってこそ，はじめて未来において新しくしかも真実のものを誕生させることができるのであって，われわれはどうしても内から悩み，内から主体的にかち得たところのものでなければ未来における真の発展法則をもたらすことはできない」（唐澤，1953：1）と述べている。戦後の道徳教育史を振り返ると，唐澤の言葉に謙虚に耳を傾けることの意義は決して少なくない。

　2015（平成27）年3月，「特別の教科　道徳」が成立した。これによって，日本の道徳教育が新たな歴史の段階に入ったことになるが，次は，「特別の教科　道徳」をどのように充実させるかが重要な課題となる。この課題を解決するためには，道徳教育が歩んできた「これまで」を見据え，「いま」に向き合いながら，「これから」を考えていくことが必要不可欠である。

　教育が未来の社会を想定しながら，それに対応できる資質・能力を育成する営みだとすれば，教育改革に終わりはない。それは道徳教育においても同様である。これまでのような政治的イデオロギー優先の議論に足を掬われることなく，将来の社会と子どもたちのために必要な道徳教育とは何かを考え，議論し続ける必要がある。

　最後に，アメリカの神学者ラインホルド・ニーバー（Reinhold Niebuhr, 1892-1971）の次の言葉を紹介しておきたい。これは，今後の道徳教育を考える上でも留意したい視点であるといえる。

神よ

変えることのできるものについて，

それを変えるだけの勇気をわれらに与えたまえ。

変えることのできないものについては，

それを受け入れるだけの冷静さを与えたまえ。

そして，変えることのできるものと，変えることのできないものを，

識別する知恵を与えたまえ。(訳：大木英夫)

● **参考文献** ●···

カー, E.H. 著, 清水幾太郎訳 (1962)『歴史とは何か』岩波新書

唐澤富太郎 (1953)『日本教育史』誠文堂新光社

人 名 索 引

272

事　項　索　引

＊道徳，道徳教育，道徳性，学習指導要領など頻出する事項は省略した。

【あ行】

アーキテクチャ………………………133
愛国心…………………………………43
アイデンティティ……………………125
雨のバス停留所で……………………90
ESD…………………………………182
生き残る力……………………………145
いじめ…………………………………49
いじめ防止対策推進法………………157
いじめ問題等への対応について（第一次
　提言）………………………………79
内村鑑三不敬事件……………………233
AI………………………………………131
AI社会…………………………………131
SDGs…………………………………181
被仰出書………………………………6
翁問答…………………………………220

【か行】

改正教育令……………………………7
かかわる力……………………………62
学習指導過程…………………………115
学習指導要領の一部改正に伴う小学校，
　中学校及び特別支援学校小学部・中学
　部における児童生徒の学習評価及び指
　導要録の改善等について…………84
学習評価………………………………112
学制……………………………………2
学問のすゝめ…………………………237
学力の三要素…………………………148
「価値の一般化」論……………63,256
価値の押し付け……………………48,90
価値の内面化論………………………59
学校教育法……………………………69
学校における道徳教育の充実方策につい
　て……………………………………46,59
過程や地域との連携…………………116
鎌倉新仏教……………………………205
カリキュラム・マネジメント……86,187
考え，議論する………………………44
考える道徳への転換に向けたワーキング
　グループ……………………………87
環境教育………………………………143

観念主義………………………………64
期待される人間像……………………3
逆コース………………………………33
教育改革国民会議……………………80
教育課程審議会………………………35
教育議…………………………………8
教育議附議……………………………8
教育基本法……………………………iii
教育荒廃………………………………49
教育再生実行会議……………………79
教育刷新委員会………………………31
教育勅語等の失効確認に関する決議…32
教育勅語等排除に関する決議………32
教育勅語排除・失効確認決議………2
「教育と宗教の衝突」論争…………233
教育勅語（教育ニ関スル勅語）……2
教育の自由化…………………………50
教育の自由化・民主化………………27
教育令…………………………………7
教学聖旨………………………………8
教科書疑獄事件………………………14
教科書検定制度………………………9
修身口授………………………………6
教師用指導資料………………………59
共生体…………………………………166
協力の仕方…………………………149,154
清明心…………………………………196
近代教育………………………………2
空………………………………………203
グローバル化…………………………123
軍国主義………………………………27
芸道……………………………………209
現代的な課題…………………………120
検定修身教科書………………………13
行為的直観……………………………171
合科学習………………………………17
行動の記録……………………………85
高度経済成長…………………………61
公民教育構想…………………………2
五戒……………………………………201
古義堂…………………………………217
国際化…………………………………49
国際化への対応………………………50
国体……………………………………15

新道徳教育全集　第1巻　道徳教育の変遷・展開・展望

2021年6月30日　第1版第1刷発行　　　　　　　〈検印省略〉

編著者　日本道徳教育学会全集編集委員会
　　　　押　谷　　由　　夫
　　　　貝　塚　　茂　　樹
　　　　高　島　　元　　洋
　　　　毛　内　　嘉　　威

発行者　田　中　千　津　子

発行所　株式会社　学　文　社

郵便番号　153-0064　東京都目黒区下目黒 3-6-1
電話（03）3715-1501（代表）振替　00130-9-98842

乱丁・落丁本は，本社にてお取替え致します。印刷／株式会社亨有堂印刷所
定価は，カバーに表示してあります。

ISBN978-4-7620-3086-4
本全集の刊行にあたっては，公益財団法人上廣倫理財団からの助成を受けています。